Prägen, Stanzen, Guillochieren

Die zeitgenössische Schmuckmanufaktur

Embossing, Punching, Guilloché Engraving

Contemporary Artisanal Jewellery Production

Prof. Andreas Gut, Frieda Dörfer
Hochschule Pforzheim

ARNOLDSCHE

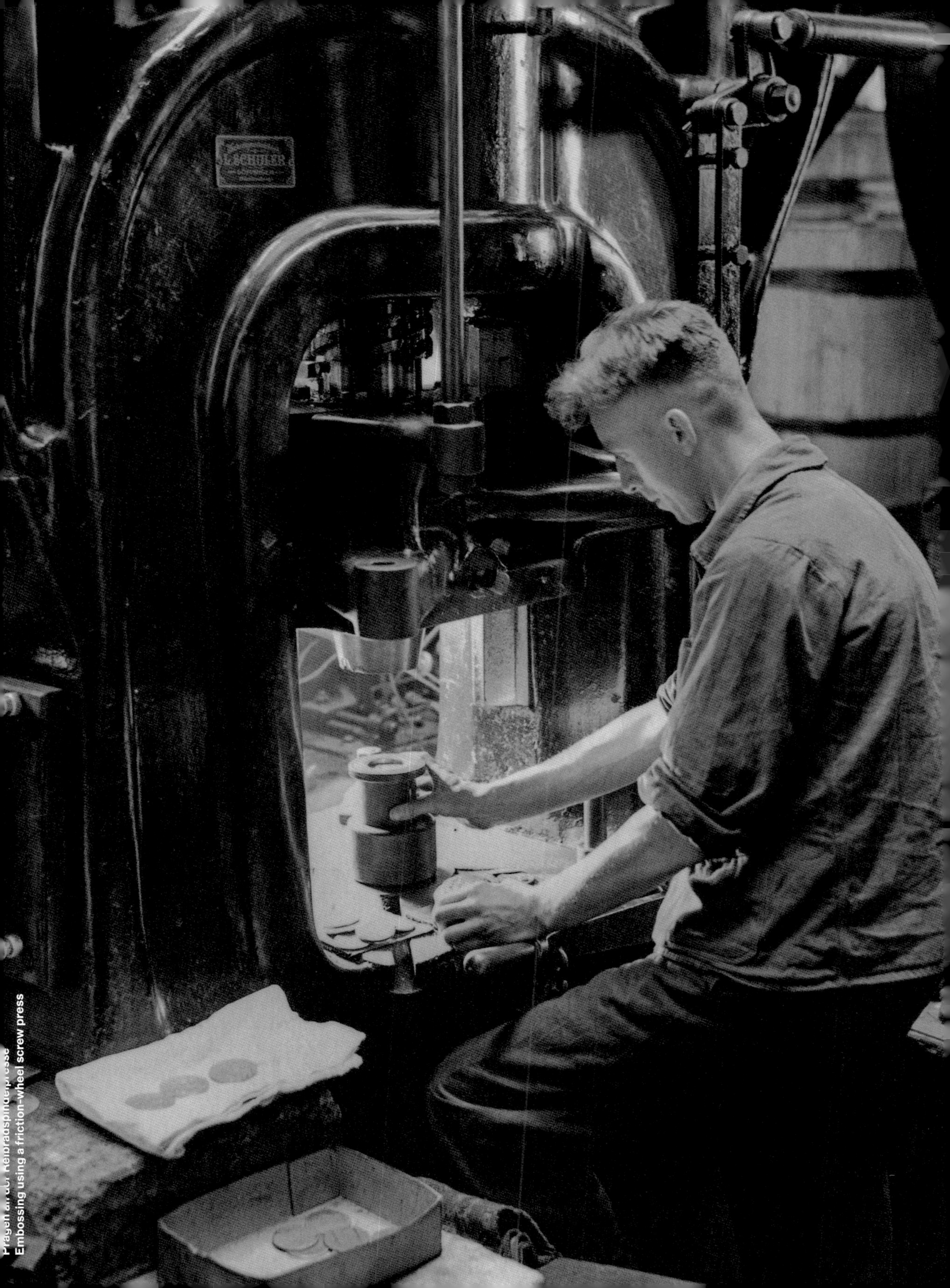

Prägen an der Reibradspindelpresse
Embossing using a friction-wheel screw press

Inhaltsverzeichnis

Table of Contents

A Tradierung und Neuinterpretation

A Traditioning and Reinterpretation

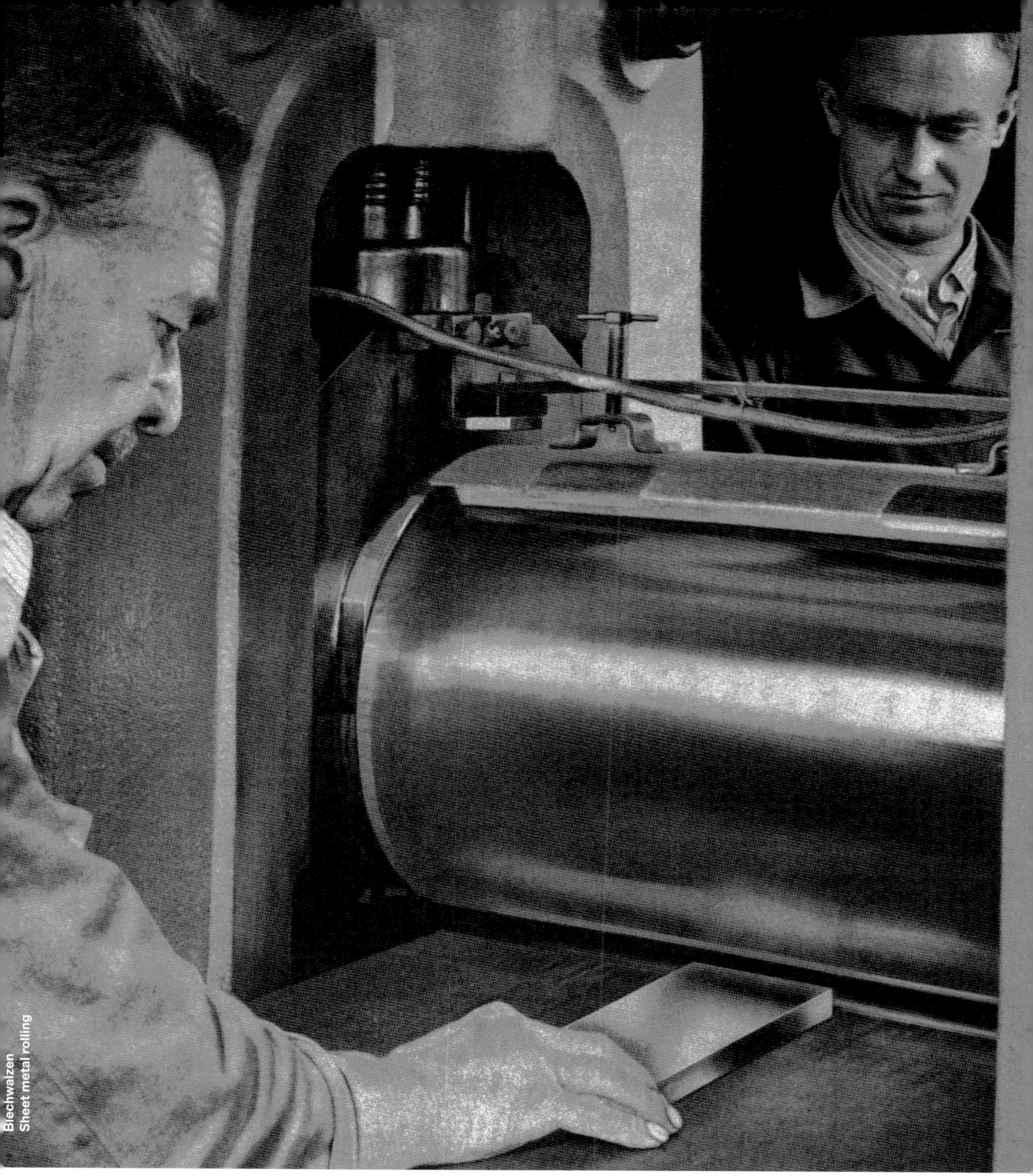

Blechwalzen
Sheet metal rolling

Grußwort

DR. NICOLE HOFFMEISTER-KRAUT, MDL, MINISTERIN FÜR WIRTSCHAFT
ARBEIT UND WOHNUNGSBAU DES LANDES BADEN-WÜRTTEMBERG

Innovation und Kreativität sind entscheidende Faktoren für die Wettbewerbsfähigkeit eines Wirtschaftsstandorts. Baden-Württemberg ist eines der Länder mit der höchsten Innovationskraft in Europa und ein bedeutender Standort der Kreativwirtschaft. Vor allem der Innovationstreiber Design hat in Baden-Württemberg eine lange Tradition.

Pforzheim hat maßgeblich zu diesem Erfolg beigetragen. Hier sind Design und die professionelle Gestaltung von Schmuck eng miteinander verbunden. Seit der Markgraf von Baden 1767 eine Uhren- und Schmuckmanufaktur eröffnete, hat sich Pforzheim zur weltweit angesehenen Schmuck- und Uhrenstadt entwickelt. Die Stadt ist bekannt für ihre Unternehmen, die präzise arbeiten und gestalten. Darüber hinaus hat sich Pforzheim als bedeutende Hochschulstadt etabliert – vor allem mit der Fakultät für Gestaltung. Erfolgreich unterstützt wird diese Arbeit auch vom EMMA – Kreativzentrum Pforzheim.

Das Projekt „Pforzheim Revisited" und die dazugehörende Ausstellung „Die zeitgenössische Manufaktur" bringen Hightech und traditionelle Techniken aus der Region Pforzheim zusammen. Drei Generationen von Schmuckdesignern wirken gemeinsam an historischen Arbeitsgeräten und integrieren in die traditionelle Manufakturtechnik zeitgemäßes Knowhow aus den Bereichen Material, Verarbeitung und Ausstattung. Studierende arbeiten so Hand in Hand mit erfahrenen Spezialisten, um die manufakturellen Schmucktechniken zu sichern und zukunftsfähig zu machen. Auch die UNESCO hat diese Leistung bereits mit der Aufnahme des Gesamtprojekts „Manufakturelle Schmuckgestaltung" in das deutsche Verzeichnis des immateriellen Kulturerbes gewürdigt.

Baden-Württemberg verbindet Tradition mit Innovation und Zukunftsfähigkeit – das Projekt „Pforzheim Revisited" ist ein weiterer Beleg dafür.

Words of Welcome

DR NICOLE HOFFMEISTER-KRAUT, MEMBER OF THE STATE PARLIAMENT,
MINISTER OF ECONOMIC AFFAIRS, LABOUR AND HOUSING OF THE STATE OF BADEN-WÜRTTEMBERG

Innovation and creativity are decisive factors for a business location's competitiveness. Baden-Württemberg ranks among Europe's most innovative states, and is a major creative industry hub, where the design sector traditionally has been a driving force.

Pforzheim has contributed significantly to this success – a city where design and the professional creation of jewellery are closely related. Ever since the Margrave of Baden licensed the establishment of a watch and jewellery manufactory in 1767, the city has flourished into an internationally renowned jewellery and watchmaking capital. Acclaimed for the excellence in precision, designs and workmanship of its companies, Pforzheim has also evolved into an important university city due largely to its School of Design, which is now being successfully supported by the EMMA Creativity Centre.

The "Pforzheim Revisited" project and related exhibition entitled "The Contemporary Jewellery Manufactory" combine high-tech and traditional techniques from the Pforzheim region. Working together at historical machines, three generations of jewellery designers fuse contemporary knowledge of materials, craftsmanship and machinery with traditional manufactory-style production methods. Students work hand in hand with experienced specialists to keep manufactory-style jewellery production techniques alive and render them viable alternatives for the future. The German Commission for UNESCO has already honoured their achievements by including the "Manufactory-Style Jewellery Production and Design" project in the German Register of Best Safeguarding Practices for Intangible Cultural Heritage.

Baden-Württemberg weds tradition to up-to-the-future innovation – as is evidenced once again by the "Pforzheim Revisited" project.

Vorwort

GERT HAGER, OBERBÜRGERMEISTER DER STADT PFORZHEIM
PROF. DR. ULRICH JAUTZ, REKTOR DER HOCHSCHULE PFORZHEIM

Alte Techniken mit junger Innovationskraft verbinden, Begeisterung mit Erfahrung paaren und so nicht nur hervorragende Handwerkskunst generieren und tradiertes Wissen bewahren, sondern auch ein schier unerschöpfliches kreatives Potenzial entwickeln – das alles steckt im Begriff „Pforzheim Revisited". Die Idee zu diesem Projekt „Manufakturelle Schmuckgestaltung" geht auf die Stiftung Deutsches Technikmuseum Berlin (SDTB) zurück.

Ursprünglich als Aufbau einer detaillierten Datenbank für die Weitergabe von tradiertem Wissen geplant, ist die Initiative heute ein lebendiges Projekt, in dem pensionierte Meister der Schmuckindustrie aus der Arbeitsgemeinschaft „Schmuck verbindet" die manufakturellen Fertigungstechniken an Studierende der Hochschule Pforzheim weitergeben. In den Werkstätten des EMMA – Kreativzentrum Pforzheim ist das Projektbüro der manufakturellen Schmuckgestaltung beheimatet. So haben junge Schmuckdesigner auch nach dem Studium in Pforzheim die Möglichkeit, die historischen Techniken zu nutzen, weiterzuentwickeln und Kleinserien manufakturell herzustellen.

Dieses bundesweit einzigartige Projekt strahlt deutlich über die Grenzen der Region hinaus und wurde von der deutschen UNESCO-Kommission in das Verzeichnis des immateriellen Kulturerbes aufgenommen.

Die generationenübergreifende Zusammenarbeit zur Tradierung der manufakturellen Schmucktechniken spiegelt sich auch in dem vorliegenden Katalog wider. Erstmals werden diese Techniken detailliert beschrieben und aufgeführt. Die vorliegende Sammlung ist ein Standardwerk zur manufakturellen Schmuckherstellung und fasst das umfangreiche Wissen, das die Initiative inzwischen gesammelt, ergänzt und erweitert hat, in hervorragender Weise zusammen. Das Werk steht wie kein zweites für die Wurzeln der Pforzheimer Schmuckherstellung und damit auch für die Anfänge der Hochschule Pforzheim.

Wir bedanken uns bei der Initiative „Pforzheim Revisited" für die intensive engagierte Arbeit!

Foreword

GERT HAGER, LORD MAYOR OF THE CITY OF PFORZHEIM
PROF. DR. ULRICH JAUTZ, PRESIDENT OF PFORZHEIM UNIVERSITY

Fusing time-honoured techniques and youthful innovative creativity, blending enthusiasm with experience, inspiring the creation of excellently crafted objects whilst preserving traditional knowledge and unleashing inexhaustible creative potential – these are just some of the precious qualities of "Pforzheim Revisited".

The idea for the "Manufactory-style jewellery prodpuction and design" project was initiated by the German Museum of Technology Foundation (Stiftung Deutsches Technikmuseum (SDTB). Originally set up to create a comprehensive database to facilitate the handover of traditional knowledge, the initiative has since evolved into a dynamic project involving retired master artisans who worked in the jewellery industry. Today, as members of the "Jewellery Unites" working group, they're passing on their skills of manufactory-style production techniques to students of Pforzheim University. The EMMA Creativity Centre in Pforzheim is home to the "Manufactory-style jewellery production and design" project management office. It provides young jewellery designers with the opportunity to use and further develop these historical techniques even after graduating from university and to use them for small series production.

This project is unique in Germany and far transcends the borders of its region. The German Commission for UNESCO recognised the project's importance and included it in the German Register of Best Safeguarding Practices for Intangible Cultural Heritage.

The publication safeguards the intergenerational collaboration for traditioning manufactory-style jewellery production techniques. For the very first time, relevant techniques have been captured in detail. The manual constitutes as a standard work of reference on manufactory-style jewellery production, and provides a superb overview of the comprehensive knowledge collected, amended and augmented by the initiative so far. No other publication comes close in tracing the origins of both Pforzheim's jewellery industry and its university.

We would like to thank the "Pforzheim Revisited" initiative for their intensive, highly committed work!

Die zeitgenössische Schmuckmanufaktur

ANDREAS GUT
PROFESSOR FÜR SCHMUCK AN DER HOCHSCHULE PFORZHEIM, FAKULTÄT GESTALTUNG

Fallhammer, Friktionsspindelpressen und Guillochiermaschinen – es gibt immer weniger Handwerker, die sich noch damit auskennen. Seit den 1950er Jahren hat der industrielle Fortschritt diese Techniken und Maschinen, die aus der Blütezeit der Schmuck-Manufaktur stammen, zusehends aus der kommerziellen Produktion verdrängt. Ist dieses Wissen deswegen nichts mehr wert?

WOFÜR STEHT „PFORZHEIM REVISITED"?

Früher wurden z.B. Zigarettenetuis oder Taschenuhren aus Silber mit feinen linienartigen Ornamenten verziert – einer Guilloche. Doch wie könnte man diese Technik heute verwenden? Da die Erfahrungen und Fähigkeiten oftmals mit den pensionierten Schmuckarbeitern auszusterben drohen, setzt sich die Stiftung Deutsches Technikmuseum Berlin (SDTB) schon seit Jahrzehnten für die Erhaltung dieses Wissen ein. Dazu wurde unter anderem 2008 zusammen mit der Hochschule Pforzheim das Semesterprojekt „PF Revisited" ins Leben gerufen. Ziel ist es, das alte Wissen an Studierende weiterzugeben und es für neues Design zu verwenden.

In diesem Semesterprojekt untersuchen wir, welche Relevanz die manufakturelle Schmuckproduktion für zeitgenössisches Design von Schmuck haben kann. Es bringt Studierende mit den Mitgliedern der Arbeitsgruppe „Schmuck verbindet"[1] zusammen. Diese Spezialisten – mit einem Durchschnittsalter von 70 Jahren – vermitteln Erfahrungswissen an Mittzwanzigjährige, die dieses dann neu interpretieren.

In der hier vorliegenden Publikation stellt die Hochschule Ergebnisse dieser Zusammenarbeit vor. Als Beispiele dienen Arbeiten aus dem Studium und von Stipendiaten, die drei oder sechs Monate am Deutschen Technikmuseum in Berlin arbeiten konnten.

WIE ALLES BEGANN

Vor etwa zehn Jahren ergriff die Hochschule die Initiative, ihre Guillochiermaschine wieder in Betrieb zu nehmen (siehe Beschreibung des Guillochierens auf S. 89). Durch einen glücklichen Zufall wurde Dr. Gabriele Wohlauf, Historikerin und ehemalige Sammlungsleiterin für Produktionstechniken am Deutschen Technikmuseum (DTM), auf unsere Bemühungen aufmerksam. Sie war damals auf der Suche nach jungen Menschen, die Interesse haben, von der letzten, in manufakturellen Techniken ausgebildeten, Generation zu lernen.

1 Die AG „Schmuck verbindet" gründete sich 2005 aus einer Initiative des Deutschen Technikmuseums. (Interviews mit Mitgliedern der Arbeitsgruppe auf S. 100)

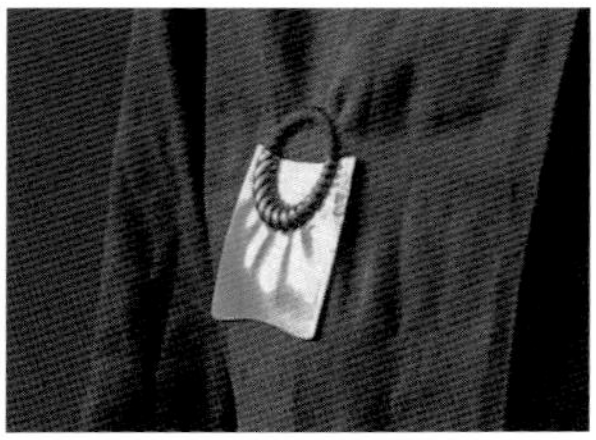

Abb. 1 Christiane Grinat

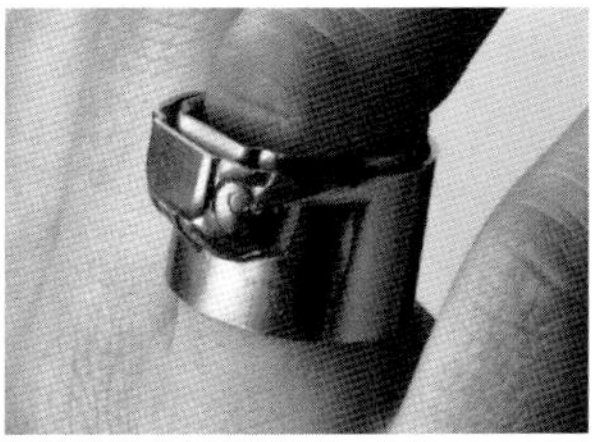

Abb. 2 Iris Hütter

Seit den 1980er Jahren arbeitete sie daran, das Know-how dieser Arbeiter aus den Manufakturen zu bewahren. Gemeinsam mit den Pforzheimer Spezialisten der Arbeitsgruppe „Schmuck verbindet" sowie mit Manfred Schweiß – dem Vorführer im Ausstellungsbereich „Manufakturelle Schmuckproduktion" am DTM, verfasste sie Dokumentationen über Arbeitsvorgänge und Maschinen und bereitete ihre Forschung für Ausstellungen auf. Mit Ernst Meyer von der Berliner Produktionsfirma „Smidak Film" erstellte sie über die Jahre ein Archiv von Filmdokumentationen zum Thema.

Frau Dr. Wohlauf sprach uns an, weil sie wusste, dass trotz der Archivierung ein großer Teil des handwerklichen Könnens drohte, verloren zu gehen. Für die alten Maschinen gibt es keine Bedienungsanleitungen und die Fachkenntnisse, die für den richtigen Umgang benötigt werden, können nur durch die Vermittlung von Mensch zu Mensch weitergegeben werden. (siehe Text „Personale Tradierung..." S. 32). Ihr Angebot, im Berliner Museum zu lernen, nahmen wir gerne an. Das Motto der Kooperation von Hochschule und Museum nannten wir „So wie früher – aber anders". Seither reisen wir einmal im Jahr für eine Woche in die Hauptstadt, um mit den Spezialisten der Arbeitsgruppe „Schmuck verbindet" zu arbeiten.

TRADITION RESPEKTIEREN UND HINTERFRAGEN

Für uns als Novizen lag es auf der Hand, dass wir in einem Semesterprojekt niemals die Perfektion erreichen können, die Spezialisten in einem ganzen Berufsleben erworben hatten. Vielmehr bestand unsere Aufgabe darin, den alten Maschinen Neues zu entlocken: Die Tradition respektieren, aber gleichzeitig auch zu hinterfragen. Zuerst versuchten wir, den spezifischen Charakter der Techniken zu verstehen: Was zeichnet z.B. die spezifische Qualität eines im Fallhammer geprägten Ringes aus?[2] Welche Regeln lohnten sich zu hinterfragen, um auf Neues zu kommen? Was passiert z.B., wenn man verbotenerweise doch einen Fremdkörper im Gesenk platziert?[3] Ursprünglich wurden die Maschinen für die Verarbeitung von Silber und Gold genutzt. Welche anderen Materialien könnte man verwenden? Die Studenten experimentierten mit verschiedensten Unedelmetallen, Kunststoffen, Holz, Email, Papier und Stein.

Die altgedienten Spezialisten reagierten auf das ehrliche Interesse der Studenten mit „großväterlichem" Wohlwollen und haben sich vom ersten Tag an auf unsere Experimente eingelassen. Sie sind darauf eingegangen ihre Methoden auch anders anzuwenden, als es sich während ihres ganzen Berufslebens bewährt hatte. Heute geben sie nicht nur das wegen der früheren Konkurrenz oft geheim gehaltene Wissen weiter, sondern suchen gemeinsam mit der jungen Generation nach ungewohnten Herausforderungen.

NUR EIN RAD IM GETRIEBE?

Es wird oft behauptet, das gute Handwerk sei durch die Industrialisierung verschwunden und die Arbeiter seien zu Rädchen im Getriebe geworden. Die Mitglieder der Arbeitsgruppe „Schmuck verbindet" sind aber ein lebendes Beispiel des Erfindergeistes in den Pforzheimer Betrieben. Man hielt ständig danach Ausschau, wie man etwas noch besser oder effizienter machen könnte. Das Handwerk erneuert und spezialisiert sich ständig und ist darum doch nicht generell vom Aussterben bedroht.[4]

2 Die Besonderheit des Prägens liegt in der Möglichkeit sehr dünnwandige Schmuckstücke in hoher Qualität herzustellen. Um Edelmetall zu sparen, wurden die Schmuckstücke hohl (entweder zwei oder mehrteilig) aufgebaut und hinten mit einem aufgelöteten Boden versehen.

Wenn wir heute mit Hohlprägen arbeiten, treibt uns nicht (nur) die Wirtschaftlichkeit – am Material zu sparen – an. Die spezifische Ästhetik der Technik und die Idee ist der Mehrwert. Wir können zum Beispiel durch einen Querschnitt den Innenraum sichtbar machen. (Iris Hütter Abb. 2) Oder den einzigartigen Faltenwurf behalten, der am Rand entsteht (Christiane Grinat Abb. 1), wenn der Fallhammer (Beschreibung S. 90) ein Blech mit 20 km/h in die Stahlform schlägt.

3 Fabian Jäger hat es erfolgreich mit einer Stahlkugel probiert (siehe S. 107).

4 Glenn Adamson vertritt diese Auffassung sehr reflektiert in „The Invention of Craft" (Bloomsbury 2013). Im Gegensatz zu Melanie Kurz einseitige Betrachtungsweise in „Handwerk oder Design" (Wilhelm Fink 2015), ihrer Antwort auf „The Craftsman" (Yale Uniersity Press 2008) die einflussreichen aber etwas romantischen Betrachtungen über das Handwerk von Richard Sennett.

EIN ARTIST IN RESIDENCE-STIPENDIUM UND EINE EIGENE MANUFAKTURELLE WERKSTATT

Auf Grund der vielversprechenden Resultate im Semesterprojekt und um eine vertiefte Auseinandersetzung zu ermöglichen, gaben Dr. Gabriele Wohlauf und Dr. Ruth Reisert-Hafner (Seniorchefin der Firma C. Hafner) 2011 den Anstoß für ein Artist in Residence-Stipendium im DTM. Dort bekommen Absolventen der Hochschule während ihres drei- oder sechsmonatigen Aufenthalts in Berlin die Chance, frei zu arbeiten und aus den Möglichkeiten zur Serienherstellung zu schöpfen (siehe „Gruppendynamik motiviert“ S. 38). Im Pforzheimer EMMA – Kreativzentrum (2014 eröffnet) wurden zudem eine Werkstatt und ein Projektbüro eingerichtet. Hier können Studenten und Schmuckdesigner Guillochiermaschine, Fallhammer und Kniehebelpresse für ihre selbständige Arbeit nutzen (siehe „Die neue Generation“ S. 42).

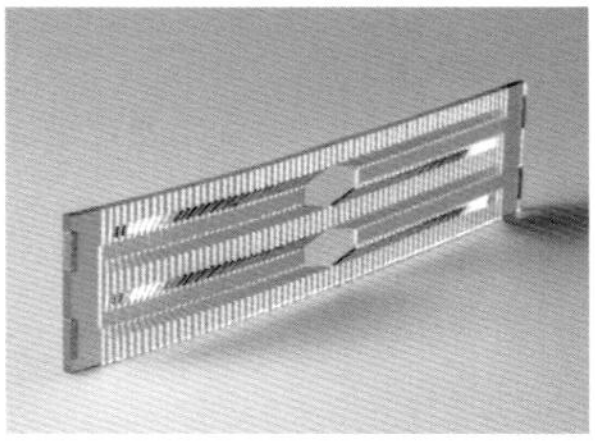

Abb. 3 Janika Slowik

DAS GESAMTPROJEKT „MANUFAKTURELLE SCHMUCKGESTALTUNG“

Heute wird die manufakturelle Schmuckwerkstatt im DTM von Goldschmiedemeisterin Andrea Grimm betreut. Hier wird die Forschungs- und Dokumentationsarbeit, die Dr. Gabriele Wohlauf 1983 begonnen hat, fortgeführt. Zudem bietet das DTM in der voll funktionsfähigen Werkstatt verschiedene Kurse für Bildungsinstitutionen und Schmuckschaffende an und koordiniert die einzelnen Bausteine und Aktionen des Gesamtprojektes „Manufakturelle Schmuckgestaltung“[5]. Darin werden die Bemühungen zu Dokumentation und Tradierung von Wissen und Können der manufakturellen Schmuckfertigung zusammengefasst. Diese einmalige Kombination von Museums- und Vermittlungsarbeit, Archivierung und Tradierung, die die Stiftung Deutsches Technikmuseum Berlin gemeinsam mit ihren Kooperationspartnern – der AG „Schmuck verbindet“, der Hochschule Pforzheim und der Scheideanstalt C. Hafner – geschaffen hat, wurde von der Deutschen UNESCO-Kommission 2015 als gutes Praxisbeispiel zur Bewahrung immateriellen Kulturerbes ausgezeichnet.

BEWAHREN DURCH ERNEUERN

Nach unserer Erfahrung stehen das digitale und das handwerkliche Arbeiten nicht im Widerspruch, sondern sie ergänzen sich. Dreidimensionales Drucken (siehe 3D-Printing S. 93) ermöglicht es uns zum Beispiel, auf neue Weise Presswerkzeuge herzustellen (siehe S. 123). Sie zu drucken kostet deutlich weniger Zeit, als die Form auf herkömmliche Art aus einem Stahlblock herauszuarbeiten (siehe Stahlgravieren S. 89). Man kann den Computer als weiteres Werkzeug sehen, der wie ein Hammer oder eine Säge benutzt wird. Wer aber handwerklich und digital arbeitet weiß, dass der Vergleich hinkt. Es ist immer noch ein großer Unterschied, ob man den Widerstand des Materials in den Händen spürt oder am Bildschirm indirekt formt.[6]

HAND UND MASCHINE

In der Manufaktur entsteht die Form nicht auf Knopfdruck. Die Maschine ist ein Werkzeug, welches die Kraft der Hand verstärkt. Das Ergebnis ist bei fast jedem Arbeitsschritt manipulierbar und muss auch in der Serienproduktion nicht immer identisch sein. Wenn es um Schmuck geht, ist manchmal nicht der schnellste Weg das Ziel. Darum stellt es durchaus einen Mehrwert dar, die Limitierung des Handwerks mit der Vielfältigkeit des Digitalen zu verbinden.[7]

5 Das umfangreiche Dokumentations- und Seminarangebot der SDTB, „Pforzheim Revisited“, das Stipendium der Firma C. Hafner und das Projektbüro im EMMA – Kreativzentrum.

6 Eva Knochs Ringformen (siehe S. 55 und S. 110) entstanden durch Meißeln in Stahl. Die durch das Werkzeug und das Material gegebenen Bedingungen bestimmen die Form.

7 Lena Schwertfeger hat in ihrem Halsschmuck (S. 69) die gleiche Form als Pressungen und als 3D-Druck kombiniert. Das Prozesshafte der aufgereihten Pressungen ergänzt die homogene digitale Form.

8 Eine Form kann sich auch aus dem Ornament entwickeln (Janika Slowik Abb. 3 und S. 80). Dieser Armreif besteht aus einem im Normalzustand starren Kunststoff, der durch Laserschneiden eines Ornaments biegsam wird. Frieda Dörfer entwickelt analog in ihrer Arbeit „Terror Vacui“ („Der Leere Angst machen“ S. 57 und S. 115) die Form aus einem vorher Guillochierten Muster und bringt es nicht erst nachträglich auf wie z.B. bei einer Zigarettendose.

Digitale Herstellungsmethoden bieten auch neue Perspektiven und Möglichkeiten für das Design mit Ornamenten und Mustern.[8]

WEITERENTWICKELN

Wir staunen noch heute über das Können der früheren Generationen und begeistern uns für die alten Formen.[9] Gestalterisch, kulturell und persönlich profitieren wir von dem reichen Schatz der Vergangenheit und freuen uns am gut gemachten Schmuck. Da wir uns wirklich dafür interessieren, belassen wir es aber nicht bei der Nostalgie. Unser Ziel besteht nicht darin, manufakturelle Techniken lediglich zu konservieren. Stattdessen wenden wir sie im Hier und Jetzt an und hoffen so, auch in Komination mit digitalen Techniken, zeitgenössische manufakturelle Arbeitsweisen weiterzuentwickeln.

9 Historische Ringformen sind bei den Studenten beliebt: Rebecca Schultze und Marc Limper machen Siegelringe zu einem Palimpsest indem sie die ursprüngliche Symbolik spielerisch überprägen und umdeuten.

Contemporary Artisanal Jewellery Production

ANDREAS GUT
PROFESSOR FOR JEWELLERY DESIGN AT PFORZHEIM UNIVERSITY, SCHOOL OF DESIGN

Drop hammers, friction-wheel presses and machines for guilloché engraving – there are fewer and fewer artisans who still know how to operate them because since the 1950s, industrial progress in commercial production has superseded the techniques and machines used during the jewellery manufactories' heyday. Does this mean the relevant knowledge has become worthless?

WHAT DOES "PFORZHEIM REVISITED" STAND FOR?

In the past, silver cigarette cases or pocket watches, for example, used to be embellished with what is called guilloché work, i.e. ornamental patterns composed of delicate lines. How could the relevant technique be used nowadays? Because the retired jewellery manufactory artisans' experience and skills are becoming extinct, the German Museum of Technology Foundation (abbreviated in German to SDTB) has, for several decades now, been committed to preserving the concomitant knowledge and, in collaboration with Pforzheim University, initiated the "Pforzheim Revisited" project in 2008 to pass on the artisans' expertise to students.

In this semester project, we examine what kind of relevance traditional jewellery production techniques might have for designing contemporary jewellery. It brings together students and the members of the "Jewellery Unites"[1] working group. These specialists – with an average age of 70 – share their experiential knowledge with students in their mid-twenties, who then reinterpret it.

In this publication, Pforzheim University presents the results of this collaboration. The examples shown are the works created by students, and by artists-in-residence who worked for three or six months at the Museum of Technology in Berlin.

1 Founded in 2005 in response to an initiative of the German Museum of Technology. (Interviews with the members starting on p. 100)

HOW IT ALL BEGAN

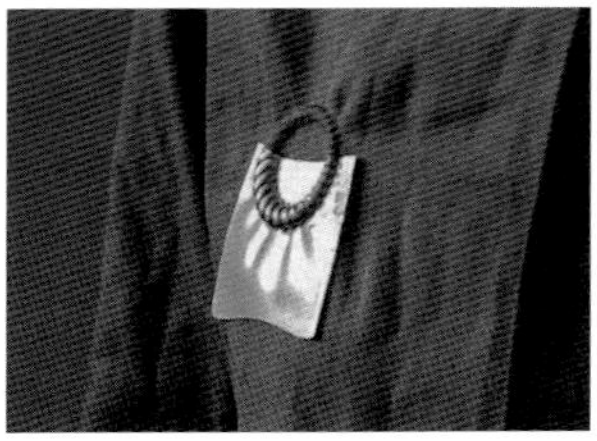

Fig. 1 Christiane Grinat

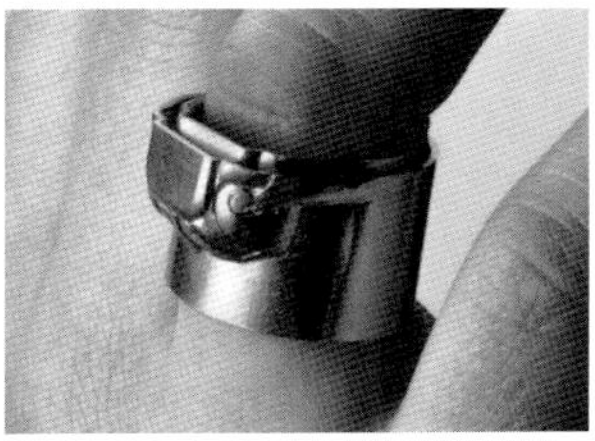

Fig. 2 Iris Hütter

About ten years ago, Pforzheim University decided to put its straight-line engine back into operation (see the description of the engine-turning technique on p. 95). Thanks to a fortunate coincidence, our endeavours caught the attention of Dr. Gabriele Wohlauf. She is a historian and former head of the "Jewellery Manufacture" department's collection at the German Museum of Technology in Berlin (abbreviated in German to DTB). Back then, she was looking for young people willing to learn from the last generation of artisans trained in manufactory-style techniques. Working since the 1980s on preserving these manufactory artisans' know-how, she joined forces with the Pforzheim-based specialists from the "Jewellery Unites" working group and with Manfred Schweiß (who showed visitors how the historical machines in the "Manufactory -style jewellery production" exhibition area at the DTB work) to document the work processes and machines involved, and reappraised the results of her research work to be presented in exhibitions. Together with Ernst Meyer from the Smidak Film production company, she compiled an archive of relevant film documentation over the course of the years.

Dr. Wohlauf approached us because she knew that despite her archiving work, a large proportion of the artisanal knowledge and skills was threatened with extinction. After all, there are no written operating instructions describing how to use the historical machines for pressing, punching or engraving. The relevant knowledge needs to be passed on from one person to another while actually working on these machines. This is the only way for traditioning the skills concerned from one generation to the next (see the chapter entitled "Personal traditioning of experiential knowledge in the context of manufactory-style jewellery design", p. 29). We gladly accepted her offer to learn more about the historical machines and techniques at the museum in Berlin. "Like in bygone times – but different" is the motto we chose for the collaboration between the university and the museum, and we have been travelling once a year to the capital to work for one week with the specialists of the "Jewellery Unites" working group ever since.

RESPECTING AND QUESTIONING TRADITIONS

For us novices, it was obvious that during a semester project, we could never achieve the perfection acquired by specialists during their entire working lives. Rather, our aim was to use the machines for creating something new, respecting tradition while at the same time calling it into question. First we tried to comprehend the techniques' specific characteristics: what is the salient quality of an embossed ring created using a drop hammer, for example?[2] What rules proved worthwhile calling into question in order to obtain ideas for something new? What happens when, although against one's better judgement, a foreign body is placed into the negative die?[3] Originally, the historical machines were employed for shaping or embellishing silver or gold. What other kinds of materials could be used? The students experimented with a highly disparate array of non-precious metals, plastic, wood, enamel, paper and stone.

The seasoned specialists welcomed the students' honest interest with grandfatherly benevolence, and embraced our experiments from the very first day. They were willing to use their methods in ways that were different from those that had proved their worth during their entire working lives. Nowadays, they are not only passing on the relevant knowledge – which in the past had often

2 There is no other technique that is as suitable for creating very thin-walled, high-quality pieces of jewellery as embossing. In order to save precious metal, the hollow pieces used to be assembled from (two or more) embossed elements and fitted with a back soldered to them.

When we use the embossing technique nowadays, we are not (only) driven by economic considerations, i.e. by trying to save material. The particular aesthetics produced by employing this technique and the idea behind a specific piece constitute an added value. For example, we can show a piece's interior through a cross-section (see Iris Hütter fig. 2), or keep the unique warp created on the edge of a piece of sheet metal (see Christiane Grinat fig. 1) when the drop hammer (description on p. 96) pushes it into the negative steel die at a speed of 20 km/h.

3 Fabian Jäger has successfully tried this using a steel ball (see p. 79).

been kept secret to protect it from competitors – but are even trying to find unusual challenges together with the young generation.

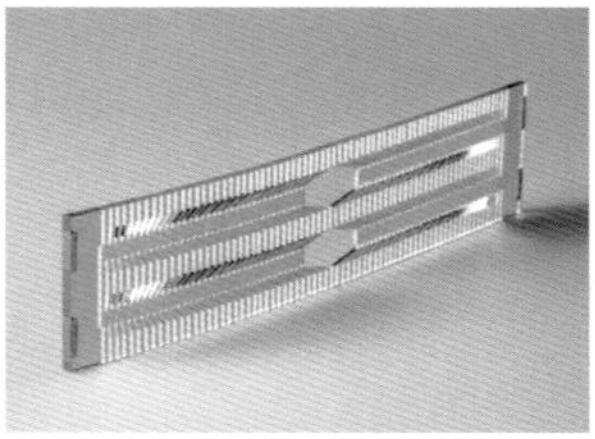

Fig. 3 Janika Slowik

ONLY A COG IN THE MECHANISM?

It is often said that competent artisanal skills have become extinct as a result of the Industrial Revolution, and that artisans have become small cogs in the mechanism. The members of the "Jewellery Unites" working group, however, are living proof of the inventiveness that characterizes Pforzheim's manufactories. The artisans have constantly been trying to find out how things could be done even better or more efficiently. So the crafts have been continuously evolving, and have become increasingly specialized, and are thus not threatened with extinction in general.[4]

AN ARTIST-IN-RESIDENCE PROGRAMME AND AN IN-HOUSE "MANUFACTORY"

In response to the promising results achieved over the course of the semester projects and in order to provide an opportunity for in-depth involvement with traditional techniques, Gabriele Wohlauf and Dr. Ruth Reisert-Hafner (former managing partner of the C. Hafner company) have launched an artist-in-residence programme at the DTB. It enables graduates from Pforzheim University to experiment using historical machines and to explore the possibilities offered by serial production methods (see the chapter entitled "Group dynamics are motivating", p. 39). Also, a project management office and a related workshop have been set up at the EMMA Creativity Centre in Pforzheim (which was opened in 2014), where students and jewellery designers can use a straight-line engine, a drop hammer and a foot lever press for their own creative work (see the chapter entitled "The new generation", p. 43).

THE "MANUFACTORY PRODUCTION AND DESIGN OF JEWELLERY" PROJECT

Meanwhile, the master goldsmith Andrea Grimm works in the "Jewellery Manufacture" department at the German Museum of Technology (DTB) in Berlin, where the research and documentation work commenced by Gabriele Wohlauf is being continued. In addition, the museum offers a variety of courses for educational institutions and jewellery makers in its fully functional workshop, and coordinates the individual elements[5] and activities of the overall "Manufactory production and design of jewellery" project, which synergizes the endeavours for documenting and traditioning the knowledge and skills related to manufactory-style jewellery production. This unique combination of museum and educational work, of archiving and traditioning, created by the German Museum of Technology Foundation in conjunction with its cooperation partners (the "Jewellery Unites" working group, Pforzheim University and the C. Hafner gold- and silver refinery), was included by the German Commission for UNESCO in the German Register of Best Safeguarding Practices for Intangible Cultural Heritage in 2015.

PRESERVATION THROUGH RENEWAL

In our experience, digital and artisanal working methods are not mutually exclusive, but complementary. Three-dimensional printing, for example, (see the chapter entitled "3D printers", p. 96) enables us to create pressing tools

4 Glenn Adamson provides a very thoughtful exposition of this stance in his book entitled "the invention of craft" (Bloomsbury, 2013), in contrast to Melanie Kurz's one-sided approach in her book entitled "Handwerk oder Design" (Wilhelm Fink, 2015), her response to "The Craftsman" (Yale University Press, 2008), Richard Sennett's influential, albeit somewhat romanticized deliberations on craftsmanship.

5 "Pforzheim Revisited", the artist-in-residence programme sponsored by the C. Hafner company, the project management office at the EMMA Creative Centre and the SDTB' comprehensive range of documentational material and seminars.

6 The shapes of Eva Knoch's rings (see pp. 55 and 110) are shaped by the specific limitations of a hammer and chisel working trough a steel block.

7 In her necklace, (see p. 69), Lena Schwertfeger has combined identical shapes, one element created by repeated pressing, and the other by 3D printing. Its vibrant, process-rooted aura resulting from the individual pressing operations harmoniously complements the homogenous digital shape.

8 A shape can also be developed from ornamentation. Janika Slowik's bracelet (see fig. 3 and p. 80) is made of plastic that is rigid in its normal state and has been rendered flexible by laser-cutting ornamental lines into it. And Frieda Dörfer has shaped her pieces entitled "Terror Vacui" ("Terrorizing Empty Space", see pp. 57 and 115) from metal already embellished with a guilloché pattern, instead of engine-turning the metal afterwards, as used to be done with cigarette cases, for example.

using a new method (see p. 123). Printing them takes much less time than carving the desired shape out of a steel block in the traditional manner (see the chapter entitled "Engraving balls, gravers and burins, engraving hammers – steel engraving",p. 94). We can regard a computer as another tool to be employed like a hammer or a saw. But those who do both artisanal and digital work know that this comparison is inappropriate. It always makes a significant difference whether you feel the material's resistance in your hands or shape it indirectly on a screen.[6]

HAND AND MACHINE

In a manufactory, shapes are not created by simply pushing a button. A machine is a tool that increases the strength of the human hand. The results can be influenced during almost every workstep, and don't always have to be identical, even in series manufacture. When it comes to jewellery, the fastest option is not always the optimum choice. This is why wedding a craft's limitations to the diversity of digital methods does indeed constitute an added value.[7] Digital production methods also create fresh perspectives and possibilities for the use of the ornament in design.[8]

TAKING IT FURTHER

We are still amazed by the skills of earlier generations, and are fascinated by historical designs.[9] We benefit from the abundance of artistic diversity from the past in terms of creative and cultural inspiration, as well our personal development, and are delighted by exquisitely crafted jewellery. And because we are truly interested in it, we don't content ourselves with self-indulgent nostalgia. Our objective is to not merely preserve manufactory-style techniques but to employ them in the here and now, and by combining them with digital technology, we hope to continue developing contemporary manufactory-style techniques further.

9 Historical ring shapes are very popular among the students: Rebecca Schultze and Marc Limper transmute signet rings into palimpsests by playfully punching them so as to cover their original symbols with new images, thus reinterpreting them.

Personale Tradierung des Erfahrungswissens in der manufakturellen Schmuckproduktion

ANDREA GRIMM
PROJEKTKOORDINATORIN „MANUFAKTURELLE SCHMUCKGESTALTUNG“
UND MITARBEITERIN IM DEUTSCHEN TECHNIKMUSEUM, BERLIN

TRADIERUNG HAT TRADITION

Die Weitergabe von Wissen von Person zu Person hat im klassischen Handwerk lange Tradition; heute reden wir auch von tradieren. Das Wort stammt vom lateinischen „tradere“ – „übergeben“ und hat nicht zufällig den gleichen Wortstamm wie Tradition. Diese wird von Generation zu Generation weitergegeben; das Tradieren bezeichnet genau diesen Vorgang. Dieser Brauch der mündlichen und praktischen Weitergabe von Wissen wird bis heute weltweit praktiziert. Auch in der manufakturellen Schmuckfertigung spielte das Tradieren von Wissen eine entscheidende Rolle. Es ging dabei nicht nur um die Grundlagen der Fertigung, sondern auch um das in jahrelanger Arbeit erworbene Erfahrungswissen: Die kleinen Tipps und Tricks, die vor allem bei dem großen Konkurrenzkampf, der um 1900 in Pforzheim herrschte[1], den entscheidenden Unterschied machen konnten. Dieses Wissen niederzuschreiben und allgemein zugänglich zu machen, war unvorstellbar. Es war ein streng gehüteter Schatz, der nur innerhalb einer Familie oder einer Firma weitergegeben wurde. Aber nicht nur die Angst vor der Konkurrenz sprach gegen die schriftliche Weitergabe von Erfahrungswissen; oft war es einfach nicht möglich, einen Arbeitsgang in Worten zu beschreiben. Erfahrungswissen muss „erfahren“ werden.

TRADIERUNG VS. SCHRIFTLICHE ÜBERLIEFERUNG

Ein Bild sagt mehr als tausend Worte und oft sind es das Demonstrieren eines Arbeitsschrittes und die anschließende Nachahmung, die den einzigen Weg der erfolgreichen Überlieferung darstellen. Beim Beschreiben eines Arbeitsvorgangs konzentriert man sich stets auf die bewusste Handlung; doch gerade im Handwerk und der Manufaktur sind es die unbewussten, automatisierten Handgriffe, die den Unterschied zwischen Ausschuss und Meisterstück ausmachen. Ein moderner, noch nicht weit verbreiteter Ansatz nutzt das Medium Film zur Dokumentation von Erfahrungswissen. Im Gegensatz zur Schrift werden hier auch unbewusste Handgriffe und Bewegungsabläufe dokumentiert. Die ExpertInnen arbeiten und erklären dabei, was sie tun. Alles, was nicht mündlich artikuliert wird, kann filmdokumentarisch festgehalten werden und bei der späteren Auswertung wichtige Hinweise liefern. Ein besonderer Aspekt dieser Methode ist zudem die Wertschätzung, die den Befragten zuteil wird. Meist handelt es sich um FacharbeiterInnen, die ihrer Tätigkeit selbst niemals eine Bedeutung beimaßen. Durch das Interesse von außen wird deutlich, dass der Wert des Erfahrungswissens nicht unterschätzt werden sollte und dem akademischen Wissen in nichts nachsteht. So haben die ExpertInnen der Arbeitsgruppe „Schmuck verbindet“ heute einen

1 Von 60.000 Einwohnern arbeiteten zu dieser Zeit fast 30.000 in der Schmuckindustrie.

Lehrauftrag an der Hochschule Pforzheim. Der Hohlpräger Walter Gräßle erhielt von den Studierenden den Spitznamen „Professor Press"; ein deutliches Kennzeichen für die Wertschätzung seines Wissens und Könnens. Trotz aller Vorteile der Oral History-Methode und dem großen Wert dieser Aufzeichnungen braucht es für die langfristige Tradierung von Erfahrungswissen noch mehr. So etwas wie „Gefühl" bzw. Gespür kann schlichtweg nicht schriftlich oder filmisch vermittelt werden; es muss selbst erfahren werden. Ein Beispiel: Eine Emailleurin zerstößt zunächst die Emailbrocken und zerreibt das Email in einem Mörser. Doch wie fein muss es werden, damit es verwendet werden kann? Mit bloßem Auge lässt sich kein Unterschied der Körnung erkennen. Die Körnchen sind auch zu fein, als dass man sie einfach messen könnte. Das Ausgangsmaterial zum Mörsern ist ebenfalls jedes Mal anders, sodass auch Dauer und Intensität des Mahlvorgangs keine Hilfe sind. Wenn die Emailleurin ihren Lehrling jedoch das Email selber mörsern lässt, so merkt er/sie am Gefühl, wie sich das Pulver verändert. Sie kann ihm/ihr zeigen wie es sich anfühlen und anhören muss, wenn das Email fein genug zerrieben ist. Aus diesem Grund ist es entscheidend, dass Erfahrungswissen personal tradiert wird; andernfalls geht es verloren und stirbt im schlimmsten Fall aus.

TRADIERUNG HEUTE – DAS PROJEKT „MANUFAKTURELLE SCHMUCKGESTALTUNG"

Für die erfolgreiche Tradierung bedarf es immer eines Lehrenden und eines Lernenden. Dieses Beziehungsgeflecht ist uns schon seit unserer frühesten Kindheit vertraut[2] und stellt das elementare personale Element der Tradierung dar. Für die Weitergabe des Wissens um die manufakturelle Schmuckherstellung braucht es neben diesem personalen Element die Werkstatt, die Maschinen und Werkzeuge. Solange eine Technik für die Industrie noch Relevanz hat, ist es nicht schwer, diese vier Komponenten zusammenzubringen. Die Manufakturen selbst sind um ihren Nachwuchs bemüht und das duale Ausbildungssystem, das vor allem für den deutschsprachigen Raum für die Ausbildung. im Handwerk typisch ist, wird weltweit hoch geschätzt. Durch die Kombination von Theorie in den Schulen und Praxis im Betrieb wird die Vermittlung von schulischem und Erfahrungswissen gleichermaßen garantiert. In Pforzheim gab es zu den Glanzzeiten bis zu 55 Spezialberufe in der Schmuckindustrie, die dual vermittelt wurden. Doch was geschieht, wenn eine Technik durch eine effizientere ersetzt wird oder aus der Mode kommt? Eine Zeitlang gibt es noch die Lehrenden, die Anzahl der Werkstätten und Maschinen nimmt jedoch rapide ab. Da es weder Raum, noch Material, noch Anwendungsmöglichkeiten für das Wissen der Lehrenden gibt, bleiben auch die Lernenden aus. Je länger dieser Zustand andauert, desto geringer wird die Zahl der Lehrenden und schließlich stirbt eine Technik ganz aus. ArchäologInnen, RestauratorInnen und KunsthistorikerInnen stehen dann vor der Aufgabe, das verlorene Erfahrungswissen aufwendig wiederentdecken zu müssen. Dieser Prozess ist mit vielen Irrwegen und Spekulationen verbunden und es ist dabei nicht sicher, ob die Rekonstruktion Erfolg haben wird. Die Pyramiden-Baukunst der alten Ägypter stellt uns beispielsweise bis heute vor Rätsel.

Das Projekt „Manufakturelle Schmuckgestaltung" setzt daher frühzeitig an, um schon das Aussterben von Techniken zu verhindern. Im Deutschen Technikmuseum (DTM) in Berlin wurde eine Werkstatt geschaffen, in der die wichtigsten Maschinen und Werkzeuge der manufakturellen Schmuckproduktion stehen. Um dies möglich zu machen, brauchte es die ExpertInnen, die bereit waren, ihr Wissen zu teilen. Diese ausfindig zu machen und zusammenzubringen

Die Oral History-Methode stammt aus den USA und wurde in den 1970er Jahren vor allem zur Zeitzeugenbefragung entwickelt. Ziel war es, Wissen und Erfahrung von Personen, unabhängig vom akademischen Bildungsstand, für die Nachwelt zu dokumentieren. So wurden beispielsweise „einfache" ArbeiterInnen befragt, deren Erfahrungen sonst verloren gegangen wären, da sie selbst diese niemals niedergeschrieben hätten. Diese Methode lässt sich auch auf Fertigungstechniken übertragen.

2 Wir lernen von unseren Eltern, von Lehrern und Lehrerinnen, von Ausbildern und Ausbilderinnen, Professoren und Professorinnen usw.

Vorschläge zum Selbstanfertigen von
Guillochier Patronen.
(Musterschienen.)

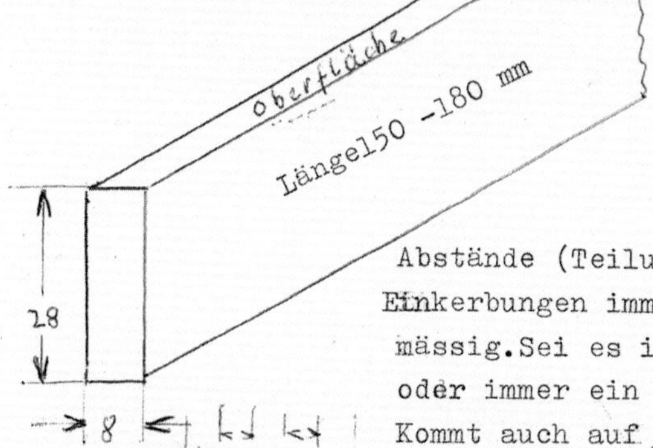

Abstände (Teilungen) der Einkerbungen immer gleichmässig. Sei es immer 5mm oder immer ein anderes Maß. Kommt auch auf die Breite der Kerben an.

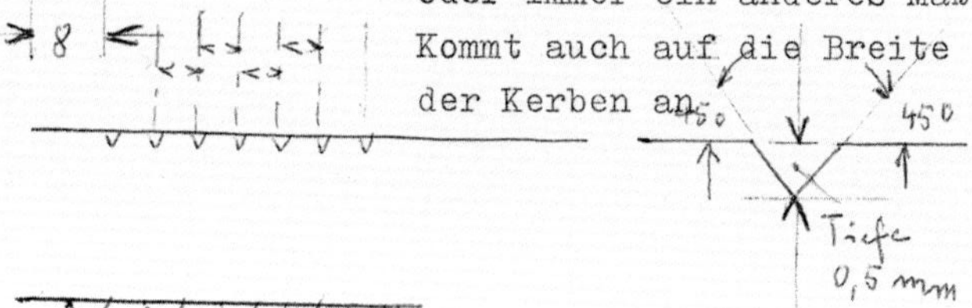

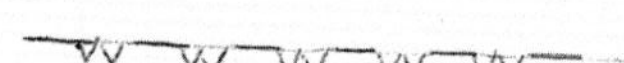

Material: Stahl. Nach Einbringung der Kerben gehärtet und Oberfläche geschliffen.

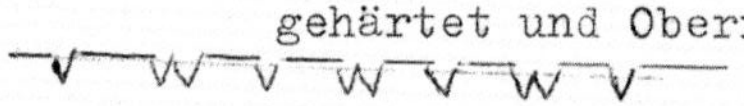

Walter Zaiß
Guillocheurmeister
Heinrich-Wieland-Allee 86
75177 Pforzheim
Tel 07231/102518

Notizen zum Anfertigen von Musterschienen für eine Geradzug-Guillochiermaschine
Notes for creating pattern bars for a straight-line engine

12.10.98

Becher guillochieren

Zuerst muß der mittlere Durchmesser (circa) z.b. mit Meßschieber ermittelt werden. Nehmen wir in unserem Beispiel 57 mm an. Diesen Wert egal wie groß er ist, muß immer mit Pi (3,14) multipliziert werden. Das ergibt in unserem Falle 178,98 ≈ 179. Wir sehen nun in Tabelle I, um den Teilungsabstand festzulegen. Der nächste Wert ist lt. Tabelle 180. Je nach Muster wählt man einen Abstand von 0,5 bis ca 1,3 mm. Man sucht nun in der Spalte 180 waagerecht den gewünschten Abstand geht dann nach oben und ersieht den nächsten Wert.

Anleitung von Walter Zaiß zum Guillochieren eines Bechers. Tabelle dazu auf S. 46
Walter Zaiß' instructions for engine-turning a cup, see the corresponding table on p. 46

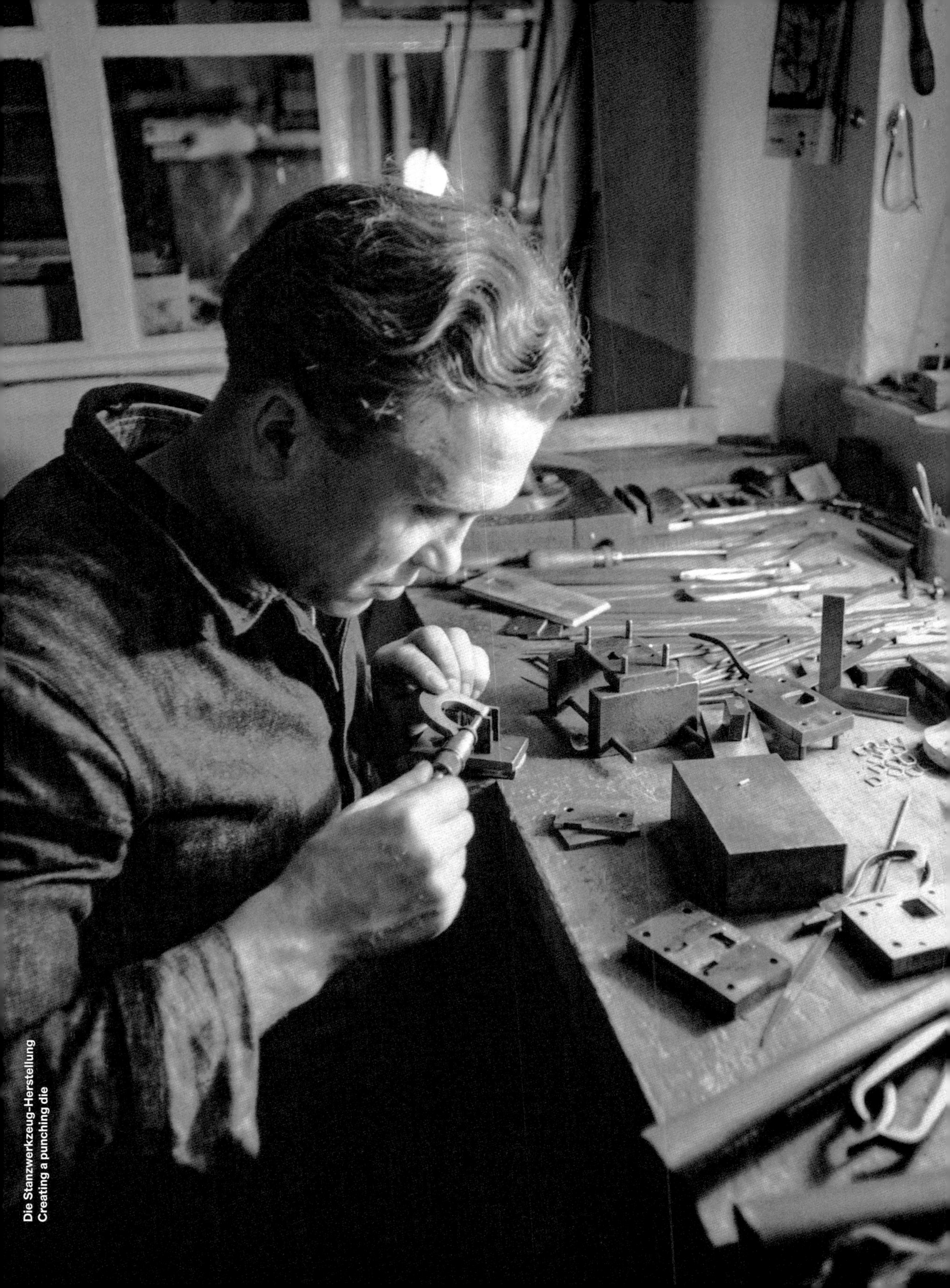

Die Stanzwerkzeug-Herstellung
Creating a punching die

war die erste Herausforderung, die im Zuge der praktischen Arbeit im Museum gemeistert wurde. Über die Zeit gründete sich die Arbeitsgruppe „Schmuck verbindet". Eine Gemeinschaft von erfahrenen ExpertInnen der Schmuckindustrie, die bereit war, ihr gesamtes Wissen mit den MitarbeiterInnen des Museums zu teilen. Gemeinsam wurde 1993 zuerst mit der Sicherung und Dokumentation des vorhandenen Wissens sowie der Erforschung und Dokumentation von bereits verloren geglaubten Produktionsabläufen und des Erfahrungswissens begonnen. So entstand die Dauerausstellung „Schmuckproduktion" im DTM und die Wanderausstellung „Jugendstilschmuck aus Pforzheim. Kunstindustrie um 1900" mit den Ergebnissen des Forschungsprojektes zur Rekonstruktion von Jugedstilschmuck des DTM und der AG „Schmuck verbindet". Außerdem wurden über 120 Stunden Filmmaterial produziert. Dadurch waren die Grundlagen für erfolgreiche Tradierung geschaffen. Es gab eine Werkstatt mit Maschinen und Werkzeugen; es gab die Lehrenden, die bereit waren, ihr Wissen zu teilen. Es fehlten nur noch die Lernenden aus dem Fachgebiet der Schmuckherstellung; daher nahm das DTM Kontakt zur Hochschule Pforzheim auf. 2008 fand zum ersten Mal der Workshop „Pforzheim Revisited" statt. Studierende des Studiengangs Schmuck kamen nach Berlin, um in der Werkstatt des DTM gemeinsam mit den ExpertInnen der AG „Schmuck verbindet" mit manufakturellen Techniken neuen Schmuck zu fertigen.

„Es war wild", so Christiane Grinat, eine der ersten Teilnehmerinnen an diesem Seminar, in einem Interview. Die Studierenden kamen mit völlig neuen Ideen und neuen Materialien ins Museum. Ein Nudelsieb hatte Hohlpräger Walter Gräßle in seiner ganzen Berufslaufbahn noch nicht zu prägen versucht; aber das Experiment gelang. Jung und Alt waren offen füreinander, sodass eine für beide Seiten fruchtbare Zusammenarbeit entstand. Heute sind es die alten Experten selbst, die mit immer ausgefalleneren Ideen auf die jungen Schmuckschaffenden zukommen. Das Semesterprojekt „Pforzheim Revisited" ist mittlerweile fester Bestandteil des Lehrplans der Hochschule Pforzheim und wird immer in der zweiten Jahreshälfte als Semesterprojekt angeboten. Die Firma C. Hafner hat zudem ein Stipendium geschaffen, um AbsolventInnen des Studiengangs Schmuck die vertiefende Arbeit mit den manufakturellen Schmuckfertigungstechniken zu ermöglichen. Als „Artist in Residence" dürfen die jungen Schmuckschaffenden für 3-6 Monate in der Werkstatt des DTM, unter fachkundiger Betreuung, an ihren eigenen Entwürfen und Ideen arbeiten. Das DTM hat seitdem das Seminarangebot gemeinsam mit der AG „Schmuck verbindet" weiter ausgebaut. So kommen nun auch Lehrlinge der Zeichenakademie Hanau und der Goldschmiedeschule Pforzheim für eine Woche nach Berlin, und auch ausgelernte Schmuckschaffende aus der ganzen Welt erhalten in Workshops die Möglichkeit, sich intensiv mit der manufakturellen Schmuckherstellung zu beschäftigen und das Erlernte für ihre Arbeit zu nutzen.

Das Projekt „Manufakturelle Schmuckgestaltung"[3] ist somit ein gelungenes Beispiel, wie die Komponenten Werkstatt, Maschine und Werkzeug sowie das personale Element Lehrende und Lernende auch außerhalb der Industrie und der klassischen Ausbildung erfolgreich zusammengeführt werden können. Aus diesem Grund zeichnete die Deutsche UNESCO-Kommission das Gesamtprojekt „Manufakturelle Schmuckgestaltung" 2015 mit der Aufnahme in die „Bundesweite Liste des Immateriellen Kulturerbes" unter der Rubrik „Beispiele guter Praxis" aus.

3 Anmerkung: Nähere Informationen über die Bausteine des Projekts „Manufakturelle Schmuckgestaltung" erhalten Sie auf: www.manufakturelle-schmuckgestaltung.de oder im Info-Heft der Stiftung Deutsches Technikmuseum Berlin. Anfrage an: grimm@sdtb.de

Danksagung: Vielen Dank an meine Vorgängerin und Initiatorin des Projektes „Manufakturelle Schmuckgestaltung", Dr. Gabriele Wohlauf, für die Unterstützung bei der Recherche und der abschließenden Ausarbeitung des Textes.

Personal Traditioning of Experiential Knowledge in the Context of Manufactory-Style Jewellery Production

ANDREA GRIMM
COORDINATOR OF THE "MANUFACTORY-STYLE JEWELLERY AND DESIGN" PROJECT AND RESEARCH ASSISTANT AT THE GERMAN MUSEUM OF TECHNOLOGY IN BERLIN

TRADITIONING IS A TRADITION

The passing on of knowledge from one person to another has a long tradition in the classic crafts. Nowadays, this is also referred to as "traditioning". Derived from the Latin word "tradere" (to hand over), traditions are handed down from one generation to the next. This custom of oral and practical transmission of knowledge is still being practiced worldwide. The traditioning of knowledge also played a significant role in the context of jewellery production in manufactories. It involved not only the transmission of manufacturing basics, but also of the experiential knowledge gained over the course of many years of work: the relevant little tips and tricks that could make a crucial difference, particularly in the environment of fierce competition that characterized Pforzheim around 1900[1]. Writing down this knowledge and thus making it generally accessible was unthinkable. It was a strictly guarded treasure that was passed on only within a family or a company. But it was not only fear of competition that discouraged the passing on of knowledge in written form; quite often, it was simply impossible to describe a work process in words. Experiential knowledge needs to be gained by experience.

TRADITIONING V. WRITTEN TRANSMISSION

Quite often, the only way to successfully pass on knowledge is by demonstrating a work step and having another person imitate it afterwards. When describing a work process, we always focus on conscious actions, but in the crafts and in manufactory production, the quality of subconscious routine hand movements can result in a piece being a reject or a masterpiece. It is said that a picture says more than a thousand words, and a modern, not yet very widespread approach uses films as a medium for documenting experiential knowledge, which, in contrast to written records, also show subconscious manual and other movements. Everything that is not expressed in words can be recorded on film, and provide important clues during the subsequent analysis. Another, special aspect of this method is the appreciation accorded to the interviewees. Most of them are skilled workers who had never attached any importance to their work themselves. The interest displayed by another person shows that the value of experiential knowledge should not be underestimated, and is by no means inferior to academic knowledge. A case in point are the experts of the "Jewellery Unites" working group who have a teaching assignment at Pforzheim University. The embosser Walter Gräßle is nicknamed "Professor Press" by the students – which clearly testifies to their appreciation of his knowledge and skills. Despite all the advantages of the oral history method and the great value of these recordings, long-term traditioning of experiential knowledge requires more

Invented in the USA, the oral history method was developed in the 1970s mainly for recording interviews with contemporary witnesses. The aim was to document people's knowledge and experiences for posterity, irrespective of their educational background. Those interviewed included "ordinary" workers, whose experiences would have been otherwise lost, because they would have never written them down. This method can also be applied to manufacturing techniques, with experts explaining what they do while working on something.

1 Almost 30,000 of the city's 60,000 inhabitants were working in the jewellery industry back then.

than that. Something like sensitivity or intuition simply cannot be conveyed in writing or by film; it needs to be experienced. Let's take one example: an enameller grinds enamel lumps in a mortar. But how finely does it need to be ground so it can be used? A difference in the powder's particle size cannot be discerned with the naked eye. Neither is it possible to simply measure the particles; they're too tiny for that. Also, the starting material is different each time, so the grinding duration and intensity cannot be used as guidelines either. But if the enameller lets apprentices grind the lumps themselves, they can sense how the powder becomes increasingly finer in the process. They can be shown how the enamel powder needs to feel and sound when it's fine enough. This is why it's essential for the traditioning of experiential knowledge to involve personal experience, because otherwise this knowledge will be lost and in the worst-case scenario become extinct.

TRADITIONING IN OUR DAY AND AGE – THE "MANUFACTORY-STYLE JEWELLERY DESIGN" PROJECT

Successful traditioning always requires an instructor and a student. This kind of interrelationship has been familiar to us since our early childhood[2], and constitutes the fundamental, personal element of traditioning. In addition to this personal element, the transmission of knowledge related to manufactory-style jewellery production also necessitates a workshop, machines and tools. As long as a technique is still relevant for an industry, it's not difficult to bring together these four components. The manufactories themselves endeavor to attract young talent, and the dual education system, which is the typical option for craft training, particularly in German-speaking countries, is appreciated worldwide. The combination of theory taught in schools and practical implementation learned in the businesses concerned guarantees the transmission of both theoretical and experiential knowledge. During the heyday of Pforzheim's jewellery industry, there were 55 relevant specialized professions that were taught using the dual system. But what happens if a technique is replaced by a more efficient one, or becomes outdated? The teachers will still be there for a while, but the number of workshops and machines will decline rapidly. And since there will be neither places nor materials, and no actual applications for the instructors' knowledge either, the students will also stay away. The longer this situation persists, the more the number of instructors will decrease until a technique will eventually die out. Archaeologists, restorers and art historians will then be confronted with the challenge of having to laboriously rediscover the lost experiential knowledge. This process involves many blind alleys and speculations, and will not necessarily result in a successful reconstruction. The Ancient Egyptian pyramids' architecture, for example, still remains a mystery to us.

So the "Manufactory-Style Jewellery Production and Design" project addresses the problem in time to prevent the techniques involved from becoming extinct. A workshop has been set up at the German Museum of Technology (abbreviated in German to DTM) in Berlin, and equipped with the most important machines and tools used in manufactory-style jewellery production. Already, this involved experts willing to share their knowledge. Finding them was the first challenge that was overcome during the course of the practical work at the museum. After some time, the "Jewellery Unites" working group was set up, a community of experienced jewellery industry experts, who were willing to share their entire knowledge with the museum's staff. In 1993, they jointly began to first save and document the existing knowledge, and to

2 We learn from our parents, teachers, instructors, professors, etc.

research and record production processes and experiential knowledge that had already been considered as lost. This is how the permanent "Jewellery Production" exhibition at the DTM and the touring exhibition entitled "Art Nouveau Jewellery from Pforzheim. Industrially Produced Art around 1900" came into being, the latter also showcasing the results of re-creating Art Nouveau jewellery using the techniques employed back then. In addition, film footage comprising more than 120 hours was produced. Now the basis for successful traditioning had been created: there was a workshop with machines and tools, and there were instructors who were willing to share their knowledge. What was still needed were students from the field of jewellery making. So the DTM contacted Pforzheim University, and in 2008, the "Pforzheim Revisited" workshop was held for the first time. Students of the jewellery course came to Berlin to craft new jewellery, using manufactory-style techniques, in collaboration with the experts of the "Jewellery Unites" working group in the DTM's workshop.

"It was wild," says Christiane Grinat, one of the first participants in this seminar, in an interview. The students presented entirely new ideas and unusual materials. A pasta strainer was something that Walter Gräßle had not attempted to emboss during his entire career. But the experiment was successful. A reciprocally receptive mindset between young and old fostered a mutually beneficial collaboration. Nowadays, it's the old experts who approach the young jewellery makers with increasingly unconventional ideas. The "Pforzheim Revisited" project has meanwhile become an integral part of Pforzheim University's curriculum, and is offered in the second half of every year as a semester project. In addition, the C. Hafner company has launched a scholarship program to enable graduates of the jewellery course to enhance their knowledge and skills in manufactory-style jewellery production techniques. As artists-in-residence, young jewellery makers can work on their own designs and ideas under expert supervision in the DTM's workshop for 3–6 months. Meanwhile, the DTM has expanded its range of seminars in conjunction with the "Jewellery Unites" working group. It now also has trainees from the Drawing Academy in Hanau and the Goldsmithing School in Pforzheim who go to Berlin for a week. Qualified jewellery makers from around the world also have the opportunity to intensively engage in manufactory-style jewellery production and use what they learn there for their own work.

So the "Manufactory-Style Jewellery Production and Design"[3] project is an example of how the individual components, i. e. a workshop, machines and tools, plus the personal element of instructors and students, can be brought together successfully even outside the industry and traditional training programmes. This is why the German Commission for UNESCO included the overall "Manufactory-Style Jewellery Production and Design" project into the German Register of Best Safeguarding Practices for Intangible Cultural Heritage in 2015.

3 You'll find more information on the elements of the "Manufactory-style jewellery production and design" project in the informational brochure published by the German Museum of Technology Foundation in Berlin. For inquiries, please contact grimm@sdtb.de

Acknowledgement: I would like to thank my predecessor and initiator of the "Manufactory-Style Jewellery Production and Design" project, Dr Gabriele Wohlauf, for her support in researching and subsequently writing this text.

Open Source – Alte Techniken neu erschließen

CORNELIE HOLZACH
LEITERIN DES SCHMUCKMUSEUMS PFORZHEIM

„Pforzheim Revisited" ist ein Projekt, dessen Bedeutung für das Selbstverständnis Pforzheims als frühere „Schmuckmetropole" nicht hoch genug zu bewerten ist. Auch heute ist Pforzheim eines der wichtigsten Zentren für die Gestaltung und Herstellung von Schmuck.

Vor fast zehn Jahren entstanden, inspiriert durch das Wissen der Projektgruppe „Schmuck verbindet", hat es sich längst emanzipiert, ohne dabei seine Wurzeln zu vergessen. Einige der erfahrenen Handwerker aus der Projektgruppe begleiten die Studenten der Hochschule Pforzheim bei ihren Versuchen und geben ihnen wertvolle Anleitungen. Dies war keinesfalls selbstverständlich in der Pforzheimer Schmuckindustrie. Mündlich wurde ungern etwas weitergegeben, schriftlich noch viel weniger. Deshalb ist eine Zusammenarbeit, wie sie in „Pforzheim Revisited" praktiziert wird, so wichtig: Mündliches und erfahrbares Wissen wird im gemeinsamen Tun weitergegeben. Die Studenten lernen ganz praktisch die Fertigkeit und den Umgang mit Maschine und Material, und dies nicht nur im einmaligen Ausprobieren. Vielmehr entwickeln sie mit der intensiven Beschäftigung und eben auch der Wiederholung bestimmter Vorgänge Geschick und Routine. Beides ist notwendig, um über das erste Kennenlernen und Nachvollziehen der Arbeitsschritte hinaus zu neuen Gestaltungansätzen zu kommen.

Erst wenn die meisten Abläufe selbstverständlich geworden sind, können die neuen Schritte getan werden. Das ist es, was tatsächlich eine neue Gestaltung, eine neue Sicht auf die eingespielten und über Generationen weitergegebenen Formen und Abläufe ausmacht. Denn dies ist das Privileg und die Aufgabe des Designers, des Künstlers: Vorgegebenes, Vertrautes, Übernommenes infrage zu stellen, neue Sichtweisen zu entwickeln und in eine nicht nur heutige, sondern zukunftsweisende Form zu bringen. Gerade hier liegt der besondere Reiz des Projekts: Man beschäftigt sich mit letztlich sehr engen Vorgaben, Materialeigenschaften, Möglichkeiten der Maschinen und Werkzeuge und, was nicht unterschätzt werden darf, der tradierten Formensprache. Nun heißt es aber, aus diesem „Korsett" herauszukommen, ohne beim Experimentieren stehen zu bleiben, denn dann würde man das wertvolle Erfahrungswissen und

-gedächtnis nur sehr unzureichend nutzen. Hier ist der große Verdienst von „Pforzheim Revisited" anzusiedeln, weit über ein wenig Ausprobieren und über die Faszination alter Maschinen hinauszugehen und eine ernsthafte und vertiefte Beschäftigung mit diesen Techniken zu suchen. Dabei ist eine empirische Untersuchung und Sammlung von Werkbeispielen als Basis für neue Entwicklungen von Bedeutung, was es übrigens in vielen Firmen bei spezifischen Techniken auch gab, nur nicht außerhalb der Firma weitergegeben wurde.

Heute haben wir die Möglichkeit, dieses Wissen als „open source" zur Verfügung zu stellen und zu nutzen. Es geht nicht darum, in einer Art nostalgischer Sinnsuche im Vergangenen zu verharren, sondern vor allem die Potentiale dieser heute nur noch wenig verwendeten Verfahren zu erkennen und mit neuen Technologien zu verschränken. Hier schließt sich der Kreis zur ehemaligen Erfolgsgeschichte der Pforzheimer Schmuckindustrie: Man war mit Erfahrungswissen und dem gleichzeitigen Mut zur Neuentwicklung anderen Herstellern immer einen Schritt voraus. Heute steht nicht mehr die ressourcensparende Massenproduktion im Vordergrund, sondern eine individuelle, zugleich technisch anspruchsvolle Gestaltungsprache. Eine Gestaltungssprache, die es schafft, den Reiz der tradierten Technik mit dem Neuen der gegenwärtigen Sichtweisen zu verbinden und zu entwickeln. Dass dafür Orte wie die Hochschule Pforzheim, das Kreativzentrum EMMA und das Deutsche Technikmuseum Berlin zusammenarbeiten, macht daraus ein nachhaltiges und Moden überdauerndes Projekt.

Die Verwirklichung des Anspruchs, aus der Phase des Versuchs und Prototyps in eine Produktionsebene zu wechseln, lässt sich an zahlreichen Schmuckkollektionen ablesen, die die Kenntnisse aus „Pforzheim Revisited" sehr souverän umsetzen. Die Mühsal der ersten Schritte ist fast vergessen, die Erfolge und die damit verbundene Zukunft des Projekts sind dafür umso sichtbarer.

Using Open-Source Material – Unlocking the Potential of Traditional Techniques

CORNELIE HOLZACH
DIRECTOR OF PFORZHEIM'S JEWELLERY MUSEUM

"Pforzheim Revisited" is a project whose significance for Pforzheim's self-image as a former "jewellery metropolis" and a city that still ranks among the major centres of jewellery design and production cannot be overrated.

Inspired by the "Jewellery Unites" project group and initiated almost ten years ago, it has meanwhile evolved into an autonomous project that nevertheless has not forgotten its origins. Some of the experienced artisans from the project group continue to supervise the students of Pforzheim University while they engage in their experiments, and provide valuable instruction. As is also mentioned elsewhere in this publication, this was by no means a matter of course in Pforzheim's jewellery industry. The people concerned were reluctant to pass on their knowledge verbally, let alone in writing. This is why collaboration as it is being practised within the context of "Pforzheim Revisited" is so important: it involves the verbal transmission of experiential knowledge as part of a joint activity. The students learn how to operate machines and work materials through hands-on experience – not by trying something out merely once, but by means of in-depth involvement with and, particularly, repetition of certain processes, thus honing their skills and routine, both of which are indispensable for coming up with new design approaches, after familiarization with and comprehension of the worksteps concerned. Only when performing most of the processes has become second nature to them can they proceed to taking new steps.

What constitutes a new design is a new perception of traditional forms and the routine processes passed on for generations. It is both the privilege and responsibility of a designer or artist to question the given, the familiar and the adopted, to develop new perspectives and to translate them into not only contemporary but visionary manifestations. What makes this project so intriguing is that the people involved concern themselves with what are ultimately very limited parameters, material properties and options provided by the machines and tools concerned, as well as – something that should not be underestimated – a traditional formal idiom. But now they are called upon to liberate themselves from this "corset", yet without stagnating in the

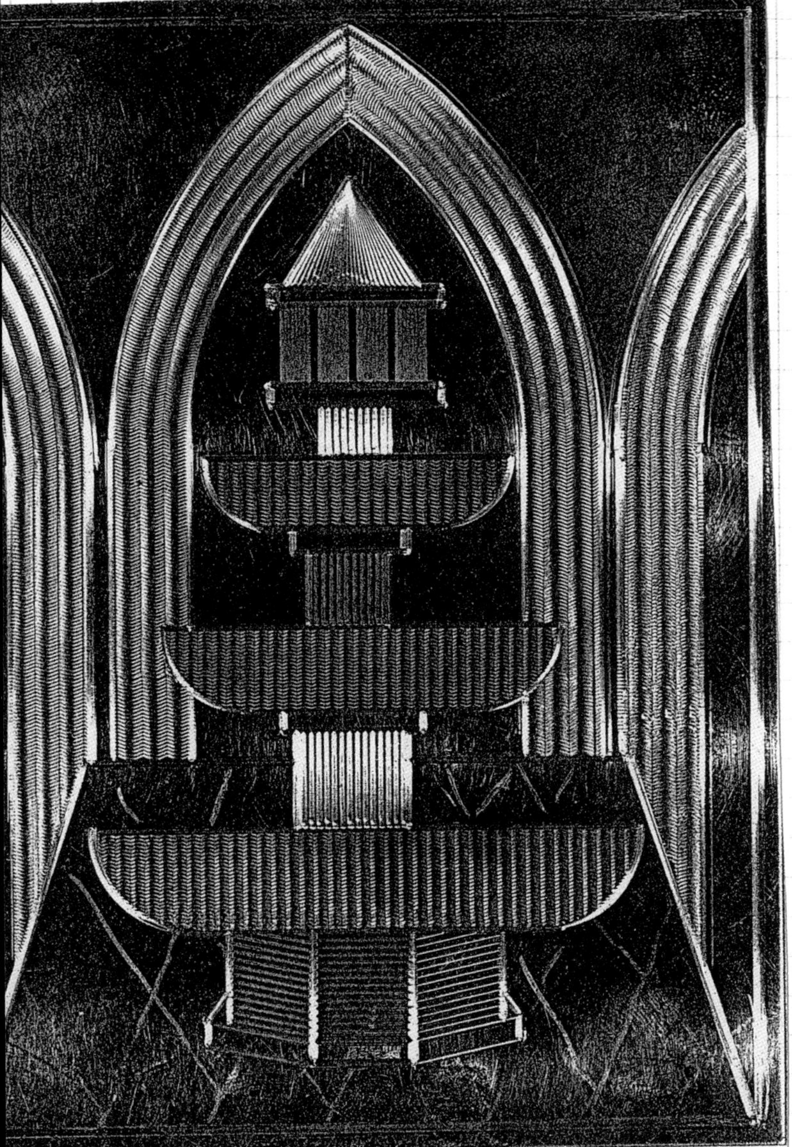

382

Nr 386

Strahlen für Spitzbogen
U = 22

chleifen	10
chalen Guill Anz.	40.
" "	50.
ockel Probe	20.
" Anz.	20.
" Guill.	40.
wischenSockel	
nz.u.Probe	30
pitzbogen Probe	90.
" innen	100.

Spitzbogen aussenrichten	20.
" Guill	65.
Schräge(Boden)	10.
Laterne (Aufsatz) Gesamt	65.
Einfassen Signum	10.

Zeit 560 Min = 9 St.20 Min.

Davon für Proben:2St.20 Min.

Der Brunnen von Kloster Maulbronn in der Umsetzung von Walter Zaiß mit Zeitangaben der einzelnen Arbeitsschritte
Walter Zaiß' representation of the fountain at Maulbronn Abbey, including the times specified for the individual worksteps

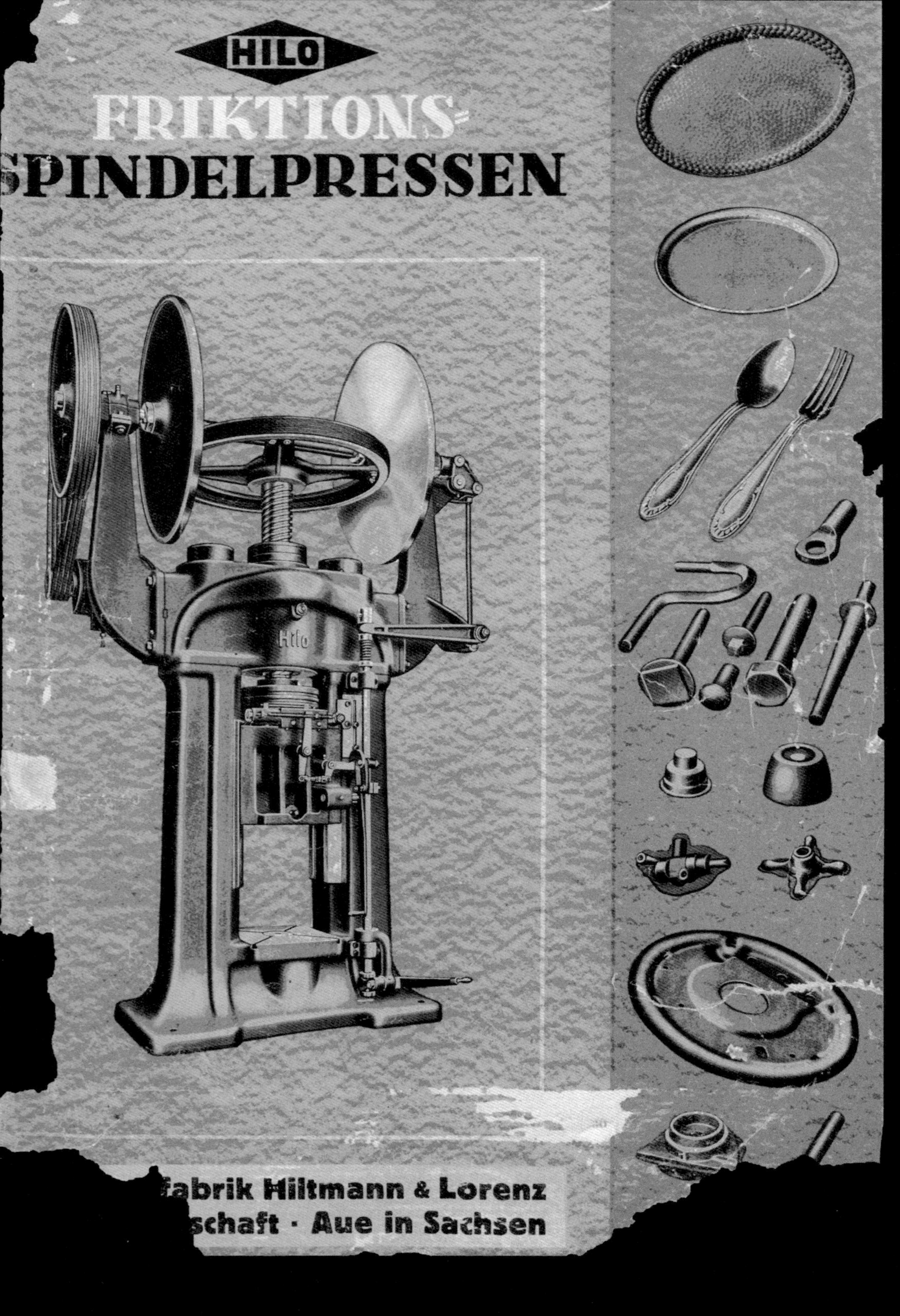

Fragment des Katalogs einer Maschinenfabrik für Friktionsspindelpressen und Maschinenbauteile, ca. 1920
Fragment of a catalogue of a factory producing

process of experimentation, because this would mean making highly inadequate use of the valuable experiential knowledge and memory.

The great achievement of “Pforzheim Revisited” is the fact that it goes far beyond mere tentative experimentation and a fascination with historical machines so as pursue serious in-depth involvement with the traditional techniques. An empirical analysis and collection of work samples serves as a useful basis for new developments, and was used, by the way, by many companies with regard to specific techniques, but never passed on passed on to outsiders.

Nowadays, we have an opportunity to make this knowledge available as open-source material and to use it appropriately. But this is not about dwelling in the past as part of some kind of nostalgic quest for meaning, but above all about realizing the potential of these traditional methods, which are rarely being used in our day and age, and combining them with new technologies. Embracing this approach, the “Pforzheim Revisited” project is following in the footsteps of the city’s successful jewellery industry of the past: with their experiential knowledge and their courage to develop something new, Pforzheim’s jewellery manufacturers have always been a step ahead of their competitors. The focus nowadays, however, is no longer on resource-efficient mass production, but rather on an individual, technically demanding design idiom that weds the appeal of traditional techniques to innovative contemporary perspectives. Thanks to the fact that institutions like Pforzheim University, the EMMA Creative Centre, the German Museum of Technology in Berlin and the Technical Museum of Pforzheim’s Jewellery and Watchmaking Industries collaborate with each other to this end, “Pforzheim Revisited” is a sustainable project that will outlast short-lived fashions.

The aim of progressing from the phases of experimentation and prototyping to a production stage has been successfully achieved in many cases, as is evidenced by numerous jewellery collections that impressively reflect the knowledge gained within the context of the project. The laborious efforts involved in the initial steps are almost forgotten in view of the project’s evident success and concomitant future.

Gruppendynamik motiviert

DR. RUTH REISERT-HAFNER, BIRGITTA HAFNER
C. HAFNER GMBH + CO. KG

DIE ÜBERNAHME BEWÄHRTER, ALTER VERFAHRENSTECHNIKEN IN MODERNES DESIGN IST KEINE EINTAGSFLIEGE

Die besten Ideen kommen zustande, wenn jüngere und ältere Schmuckschaffende sich gegenseitig inspirieren und motivieren und Gruppendynamik durch die gemeinsame Begeisterung für historische Schmuckfertigungstechniken entsteht.

Frau Dr. Gabriele Wohlauf hatte den Stein ins Rollen gebracht. Als Sammlungsleiterin der Abteilung „Schmuckproduktion" im Deutschen Technikmuseum in Berlin suchte und fand sie erfahrene Experten der Schmuckindustrie, die bereit waren, ihr Erfahrungswissen weiterzugeben und damit eine neue Generation zu begeistern.

Pforzheim bietet mit Hochschule, Goldschmiedeschule, Technischem Museum der Schmuck- und Uhrenindustrie und Kreativzentrum ideale Voraussetzungen für eine gute Vernetzung von Design, handwerklichem und technischem Know-how und beste Arbeitsmöglichkeiten. Es ist zu hoffen und zu erwarten, dass die alten Techniken am Markt bestehen bleiben und auch für die jungen Kreativen eine lukrative Perspektive bieten. So könnte in speziellen Manufakturen sowohl zeitgenössischer Schmuck in Kleinserien als auch in Unikaten hergestellt werden.

Mit einem sechsmonatigen Stipendium für Aufenthalt und Arbeitsmöglichkeit im Deutschen Technikmuseum in Berlin trägt C. Hafner, Gold- und Silberscheideanstalt in Wimsheim bei Pforzheim dazu bei, das Wissen um die manufakturellen Techniken kontinuierlich zu erhalten. Darüber hinaus fördert sie die Verwendung von Edelmetall für die Schmuckstücke der Stipendiaten.

Oft werden diese Stipendiaten Freunde, welche sich als Gruppe gemeinsam und individuell durch Inspiration und Gedankenaustausch weiterentwickeln. Durch diese Gruppendynamik entsteht ein Drive, welcher die bewährten Techniken wiederbelebt und zur modernen, vielleicht sogar avantgardistischen Gestaltung von Schmuck führt, der dem heutigen Zeitgeist entspricht.

Group Dynamics Are Motivating

DR RUTH REISERT-HAFNER, BIRGITTA HAFNER
C. HAFNER GMBH + CO. KG

THE INCORPORATION OF TRIED-AND-TESTED HISTORICAL MANUFACTURING TECHNIQUES INTO MODERN DESIGN IS NOT A ONE-OFF EXPERIMENT

The best ideas are created when younger and older jewellery makers inspire and motivate each other, with their shared enthusiasm for historical jewellery manufacturing techniques generating fruitful group dynamics.

It was Dr Gabriele Wohlauf who set the ball rolling. As head of the "Jewellery Manufacture" department's collection at the German Museum of Technology in Berlin, she sought and found experienced jewellery industry experts who were willing to pass on their experiential knowledge, thus sparking the enthusiasm of a new generation.

With its university and its Goldsmithing School, the Technical Museum of its Jewellery and Watchmaking Industries and its creativity centre, Pforzheim offers optimum conditions for harmoniously interconnecting design, artisanal and technological know-how, as well as ideal job opportunities. We hope and expect that the historical techniques will be able to hold their ground on the market and will also provide profitable opportunities for the young generation of creative minds. For example, contemporary jewellery could be created both in small series and as one-of-a-kind pieces in dedicated manufactories.

By sponsoring a six-month artist-in-residence programme at the German Museum of Technology in Berlin, the C. Hafner gold- and silver refinery in Wimsheim near Pforzheim gives young jewellery artists an opportunity to experiment with manufactory-style techniques, thus helping to preserve the relevant knowledge and skills. In addition, the company encourages them to use precious metals for creating their jewellery.

The artists-in-residence often become friends who, both together as a group and individually, continuously progress in their professional development thanks to mutual inspiration and shared ideas. This kind of group dynamic generates a momentum that helps to revive the tried-and-tested techniques for creating modern, perhaps even avant-garde jewellery that reflects the spirit of our contemporary era.

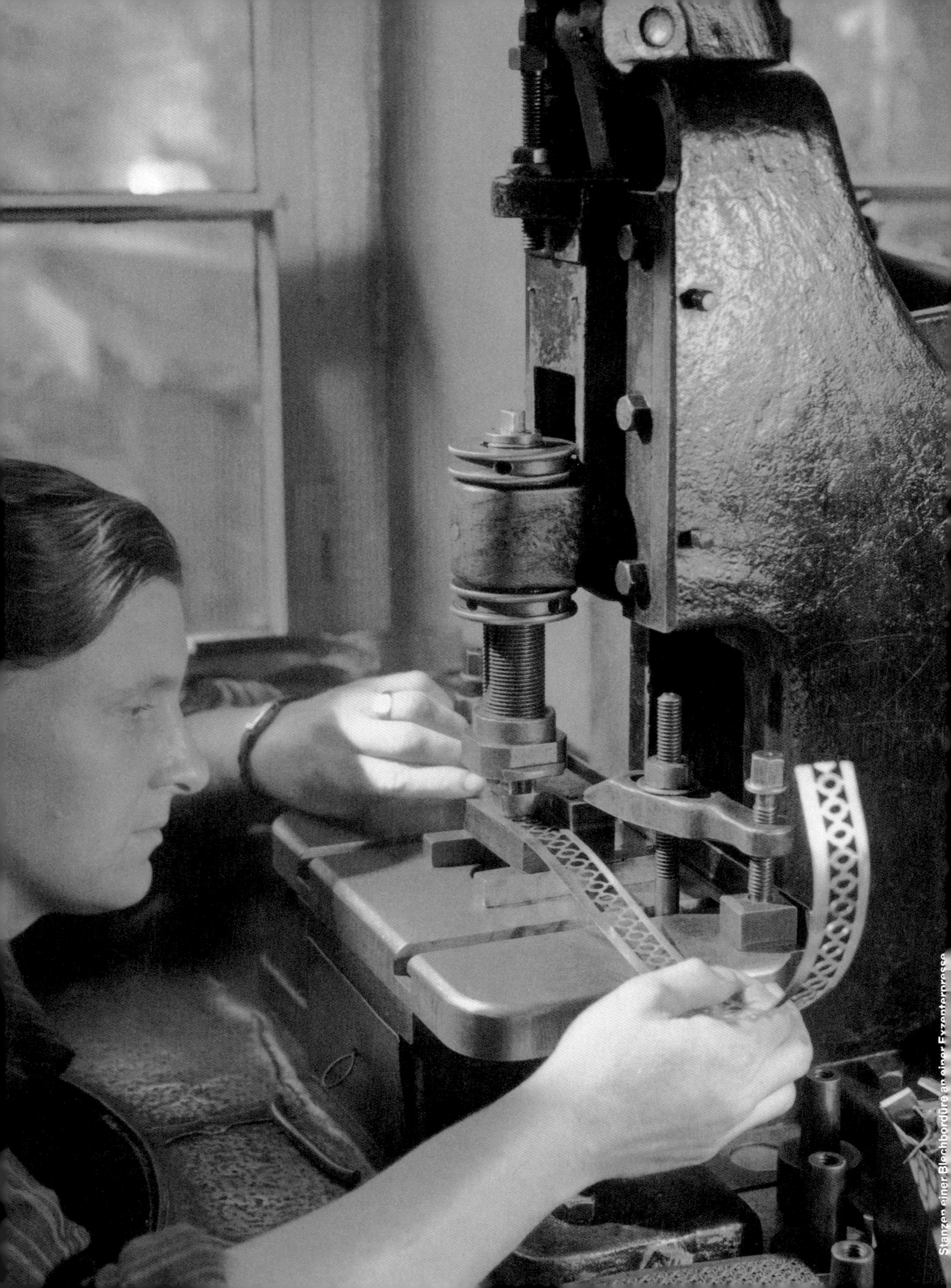

Stanzen einer Blechbordüre an einer Exzenterpresse

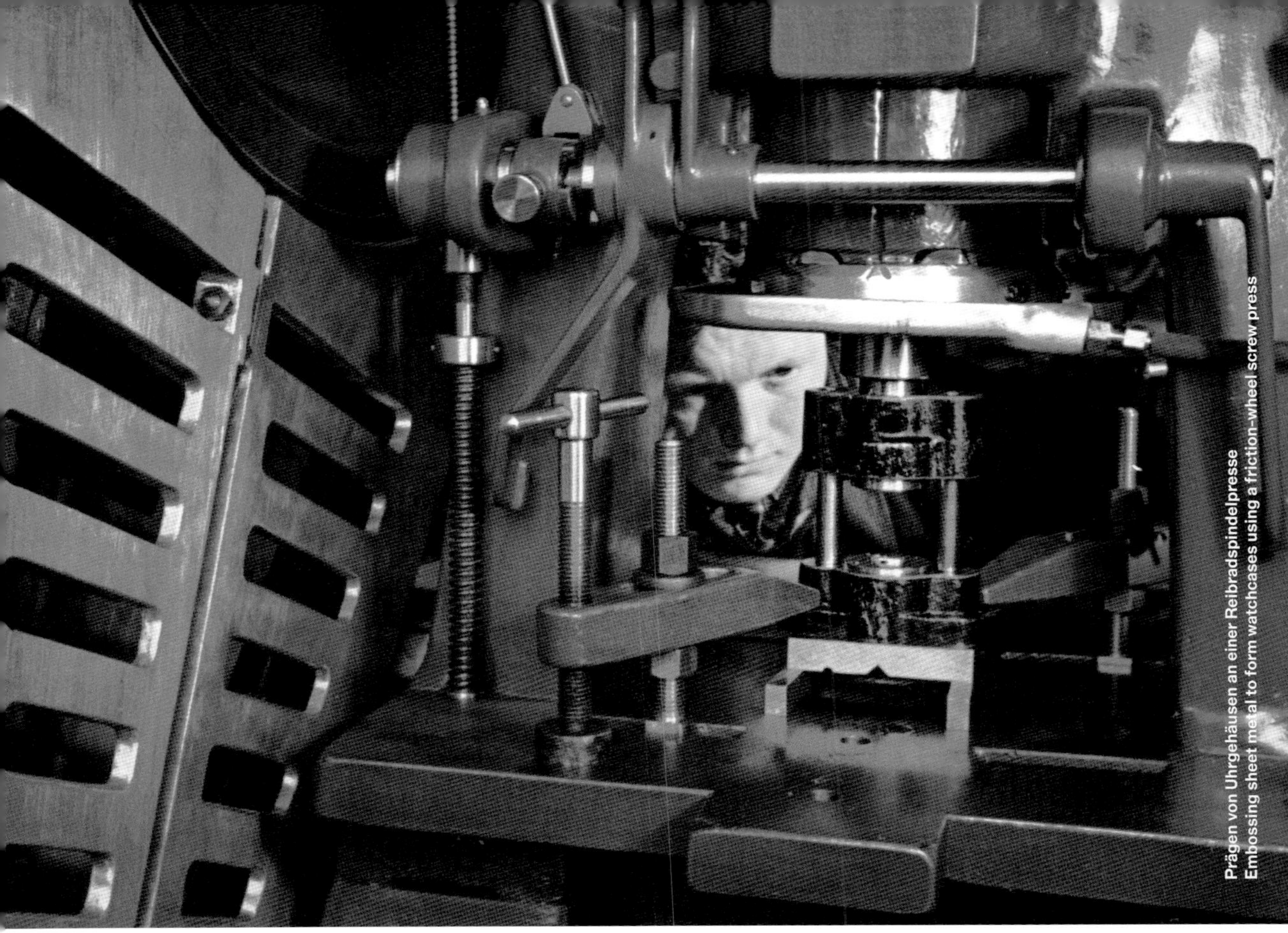

Prägen von Uhrgehäusen an einer Reibradspindelpresse
Embossing sheet metal to form watchcases using a friction-wheel screw press

Die neue Generation

ALMUT BENKERT
FACHBEREICHSLEITERIN KREATIVWIRTSCHAFT, PFORZHEIM

In der Schmuck- und Uhrenbranche stand und steht Pforzheim für herausragende Qualität, Design und Präzision. Die manufakturelle Schmuckherstellung hat hierzu einen wichtigen Teil beigetragen. Obwohl mittlerweile neue Techniken den Markt beherrschen, geht das Spezialwissen der ehemaligen Pforzheimer Schmuckhersteller nicht verloren: Dank des vom Deutschen Technikmuseum in Berlin und der Hochschule Pforzheim ins Leben gerufenen Projektes „Manufakturelle Schmuckgestaltung" werden in Kooperation mit dem Technischen Museum der Pforzheimer Schmuck- und Uhrenindustrie nicht nur die historischen Maschinen bewahrt und ausgestellt, sondern das Wissen an Pforzheimer Studierende weitergegeben und die Möglichkeiten für die Zukunft erforscht und weiterentwickelt.

Das von der UNESCO ausgezeichnete Projekt ist in Pforzheim im Kreativzentrum EMMA mit einem von C. Hafner finanzierten Projektbüro, sowie historischen Maschinen wie Fallhammer, Fußhebelpresse, Spindelpresse und Guillochiermaschine beheimatet. Auf 3000 qm finden Absolventen der Hochschule Pforzheim und junge Designer aus der Region optimale Arbeitsbedingungen mit Werkstätten, Ateliers und Ausstellungsflächen. Mit dem Zugang hierzu bietet das EMMA der neuen Generation von Schmuckdesignern die Möglichkeit, auch nach dem Studium mit alten Techniken und neuen Materialien zu experimentieren, neue Designs zu entwickeln sowie Kleinserien vor Ort manufakturell herzustellen. Damit sind im EMMA – Kreativzentrum Pforzheim Voraussetzungen geschaffen worden, Designern die historischen Maschinen jederzeit zugänglich zu machen.

Das EMMA als Teil der Pforzheimer Kreativwirtschaft trägt somit dazu bei, die Tradition Pforzheims als Stadt mit der Infrastruktur und dem Wissen in der Schmuck- und Uhrenherstellung seit 250 Jahren einerseits, und dem kreativen Potential der Studierenden und Kreativschaffenden vor Ort andererseits, zu erhalten und zu fördern. Diese Verbindung von Tradition, technischem Wissen und Designkompetenz bietet große Chancen für die Zukunft und ist ein Alleinstellungsmerkmal für die Region Pforzheim.

The New Generation

ALMUT BENKERT
HEAD OF THE CREATIVE INDUSTRY DEPARTMENT, PFORZHEIM

In the jewellery and watch sector, Pforzheim has always been and still is synonymous with superlative quality, design and precision, a reputation it owes not least to its history of jewellery production in manufactories. Although new technologies are meanwhile dominating the market, the specialized knowledge of Pforzheim's former jewellery manufacturers is not being lost. Thanks to the "Manufactory-Style Jewellery Production and Design" project initiated by the German Museum of Technology in Berlin and Pforzheim University, not only the historical machines once used by Pforzheim's jewellery and watchmaking industries are being preserved and showcased in collaboration with the Technical Museum of Pforzheim's Jewellery and Watchmaking Industries, but the relevant knowledge is also being passed on to the university's students, and possibilities for the future are being explored and developed as well.

Included by the German Commission for UNESCO in the Register of Best Safeguarding Practices for Intangible Cultural Heritage, the project has its home at the EMMA Creativity Centre in Pforzheim, where, financed by the C. Hafner company, it occupies a project management office and a workshop equipped with historical machines like a drop hammer, a foot-lever press, a screw press and an engine for creating straight-line guilloché patterns. With its 3,000 square metres of workshops, ateliers and exhibition space, the EMMA provides optimum working conditions for graduates from Pforzheim University and young designers from the region. Allowing access to the historical machines at any time, the EMMA Creativity Centre in Pforzheim offers the new generation of jewellery designers an opportunity to experiment with traditional techniques and new materials, to develop new designs, and to produce small series using manufactory-style techniques.

So as part of Pforzheim's creative industry, the EMMA contributes firstly to preserving the tradition of Pforzheim as a city that can look back on a history spanning 250 years of infrastructure and knowledge related to jewellery and watch production, and secondly to fostering the inventive potential of the locality's students and creative minds. This combination of tradition, technological expertise and design competence offers auspicious opportunities for the future, and is a unique feature of the Pforzheim region.

Tradition trifft auf Innovation – Neue Chancen für eine junge Generation von Gestaltern

DR. CHRISTIANNE WEBER-STÖBER
GESELLSCHAFT FÜR GOLDSCHMIEDEKUNST E. V., DEUTSCHES GOLDSCHMIEDEHAUS HANAU

Die Förderung des Nachwuchses, die Unterstützung der jungen Avantgarde, die sich ganz mutig der Gestaltung von Schmuck und Gerät verschrieben hat, ist schon immer ein wesentliches Anliegen der Gesellschaft für Goldschmiedekunst, die nunmehr seit 85 Jahren ihren Zielen und Aufgaben nachkommt. Mit vielseitigen Projekten werden junge Menschen in ihrer Kreativität gefördert, gleichzeitig will man sie für die Wurzeln ihres Metiers interessieren. So wird mit speziellen Angeboten die Erhaltung oder auch Wiederbelebung traditioneller Schmucktechniken und -materialien bei gleichzeitig innovativer Umsetzung thematisiert. Mit internationalen Wettbewerben und Ausstellungen zur Schmuck- und Gerätgestaltung im Deutschen Goldschmiedehaus Hanau wird permanent eine Plattform geboten, sich in der Öffentlichkeit zu präsentieren und Menschen zu gewinnen, die sich für handwerkliche Qualität interessieren und offen sind für neue Gestaltungsideen.

Von Anfang an war es den Verantwortlichen des Deutschen Goldschmiedehauses Hanau wichtig, jungen Künstlern noch während der Ausbildung die Präsentation ihrer Arbeitsergebnisse zu ermöglichen. Alle Ausbildungsstätten in Deutschland und auch Schulen aus dem Ausland wurden eingeladen, ihre Ausbildungskonzepte und ausgewählte Objekte zu zeigen. Das Ausstellungshaus kommt so seiner Aufgabe nach, junge (Schmuck-)Kunst für jedermann zugänglich zu machen, traditionelle Schmuckvorstellungen zu überdenken und Interesse für Neuland durch spektakuläre Werkstoffe und Verarbeitungsmethoden zu wecken.

Zu den Highlights der Silberschmiedeszene hat sich die seit 1965 alle drei Jahre stattfindende „Silbertriennale International" entwickelt. Dies ist ein internationaler Wettbewerb mit begleitender Ausstellung und Publikation zur Erhaltung und Weiterentwicklung des Silberschmiedehandwerks und Entwicklung neuer Gestaltungsansätze. Die Offenheit für die unterschiedlichsten Techniken, Materialverwendungen und neuen Ansätze für die Schmuckgestaltung stehen im Vordergrund von Wettbewerben wie dem Friedrich Becker-Preis Düsseldorf und waren auch Anliegen des Ruth-Reisert-Hafner-Stipendiums (zwischen 2004 und 2011) und der in Hanau ansässigen Bertha Heraeus und Kathinka Platzhoff-Stiftung (zwischen 1998 und 2008).

Bei vielen Wettbewerben gilt die Herausforderung an die Teilnehmer immer wieder auch der Bewältigung traditioneller Schmuckmaterialien und ihrem zeitgemäßen technischen Einsatz. Unter dem Titel „Filum Aureum. Golddraht als Gestaltungsmittel für Schmuck" (1971), „Der Goldene Faden. Texturen in Gold" (1980), „Platin als Schmuckmetall" (1983), „Juwelenschmuck der

Neunziger Jahre“ (1989), „Objekte und Schmuck aus Kunststoff“ (1992) oder „Granulation“ 1996 und „Internationaler Schmuckwettbewerb“ wurde dieser Aspekt ganz bewusst aufgegriffen. Es geht darum, klassische Goldschmiedetechniken modernen gestalterischen Anforderungen anzupassen und nicht an den herkömmlichen Vorstellungen und Verarbeitungen festzuhalten.

Bei dem von C. Hafner, Wimsheim, unterstützten Granulationswettbewerb zeigte sich einerseits die Wiederbelebung einer antiken Goldschmiedeziertechnik, zum anderen aber auch der Wunsch, mit neuen technischen Mitteln die Granulationstechnik in den Avantgardeschmuck zu integrieren. Das Aufgreifen historischer, manufaktureller Techniken, die in den unterschiedlichsten Materialien und Formen umgesetzt werden können, bietet eine weitere, interessante Facette in der Gestaltung von Schmuck oder Accessoires, die Erfolg verspricht.

Mit dem Projekt „Pforzheim Revisited“ beschreitet die Hochschule Pforzheim einen vielversprechenden Weg. Man besinnt sich auf das Können vergangener Generationen, spürt Möglichkeiten auf, die heutige Techniken erlauben und lässt das Know-how vergangener Jahrhunderte in einem spannungsvollen Konzept mit neuen Ideen im 21. Jahrhundert münden.

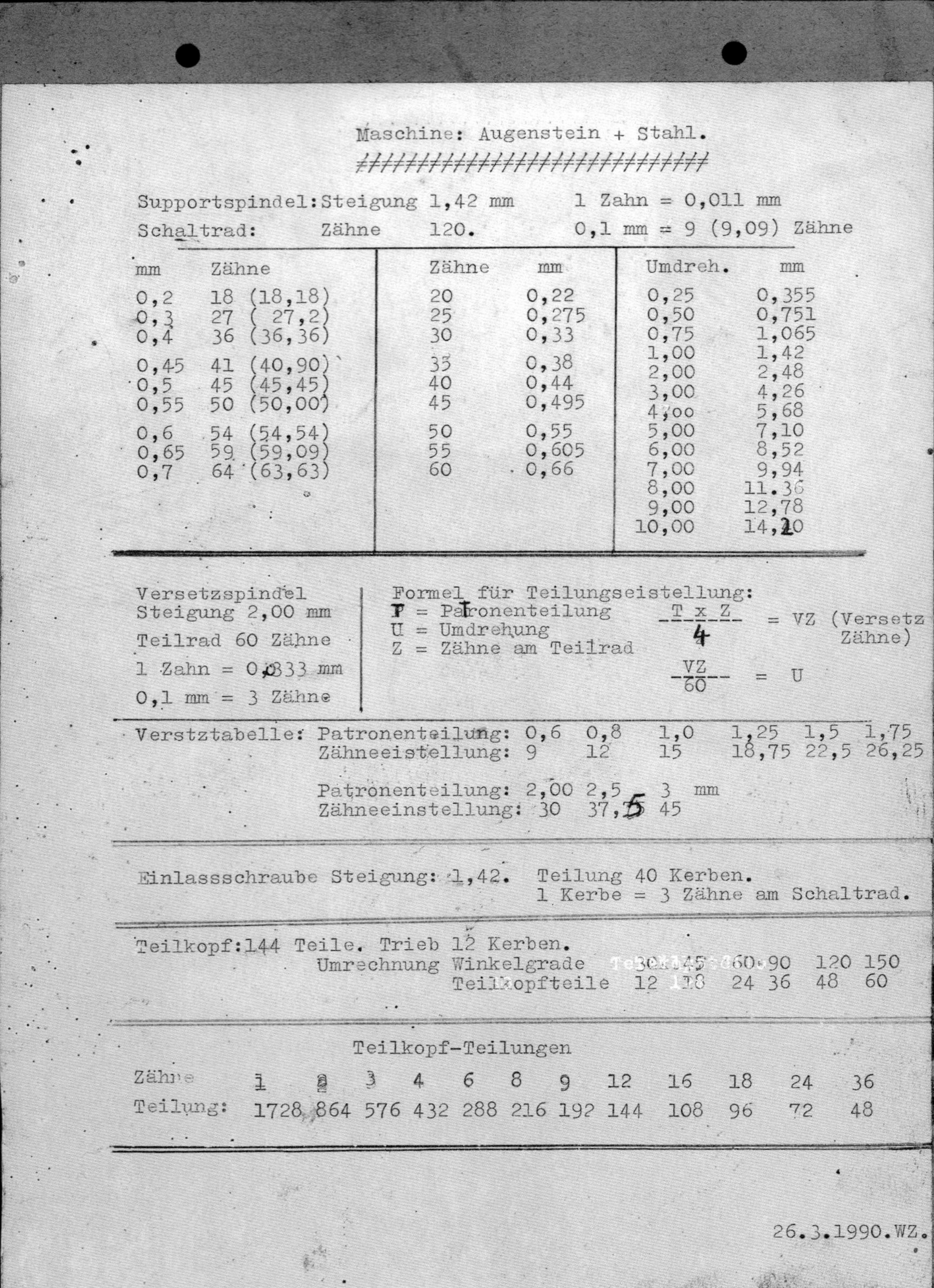

Maschine: Augenstein + Stahl.

Supportspindel: Steigung 1,42 mm   1 Zahn = 0,011 mm
Schaltrad: Zähne 120.   0,1 mm = 9 (9,09) Zähne

mm	Zähne	Zähne	mm	Umdreh.	mm
0,2	18 (18,18)	20	0,22	0,25	0,355
0,3	27 (27,2)	25	0,275	0,50	0,751
0,4	36 (36,36)	30	0,33	0,75	1,065
0,45	41 (40,90)	35	0,38	1,00	1,42
0,5	45 (45,45)	40	0,44	2,00	2,48
0,55	50 (50,00)	45	0,495	3,00	4,26
0,6	54 (54,54)	50	0,55	4,00	5,68
0,65	59 (59,09)	55	0,605	5,00	7,10
0,7	64 (63,63)	60	0,66	6,00	8,52
				7,00	9,94
				8,00	11.36
				9,00	12,78
				10,00	14,20

Versetzspindel
Steigung 2,00 mm
Teilrad 60 Zähne
1 Zahn = 0,033 mm
0,1 mm = 3 Zähne

Formel für Teilungseistellung:
T = Patronenteilung
U = Umdrehung
Z = Zähne am Teilrad

$$\frac{T \times Z}{4} = VZ \text{ (Versetz Zähne)}$$

$$\frac{VZ}{60} = U$$

Verstztabelle:

Patronenteilung:	0,6	0,8	1,0	1,25	1,5	1,75
Zähneeistellung:	9	12	15	18,75	22,5	26,25

Patronenteilung:	2,00	2,5	3 mm
Zähneeinstellung:	30	37,5	45

Einlassschraube Steigung: 1,42. Teilung 40 Kerben.
1 Kerbe = 3 Zähne am Schaltrad.

Teilkopf: 144 Teile. Trieb 12 Kerben.

Umrechnung Winkelgrade	30	45	60	90	120	150
Teilkopfteile	12	18	24	36	48	60

Teilkopf-Teilungen

Zähne	1	2	3	4	6	8	9	12	16	18	24	36
Teilung:	1728	864	576	432	288	216	192	144	108	96	72	48

26.3.1990.WZ.

Tabelle für Guillochier-Einteilungen, Anwendung auf S. 26
Table specifying the settings for a straight-line engine to create

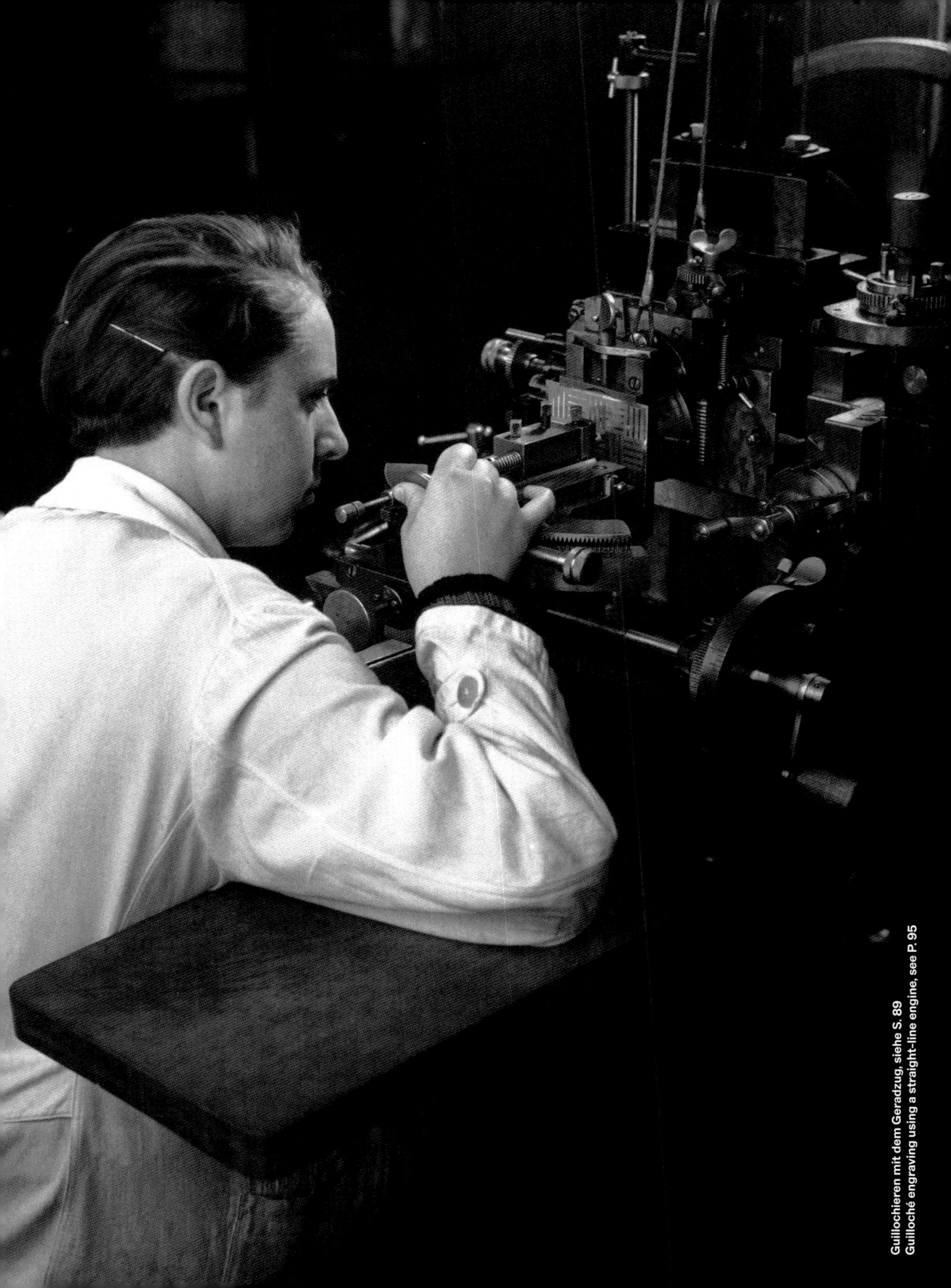

Guillochieren mit dem Geradzug, siehe S. 89
Guilloché engraving using a straight-line engine, see P. 95

Tradition Meets Innovation – New Opportunities for a Young Generation of Designers

DR CHRISTIANNE WEBER-STÖBER
ASSOCIATION FOR GOLDSMITHS' ART, GERMAN GOLDSMITHS' HOUSE, HANAU

Fostering youthful talents and supporting the young avant-garde, who have boldly devoted themselves to designing jewellery and utensils, has always been a key objective of the Association for the Promotion of the Goldsmith's Art, which has been pursuing its goals and embracing its remit for 85 years now. Initiating a variety of projects, it gives young people a chance to boost their creative potentials, while also aiming to kindle their interest in the roots of their crafts. Special programmes, for example, are themed around the preservation or revival of traditional jewellery materials and techniques, while at the same time encouraging an innovative implementation of the latter. International competitions and exhibitions featuring jewellery and utensil design at the German House of Goldsmiths in Hanau repeatedly provide a platform for designers to showcase their talents in public, and to attract people who are interested in quality craftsmanship and receptive to new design ideas.

From the beginning, those responsible at the German Goldsmiths' House have been attaching high importance to giving young artists an opportunity to showcase the results of their work while still in training. All the training institutions in Germany, as well as schools from abroad, have been invited to present their training concepts and selected objects. The exhibition house thus fulfills its task of making art (jewellery) created by young designers accessible to everybody, encouraging people to reconsider traditional notions of jewellery, and sparking their interest in new approaches by spotlighting spectacular materials and crafting methods.

Held every three years since 1965, the "Silver Triennial International" has meanwhile evolved into a highlight on the silversmithing scene. Accompanied by an exhibition and a publication, this international competition aims to promote the preservation and further evolution of the silversmithing craft and the development of new design approaches. The main focus of competitions like that for the Friedrich Becker Prize awarded in Düsseldorf is on fostering an open mindset as to a wide variety of different techniques and materials, as well as new approaches to jewellery design, which was also the objective of the Ruth Reisert Hafner sponsorship program (between 2004 and 2011) and the Hanau-based Bartha Heraeus and Kathinka Platzhoff Foundation (between 1998 and 2008).

Many competitions also confront the participants with the challenge of using traditional jewellery materials employing contemporary techniques. Entitled "Filum Aureum. Gold Wire as a Jewelry Design Element" (1971), "The Golden Thread. Textures in Gold" (1980), "Platinum as a Jewelry Metal"(1983),

"Gemstone Jewelry of the Nineties" (1989), "Objects and Jewelry Crafted from Plastic" (1992) or "Granulation 1996. International Jewelry Competition", these competitions were deliberately themed around this aspect. The intention is to adapt classical goldsmithing techniques to modern design requirements instead of holding on to traditional notions and crafting techniques.

The granulation competition sponsored by the C. Hafner company in Pforzheim highlighted the revival of an ancient decorative goldsmithing technique, while revealing the participants' desire to incorporate granulation into avant-garde jewellery employing new technology. The revival of historical, manufactory-style techniques for working diverse materials and creating a wide variety of designs constitutes another interesting and auspicious aspect in the context of creating jewellery or accessories.

With the "Pforzheim Revisited" project, Pforzheim University has embarked on a promising path, remembering the skills of past generations, exploring the possibilities offered by modern technology, and incorporating the know-how of bygone centuries into an exciting concept embracing new ideas of the 21st century.

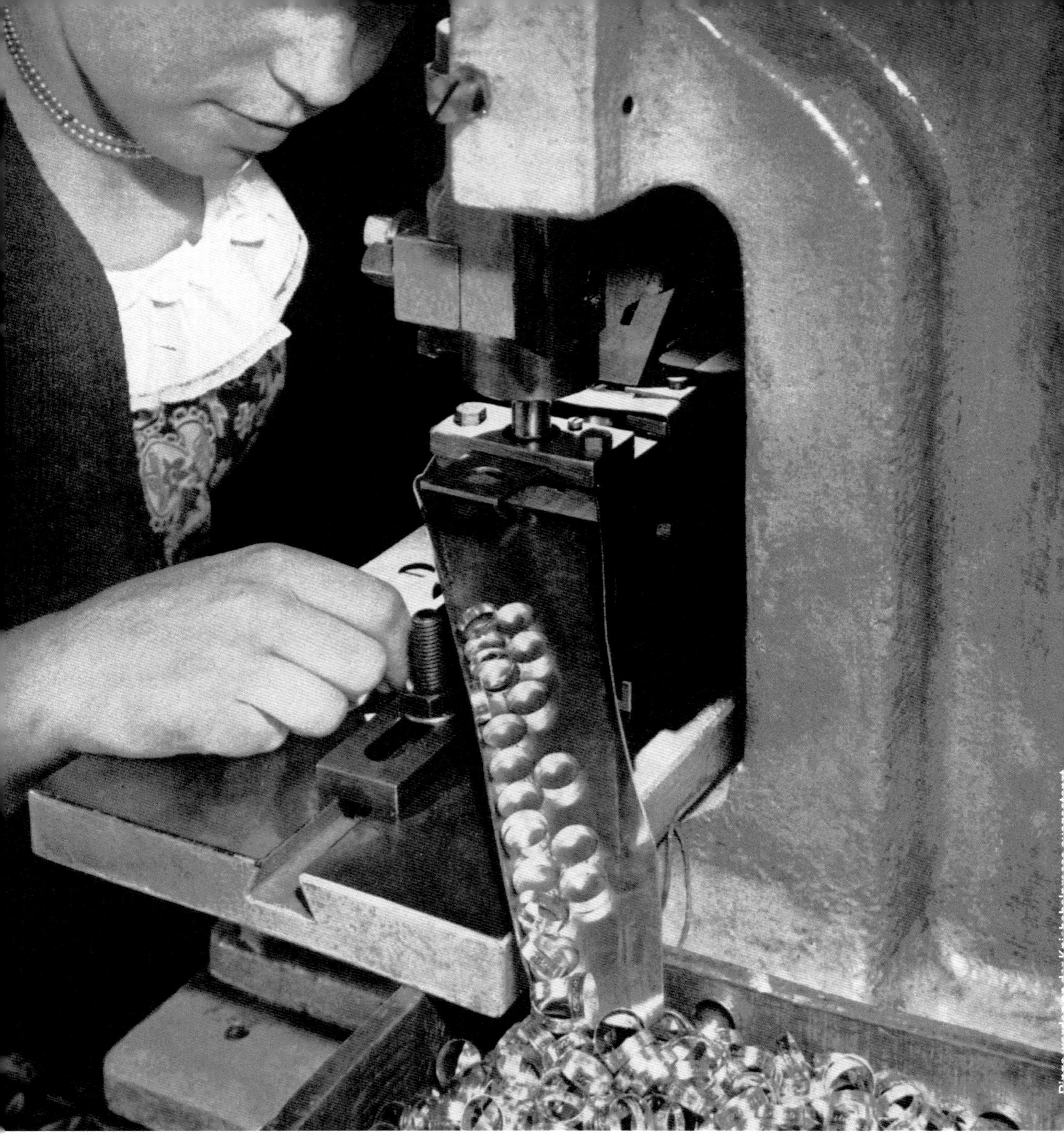

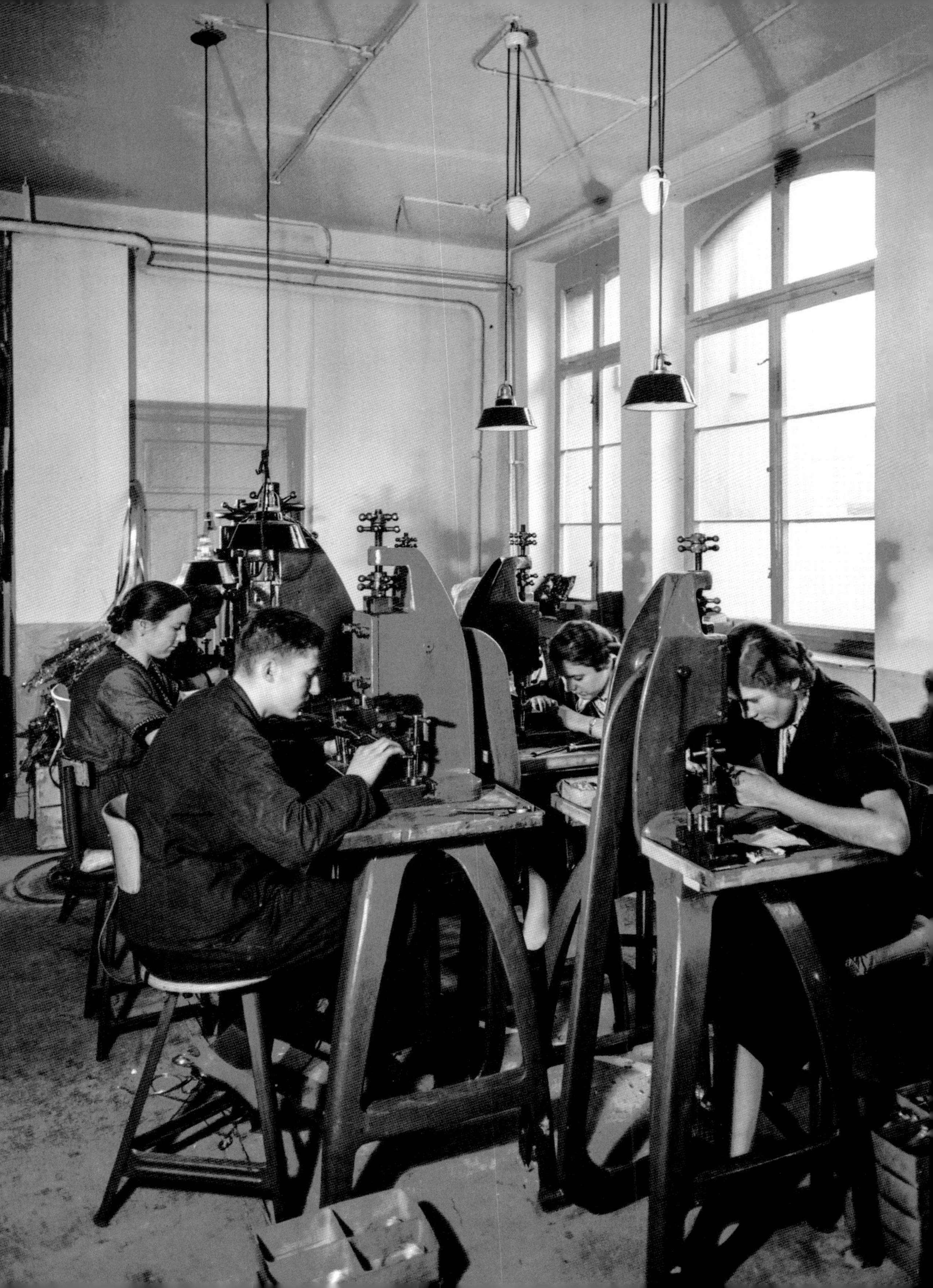

The punching workshop

B Pforzheim Revisited

53 Neuinterpretation: Schmuckstücke von StudentInnen und StipendiatInnen
Materialangaben siehe Index S. 145

B Pforzheim Revisited

53 Reinterpretation: Jewellery Created by Students and Artists-In-Residence
Material specifications see Index P. 145

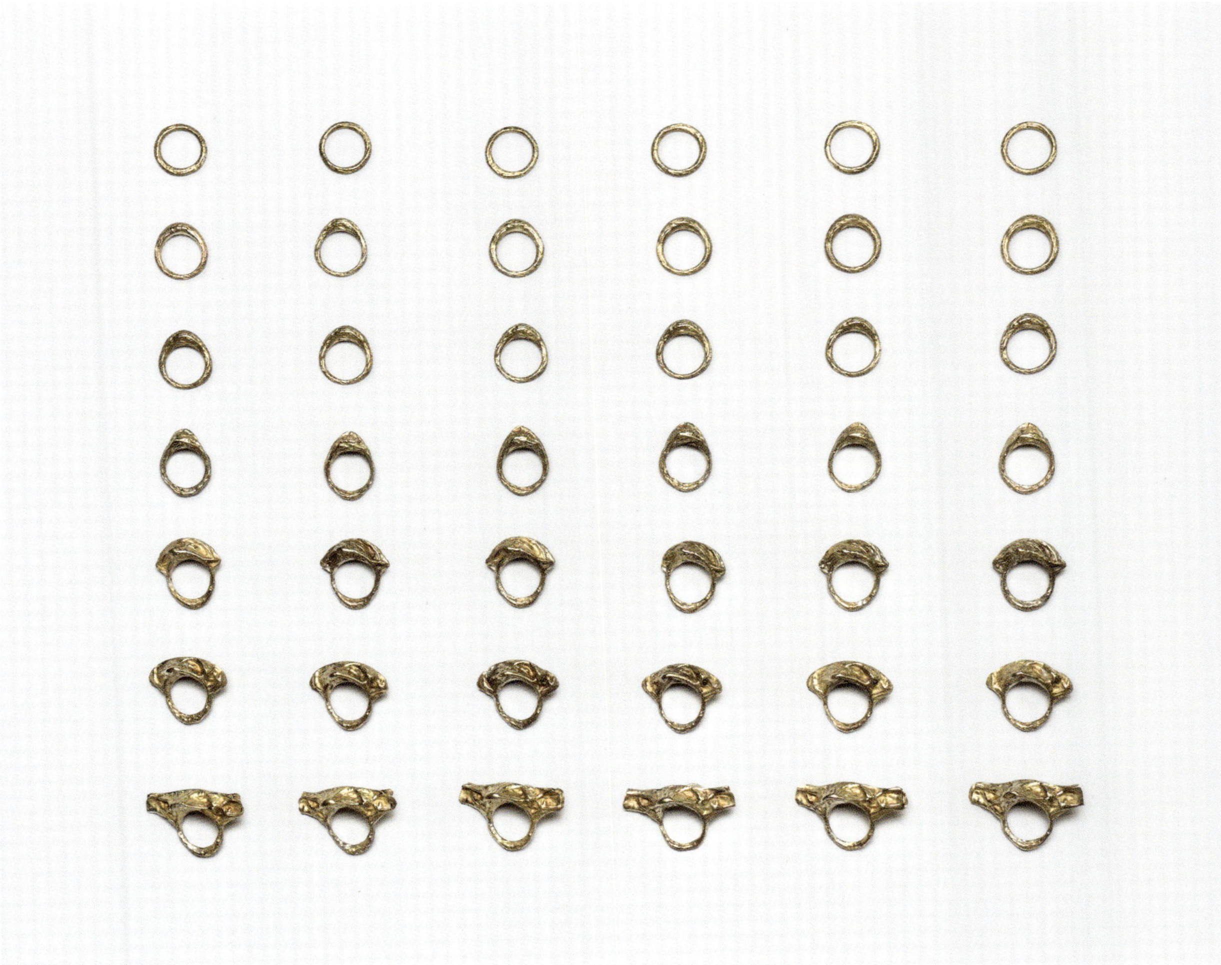

B EVA KNOCH
„1:42“

STAHLGRAVIEREN, HOHLPRÄGEN
STEEL ENGRAVING, EMBOSSING

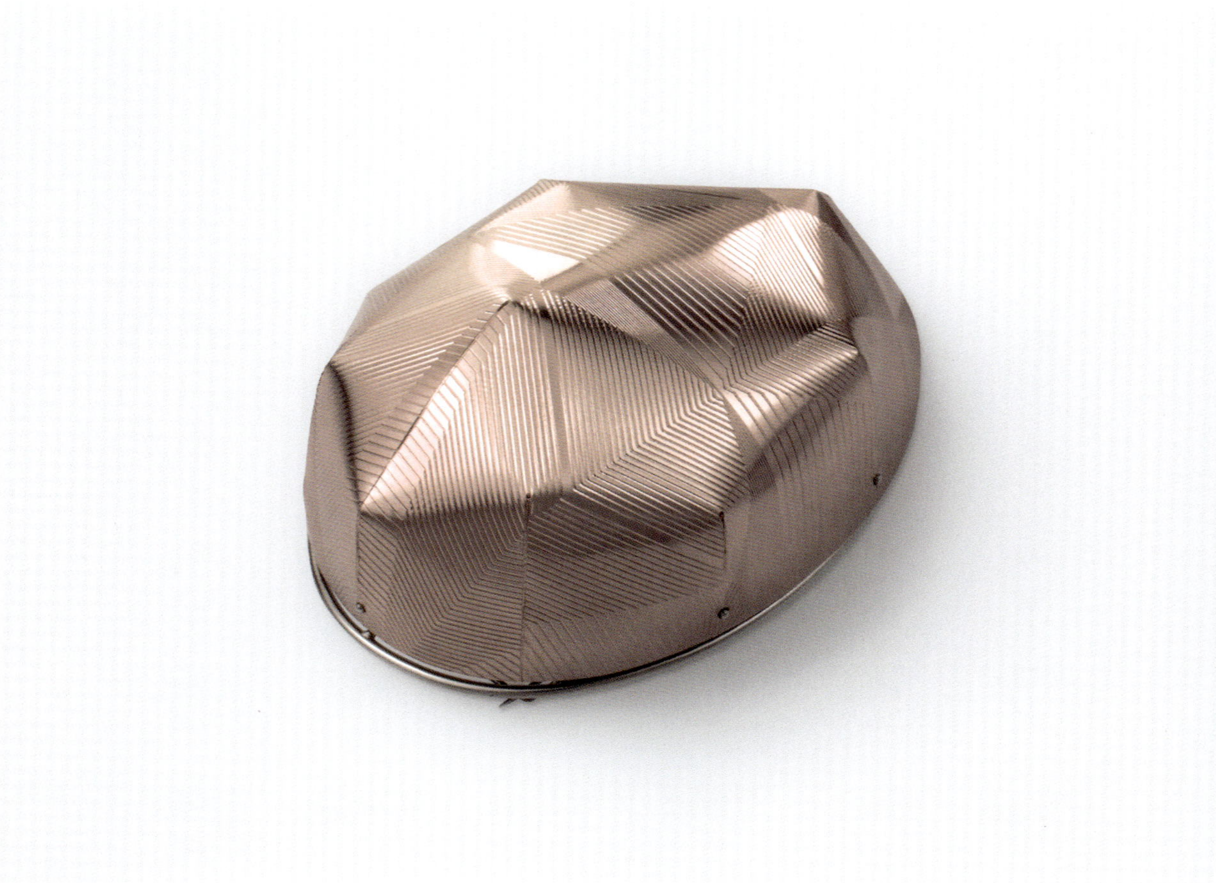

FRIEDA DÖRFER
„EIER ZEIGEN“

GUILLOCHIEREN
GUILLOCHÉ ENGRAVING

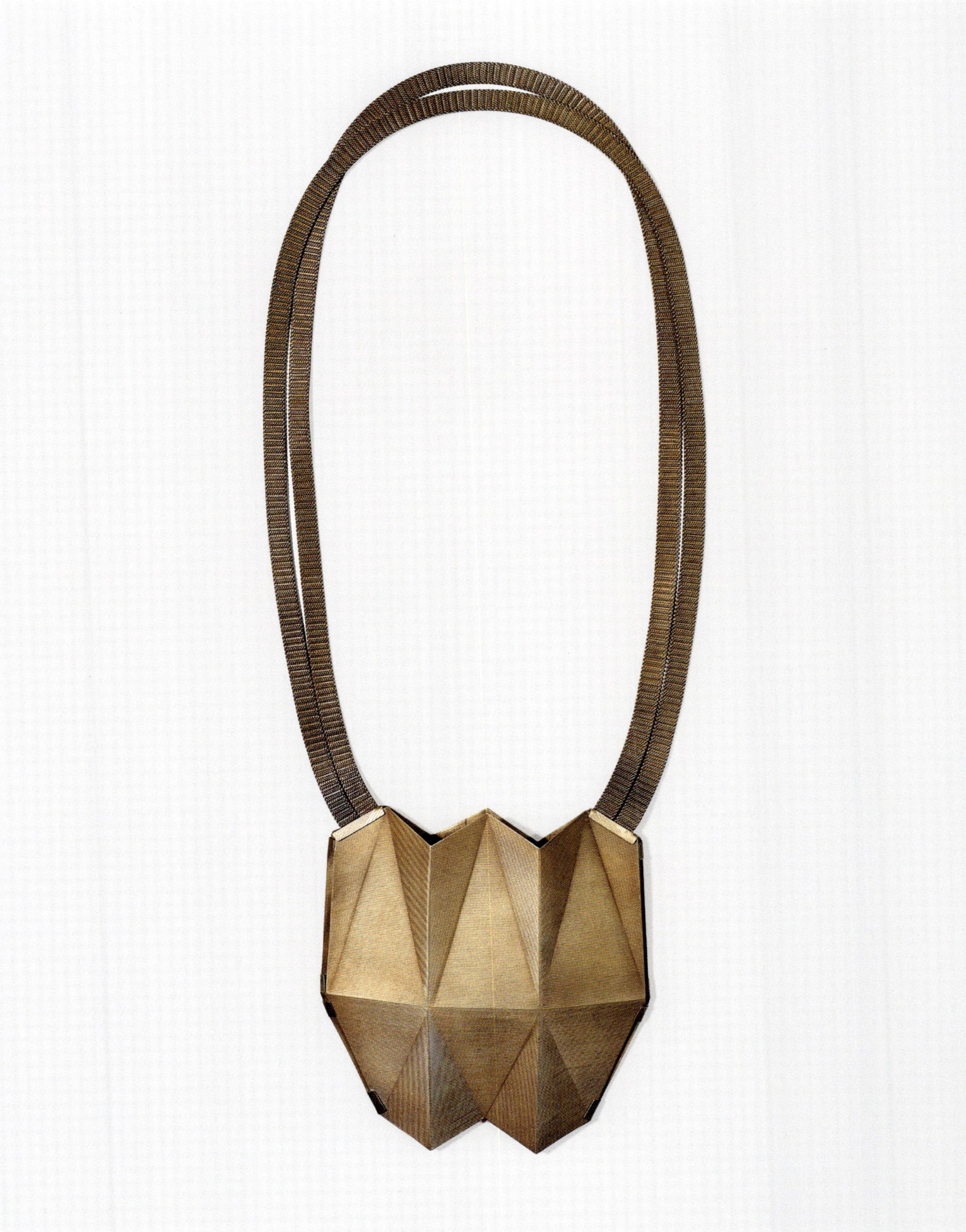

B FRIEDA DÖRFER
„TERROR VACUI“

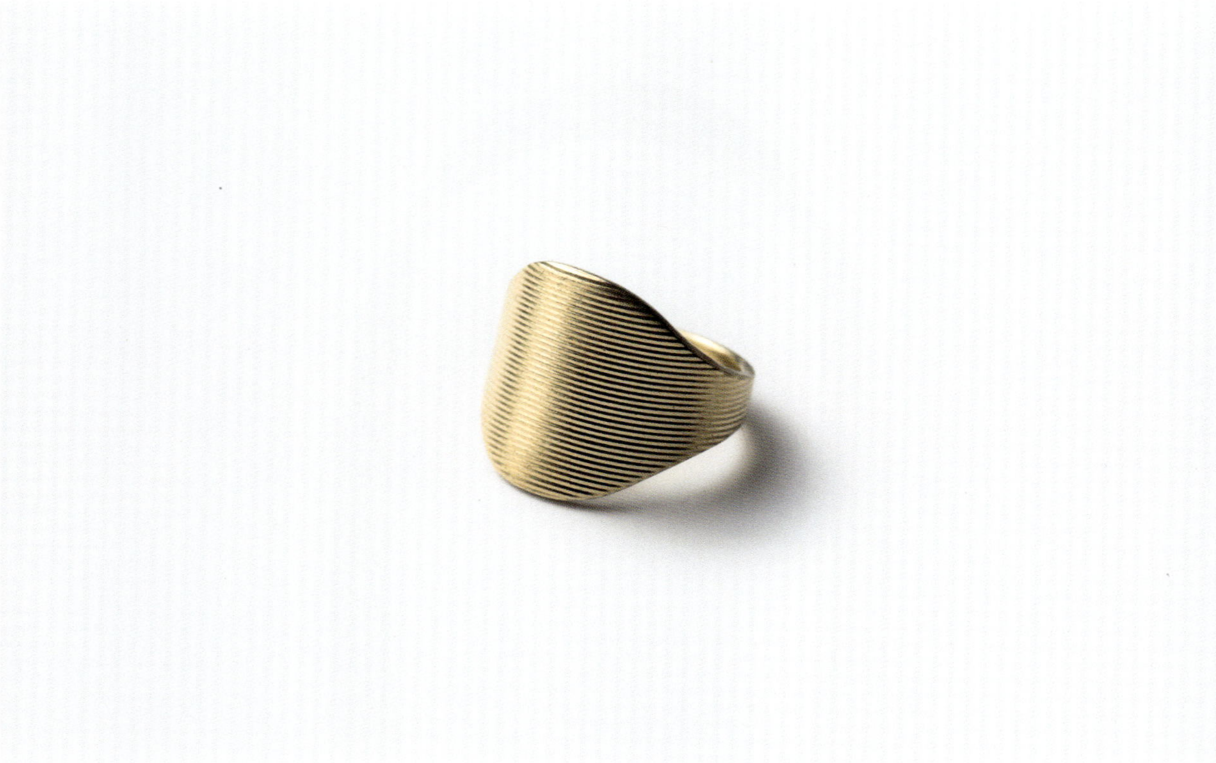

ARNE SOLTAU
„OHNE TITEL“

GUILLOCHIEREN, STANZEN
GUILLOCHÉ ENGRAVING, PUNCHING

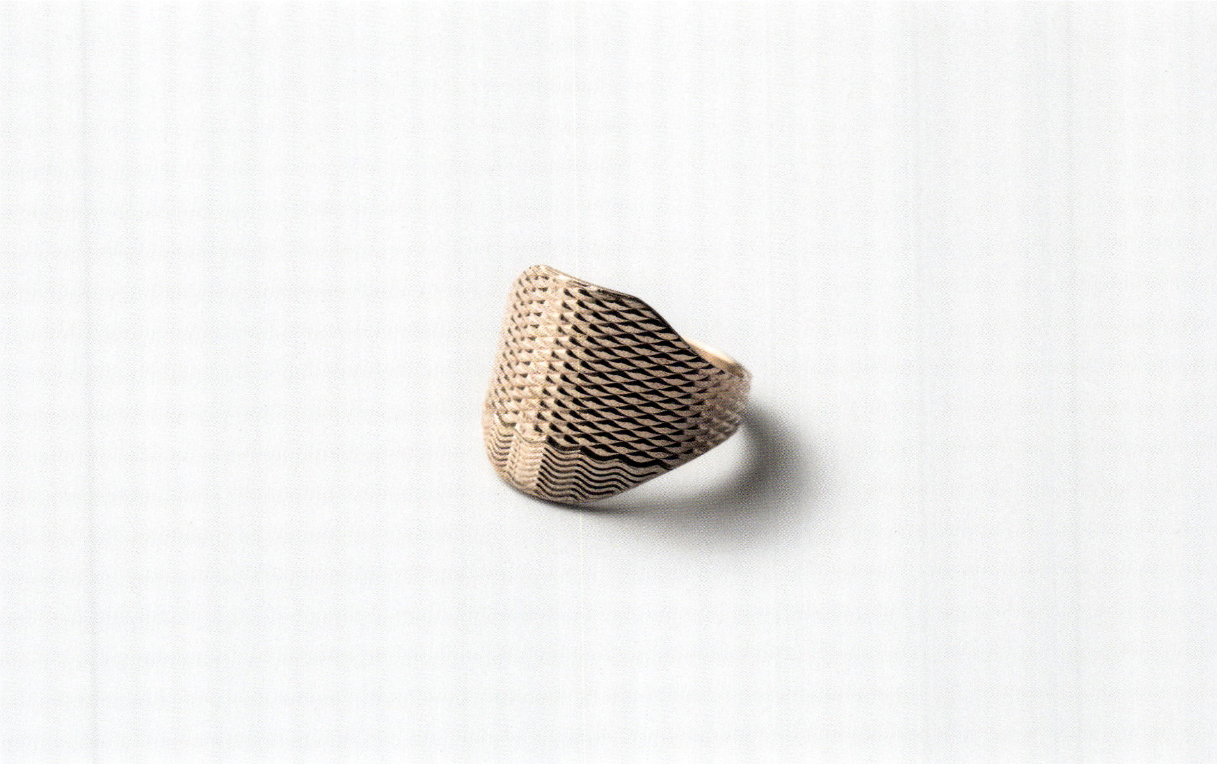

ARNE SOLTAU
„OHNE TITEL“

GUILLOCHIEREN, STANZEN
GUILLOCHÉ ENGRAVING, PUNCHING

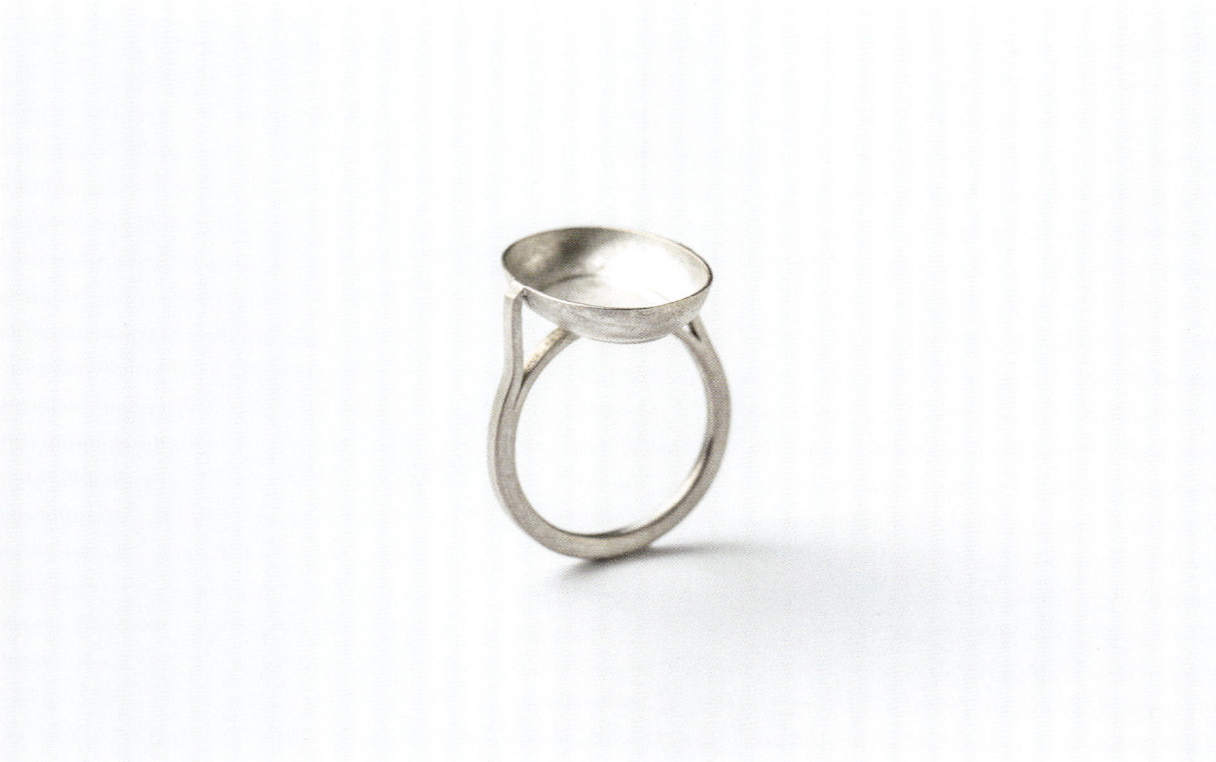

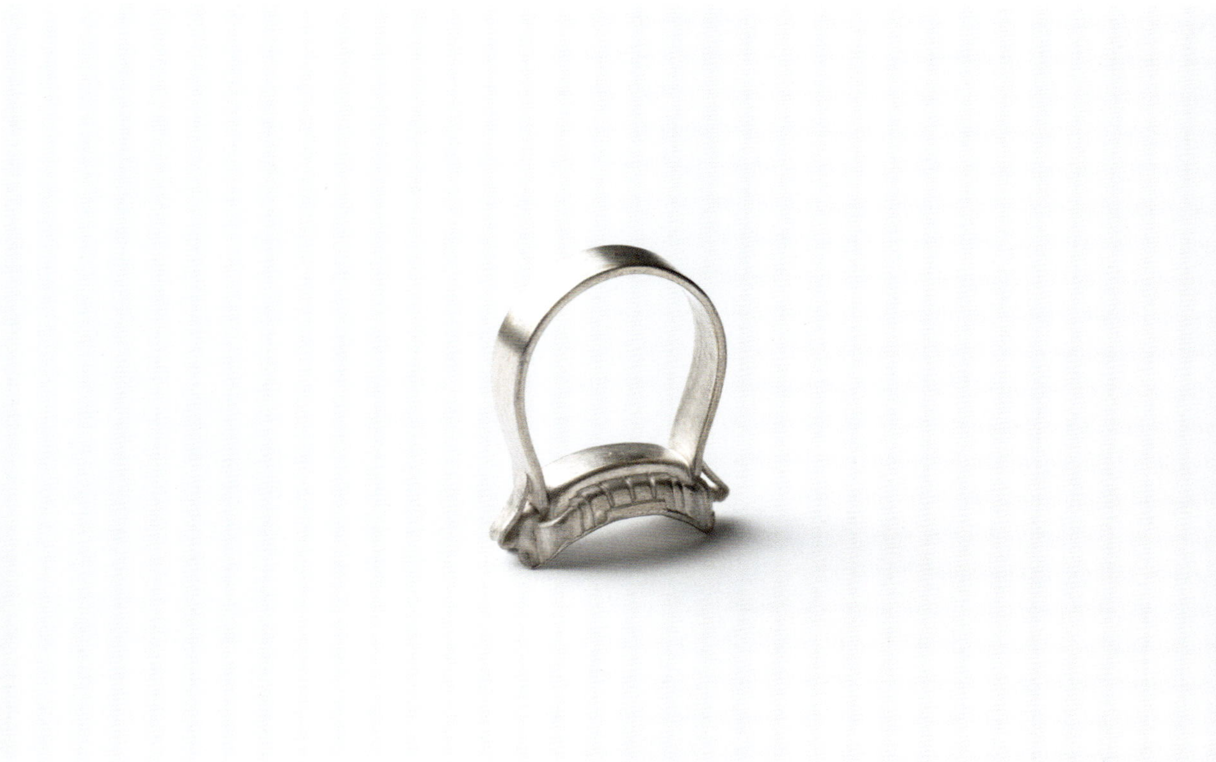

KATHARINA WOLF
„INDSIDE OUT“

HOHLPRÄGEN
EMBOSSING

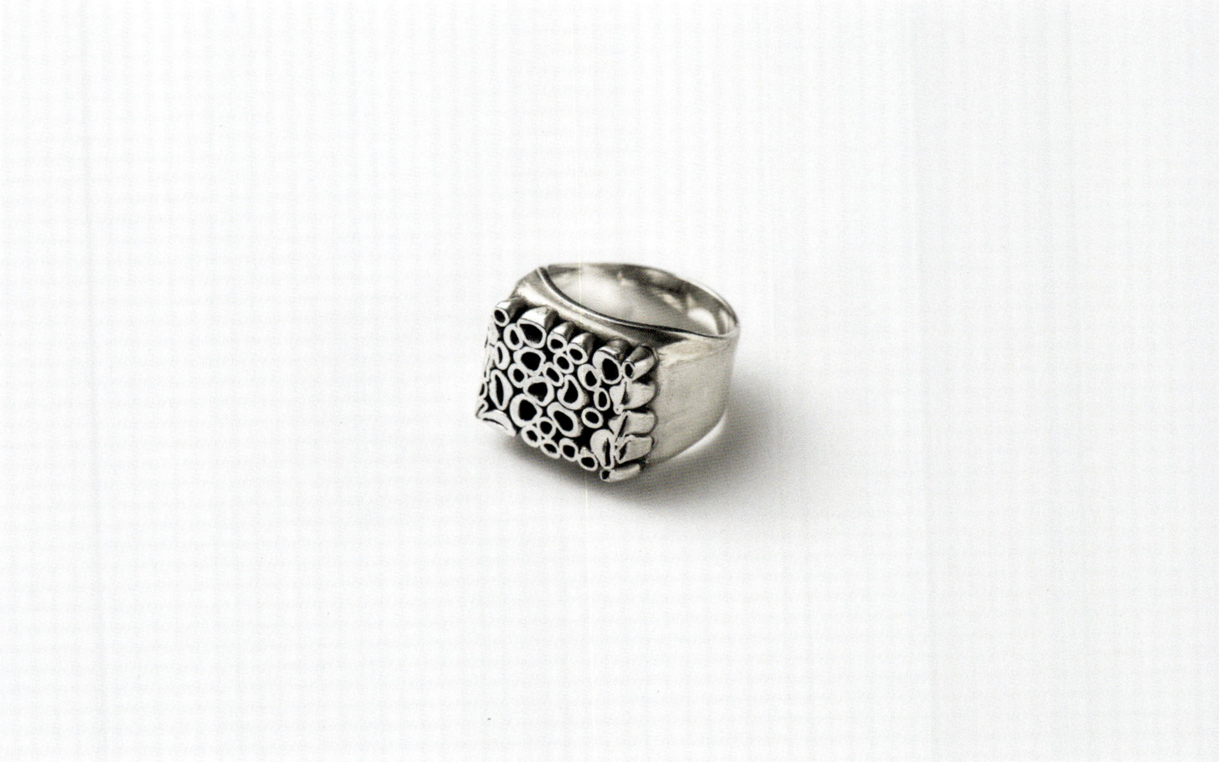

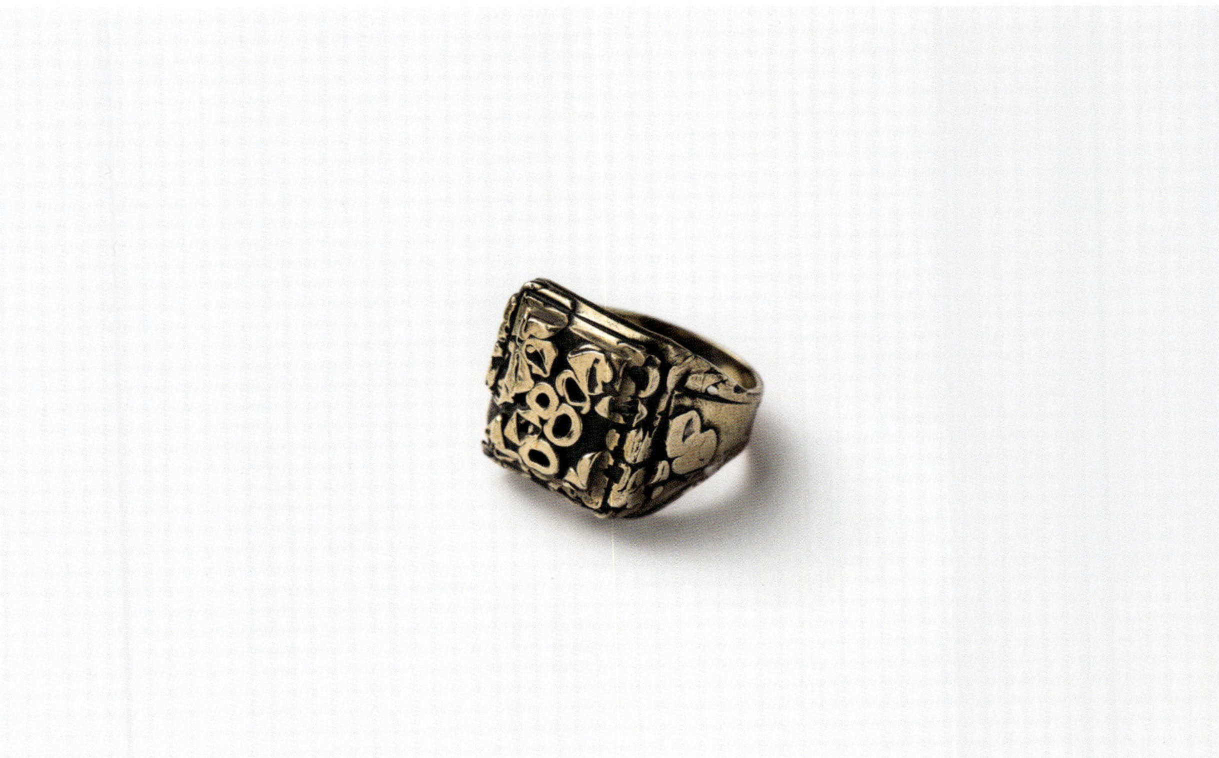

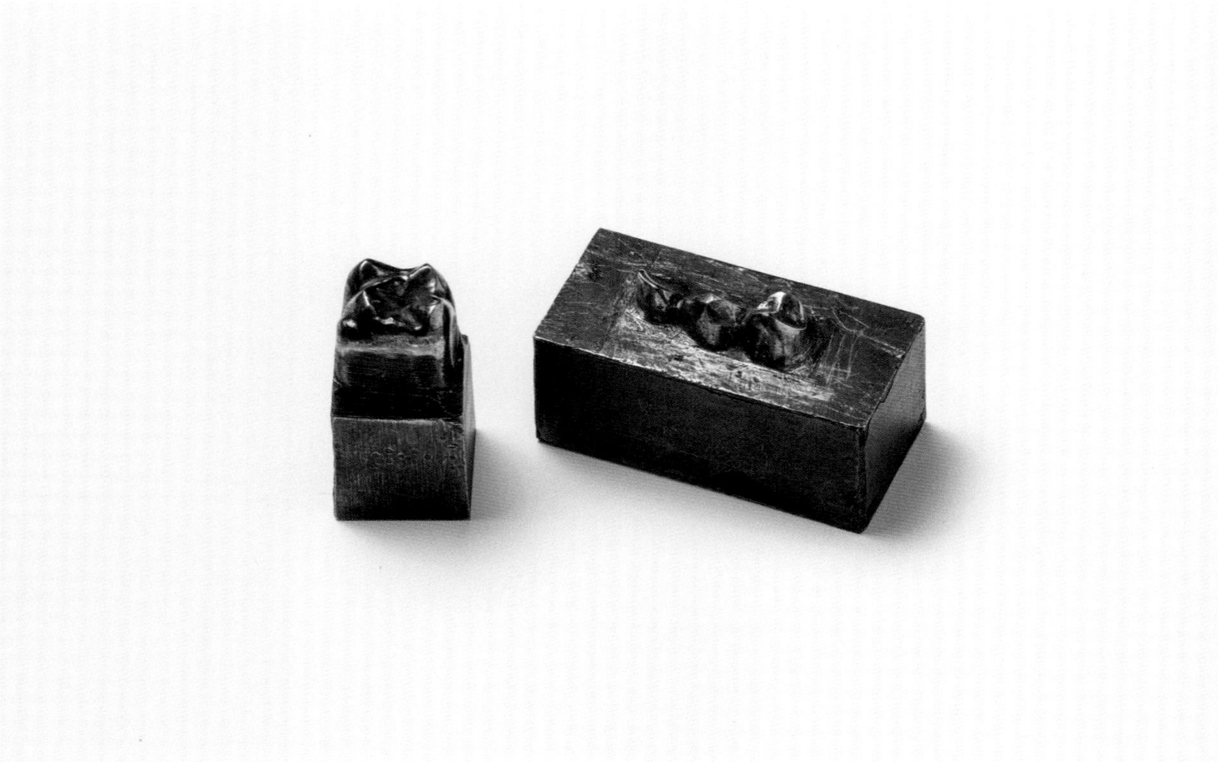

AARON FISCHER
„MIT BISS"

STAHLGRAVIEREN
STEEL ENGRAVING

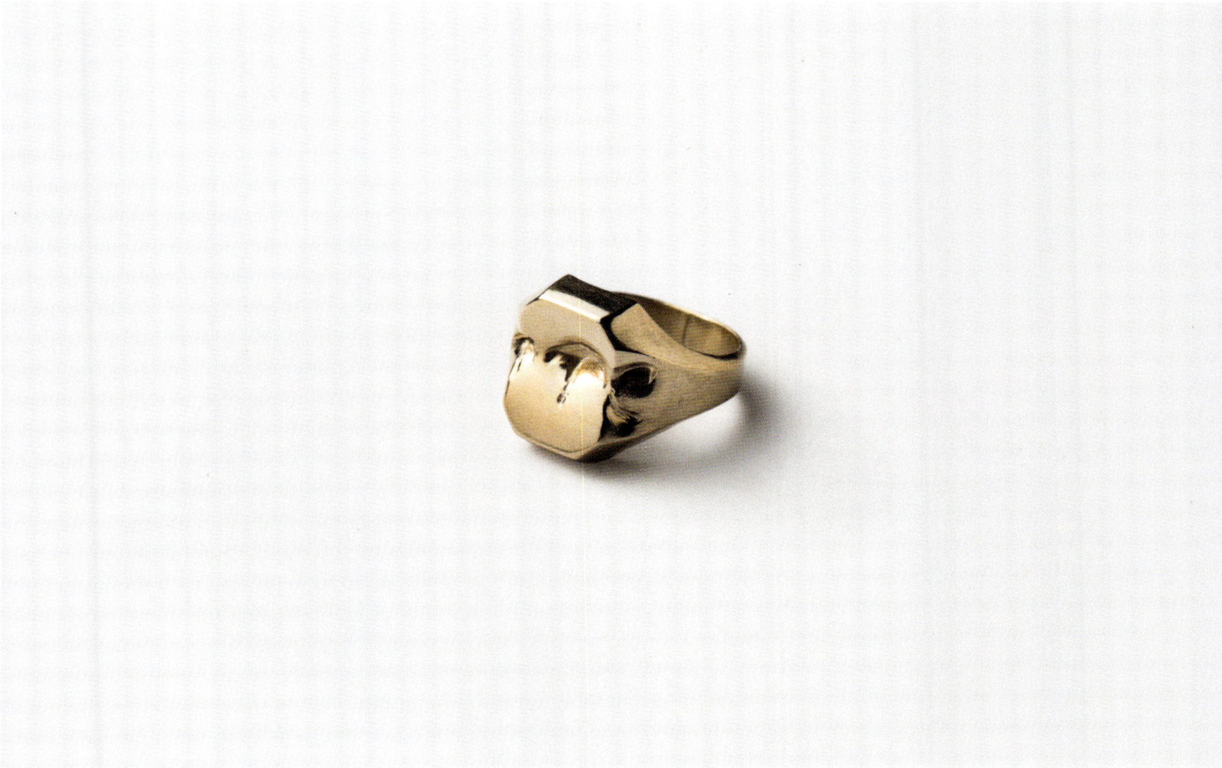

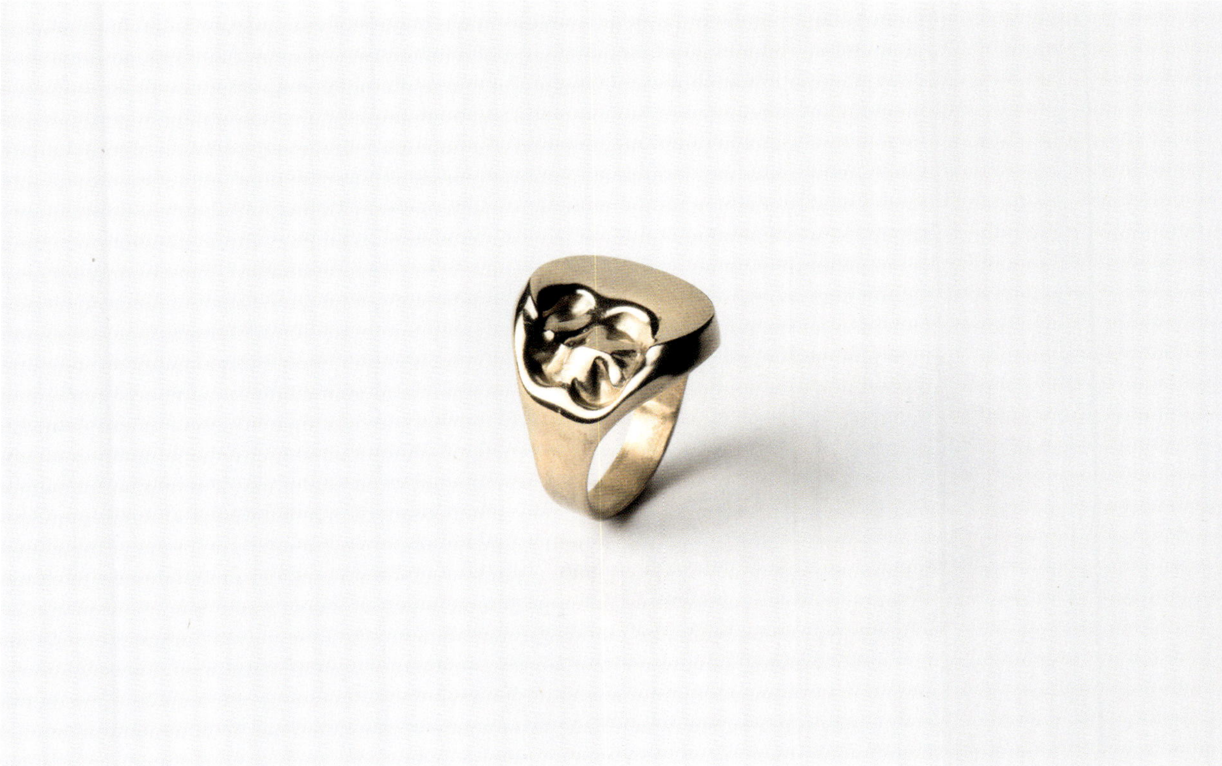

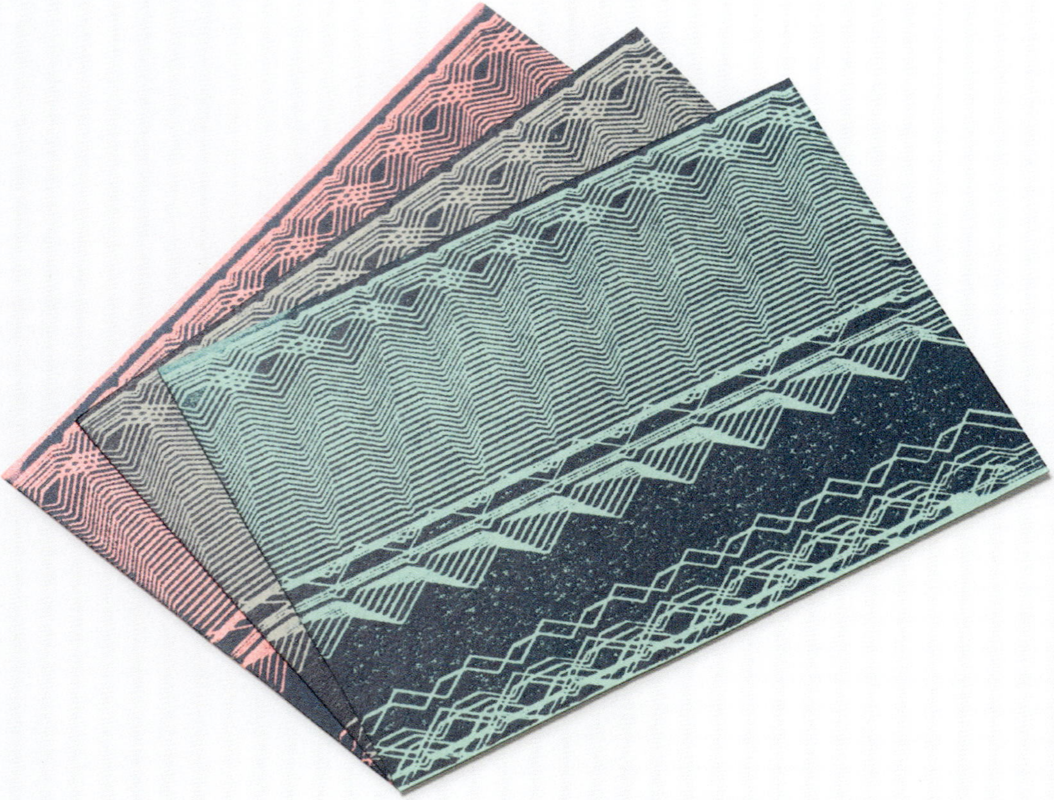

YOLANDA HEINTZE
„POSTKARTEN“

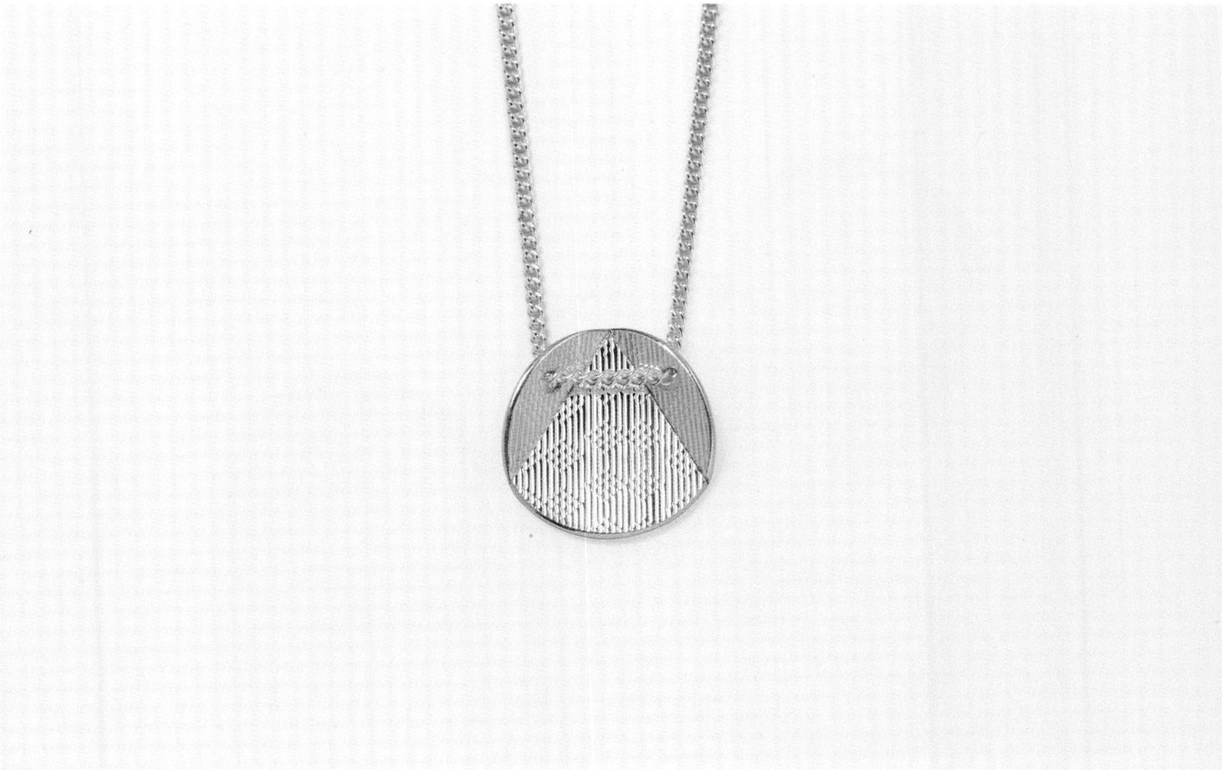

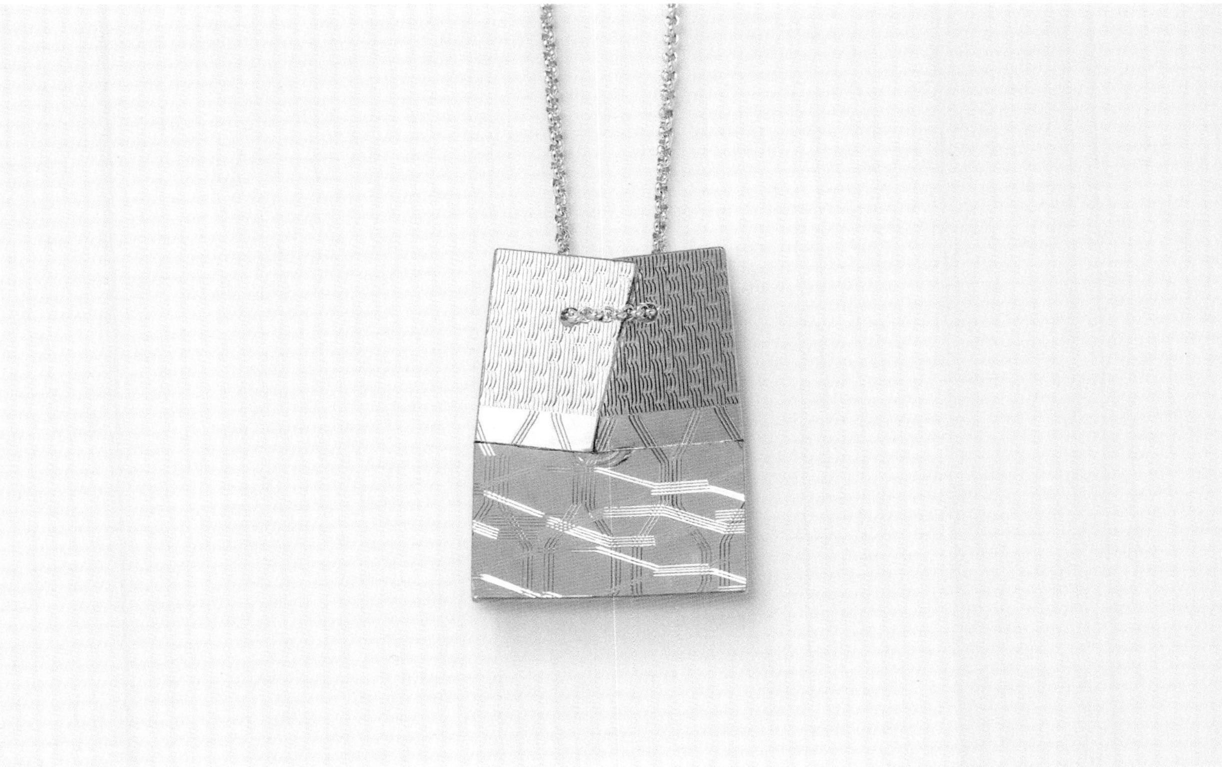

CHRISTIANE KÖHNE
„LINIEN“

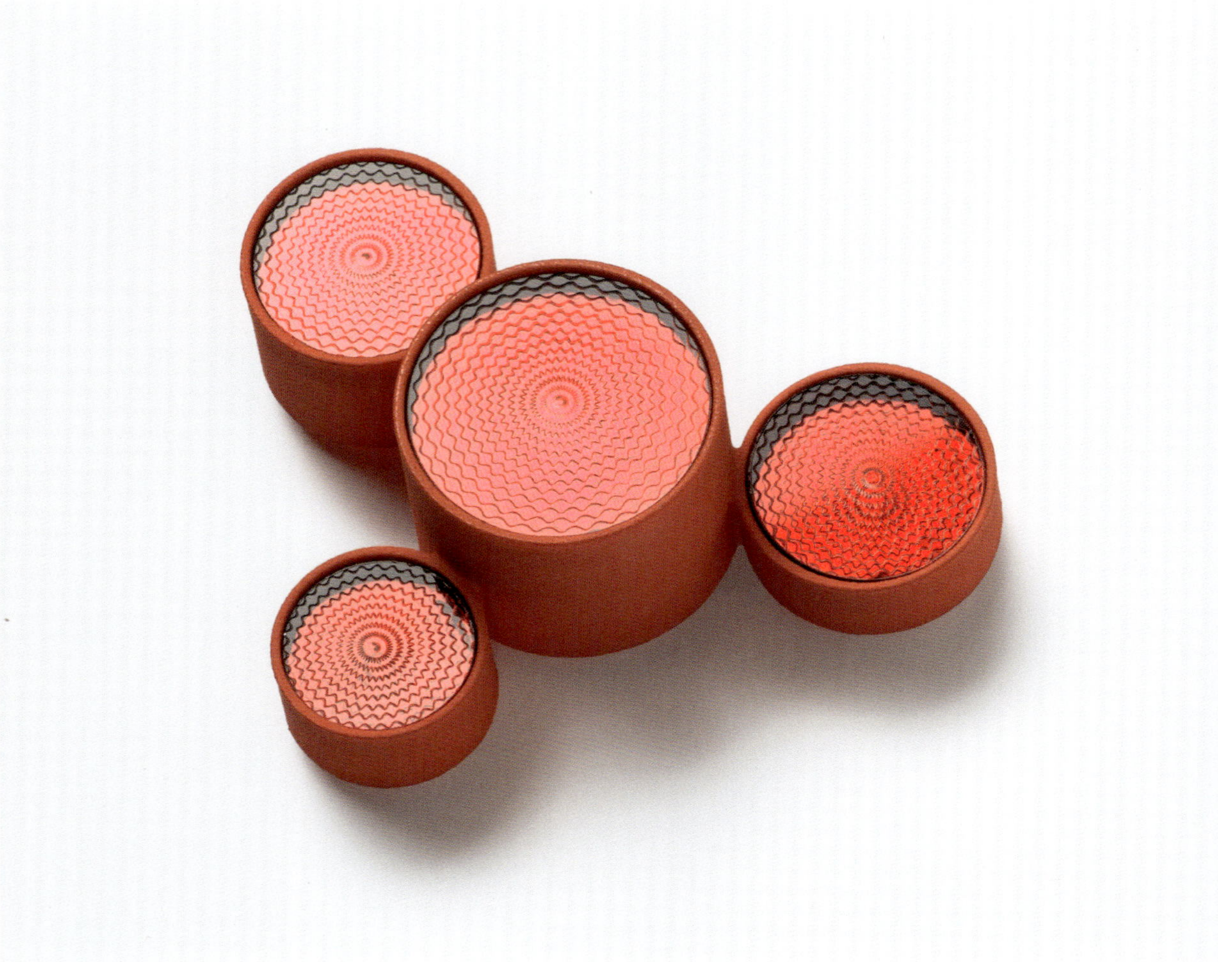

SATOSHI NAKAMURA
„DIE BLÜTE“

GUILLOCHIEREN, 3D-DRUCK
GUILLOCHÉ ENGRAVING, 3D PRINTING

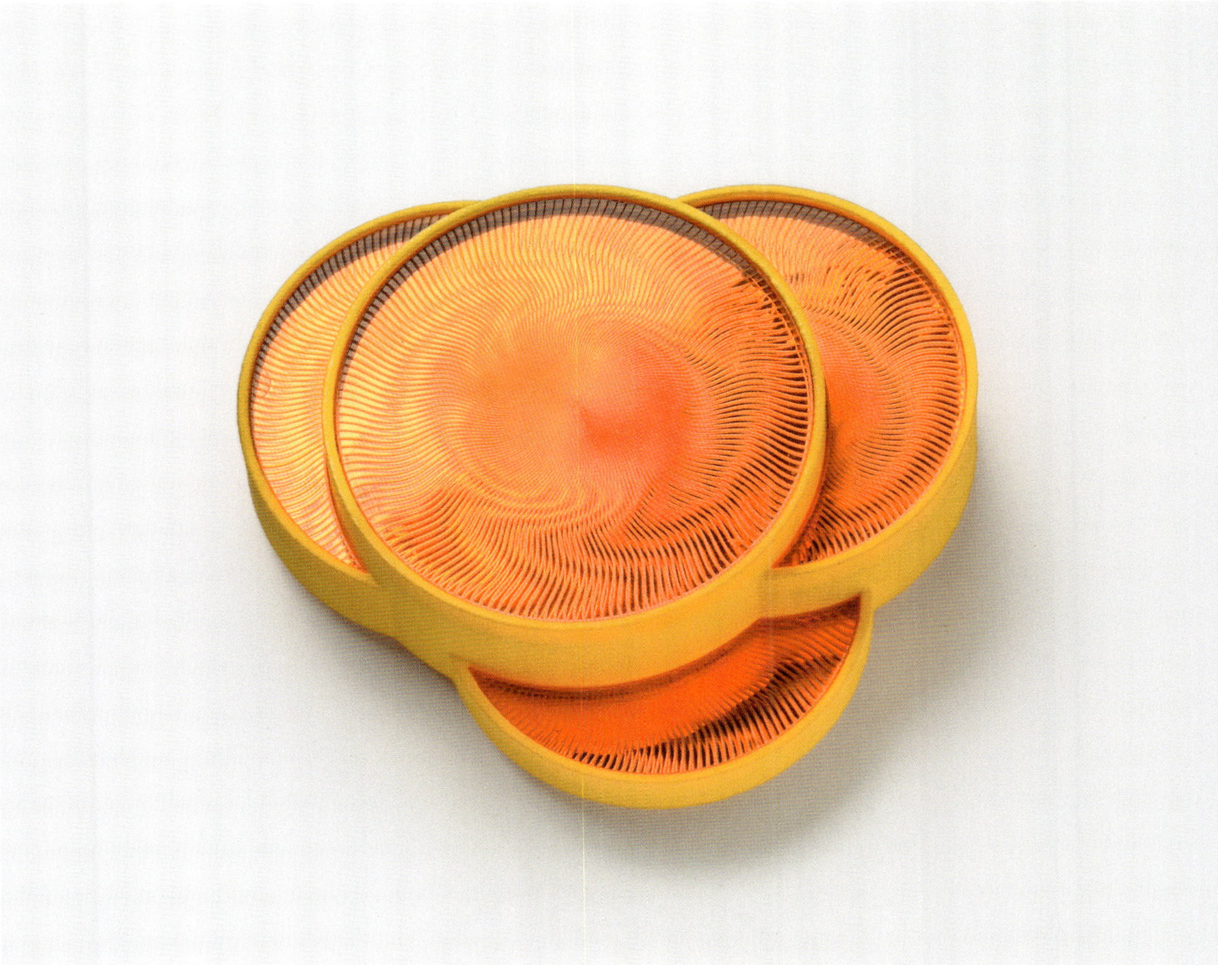

B

SATOSHI NAKAMURA
„DIE SONNE IN SPANIEN“

GUILLOCHIEREN, 3D-DRUCK
GUILLOCHÉ ENGRAVING, 3D PRINTING

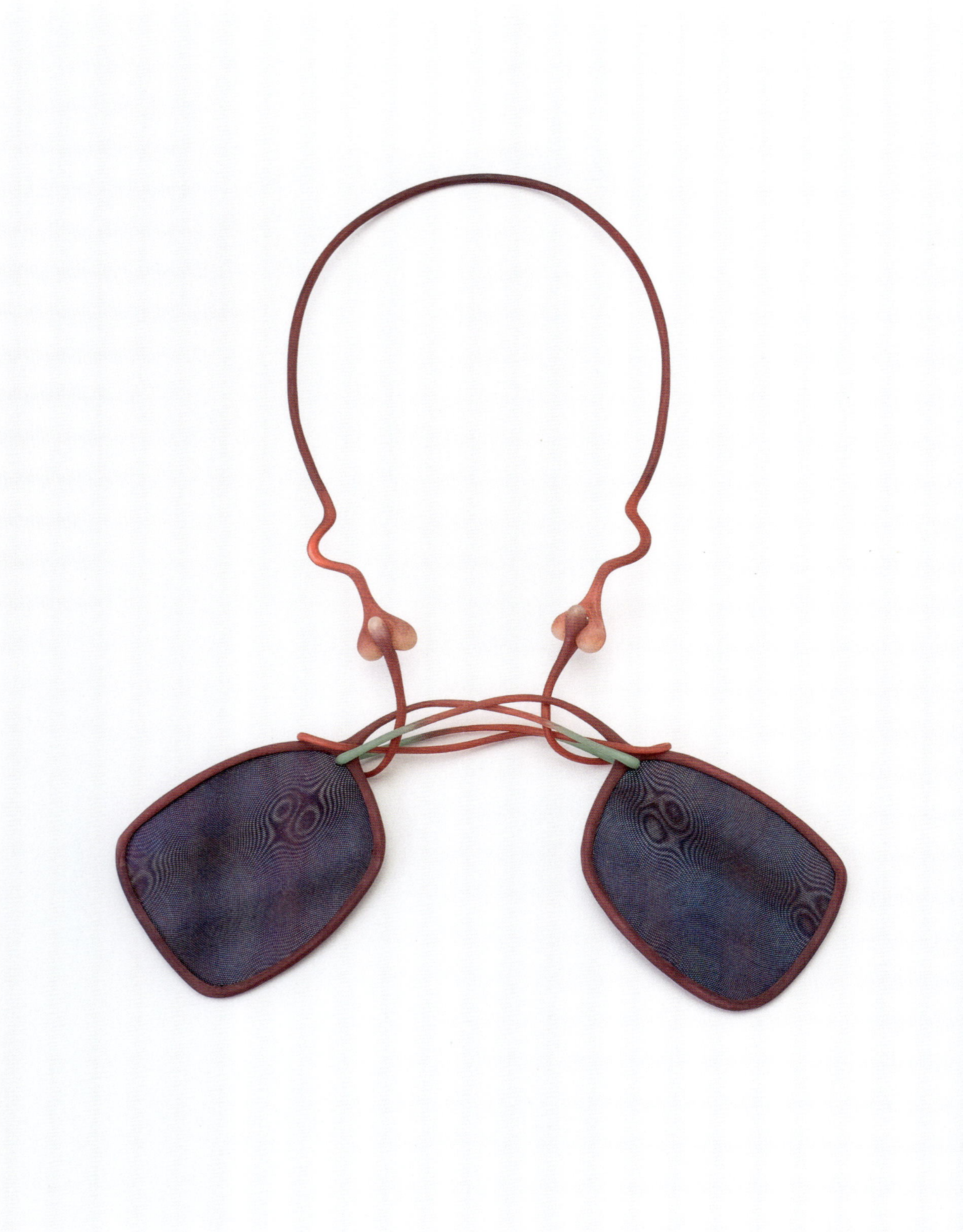

ANDI GUT
„INTERFERENZ“

GUILLOCHIEREN
GUILLOCHÉ ENGRAVING

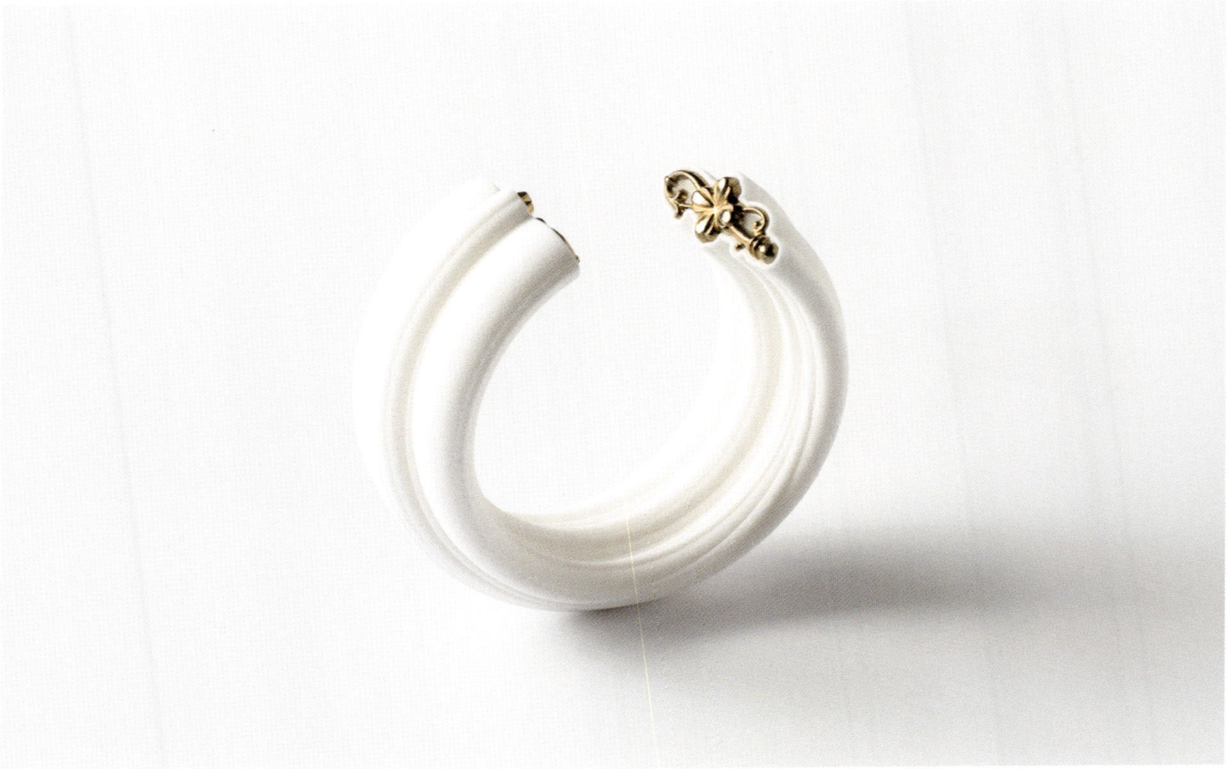

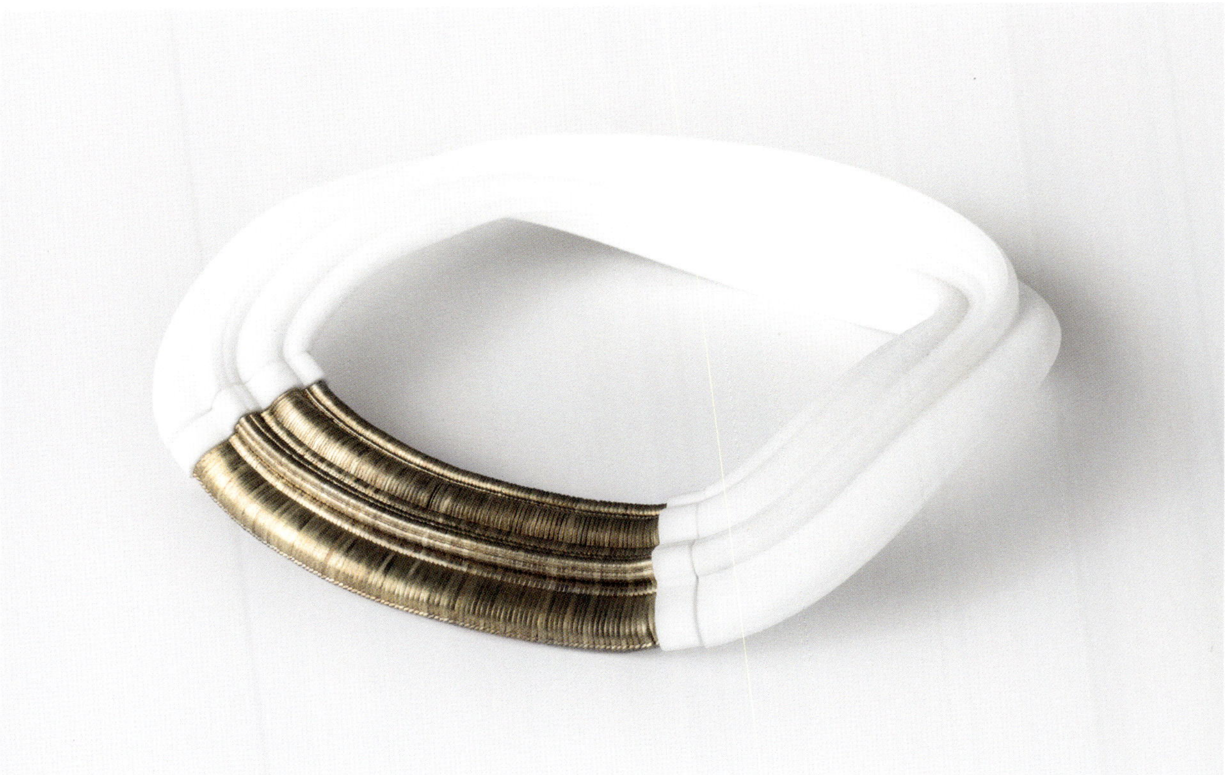

B

LENA SCHWERTFEGER
„HAND IN HAND“

3D-DRUCK, HOHLPRÄGEN
3D PRINTING, EMBOSSING

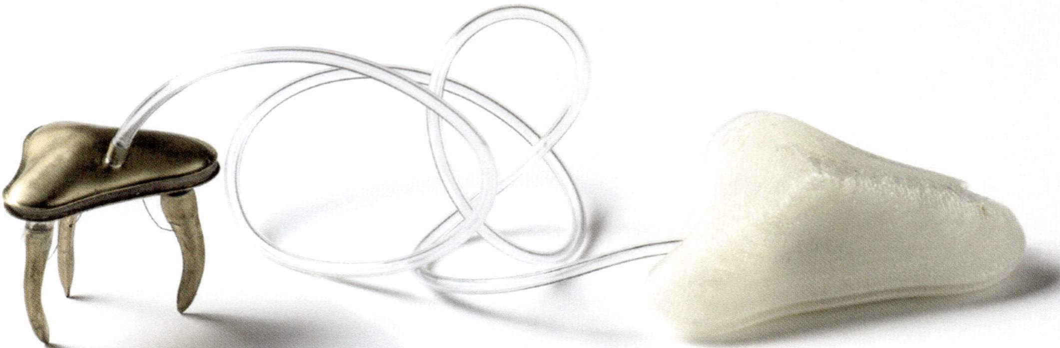

MARC LIMPER
„PROMETHEUS 0.01“

3D-DRUCK, HOHLPRÄGEN
3D PRINTING, EMBOSSING

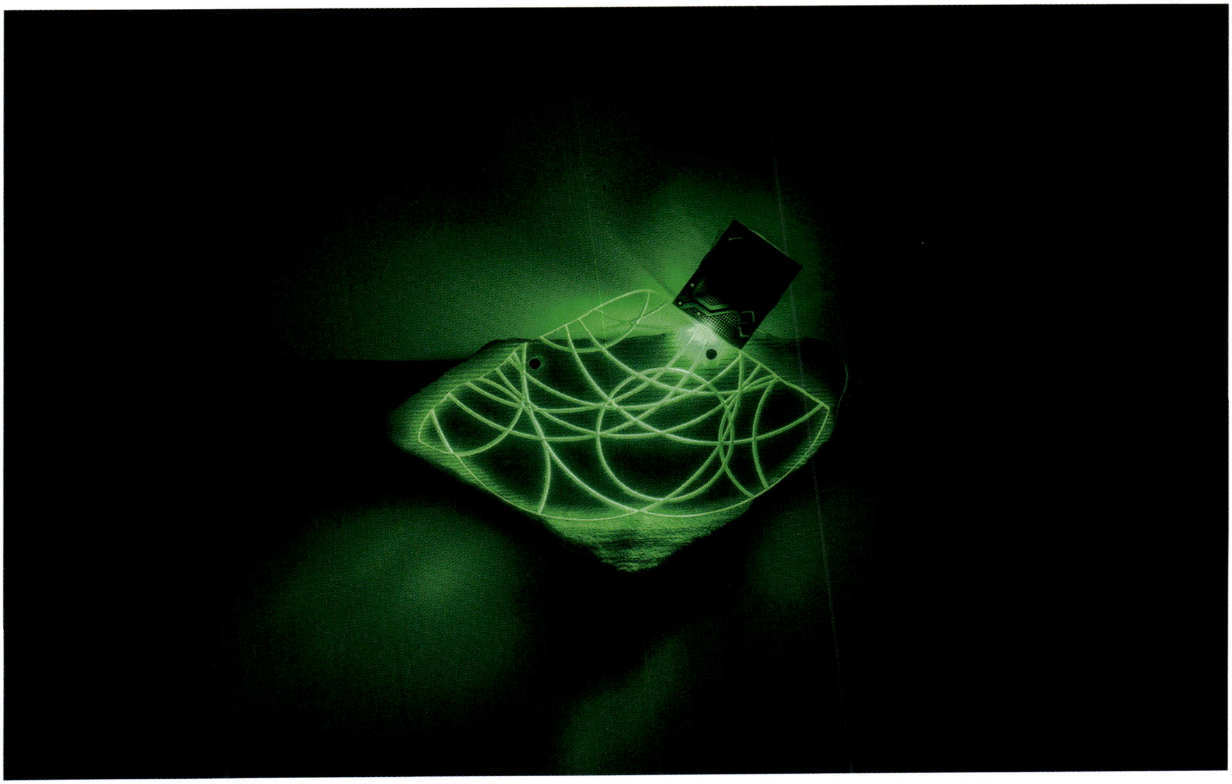

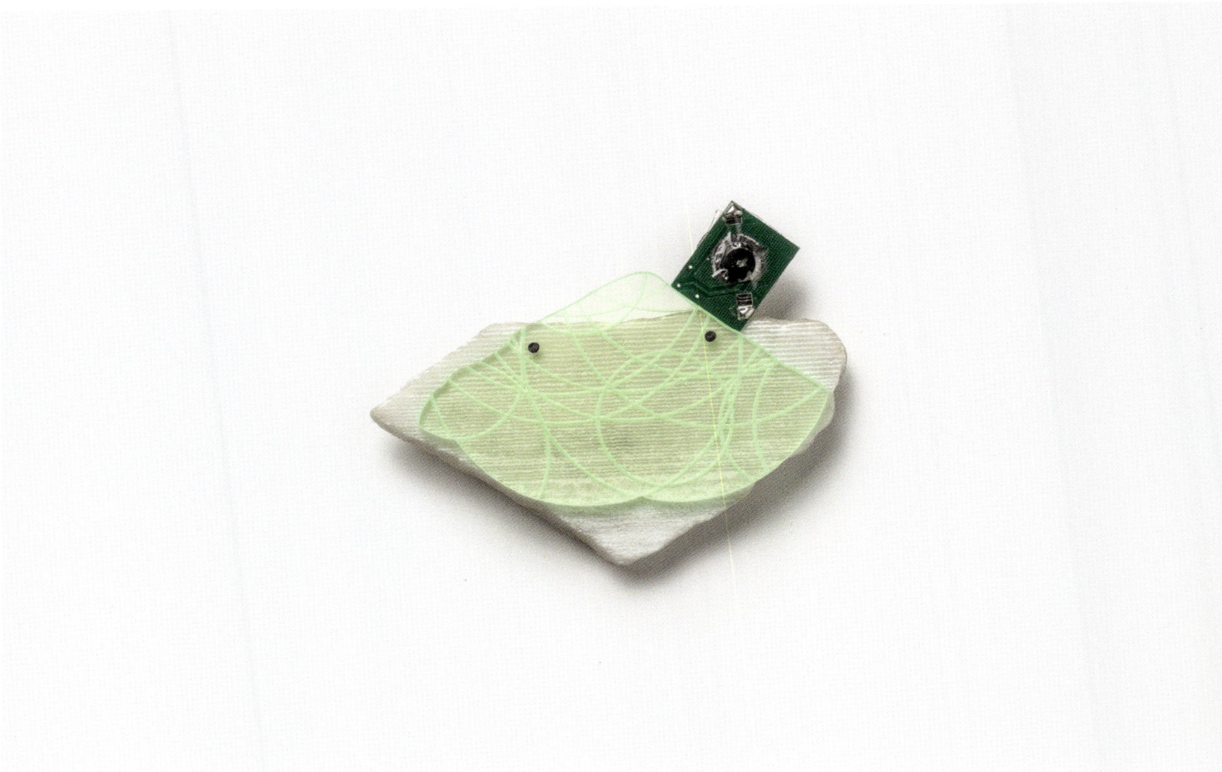

B FRANZISKA VOGT
„TECHNOGEM"

GUILLOCHIEREN, LASERGRAVIEREN
GUILLOCHÉ ENGRAVING, LASER-CUTTING

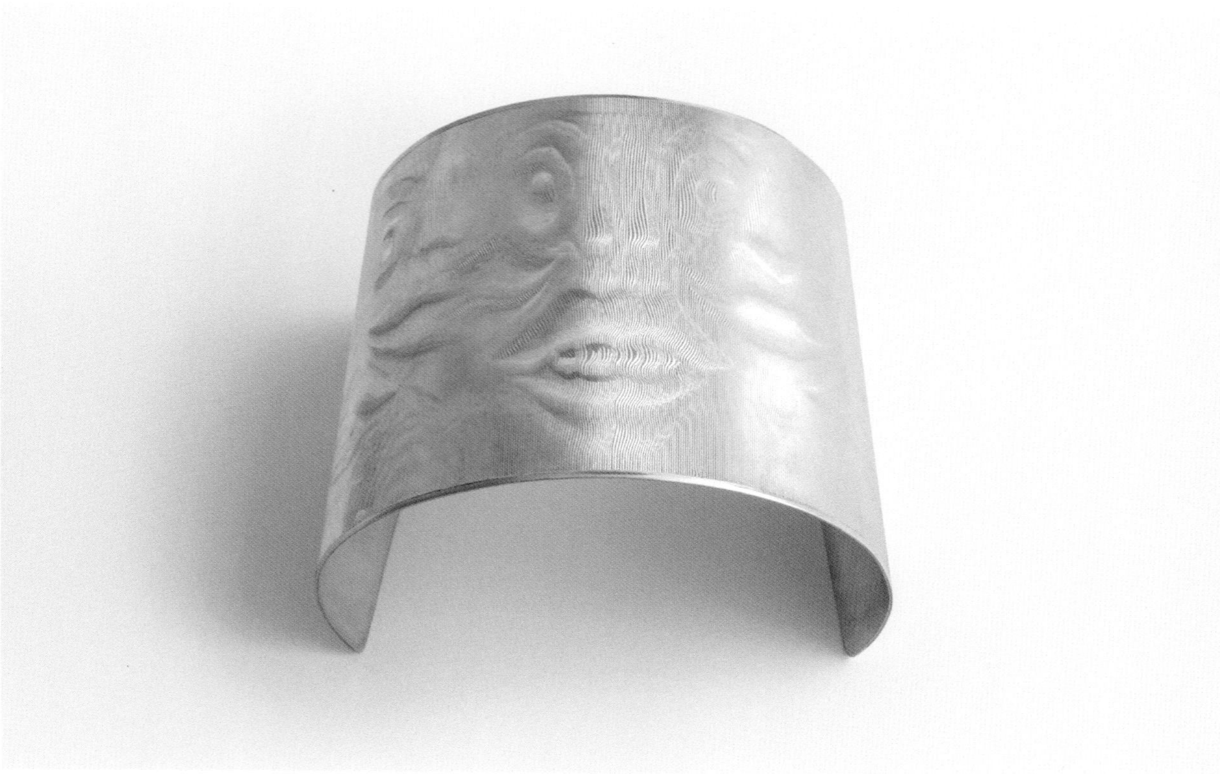

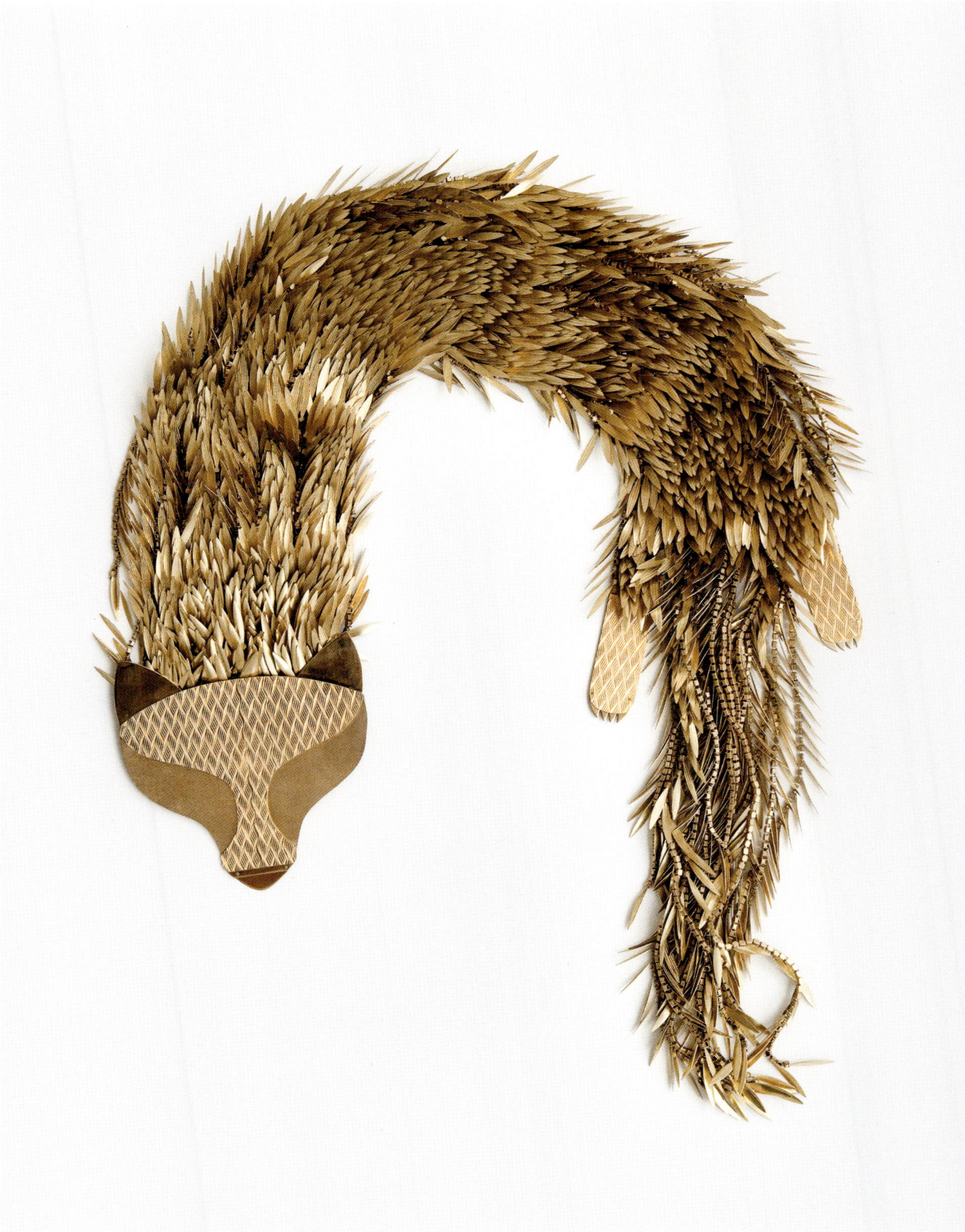

B

STEPHANIE HENSLE
„FUCHS-STOLA“

STANZEN, GUILLOCHIEREN
STAMPING, GUILLOCHÉ ENGRAVING

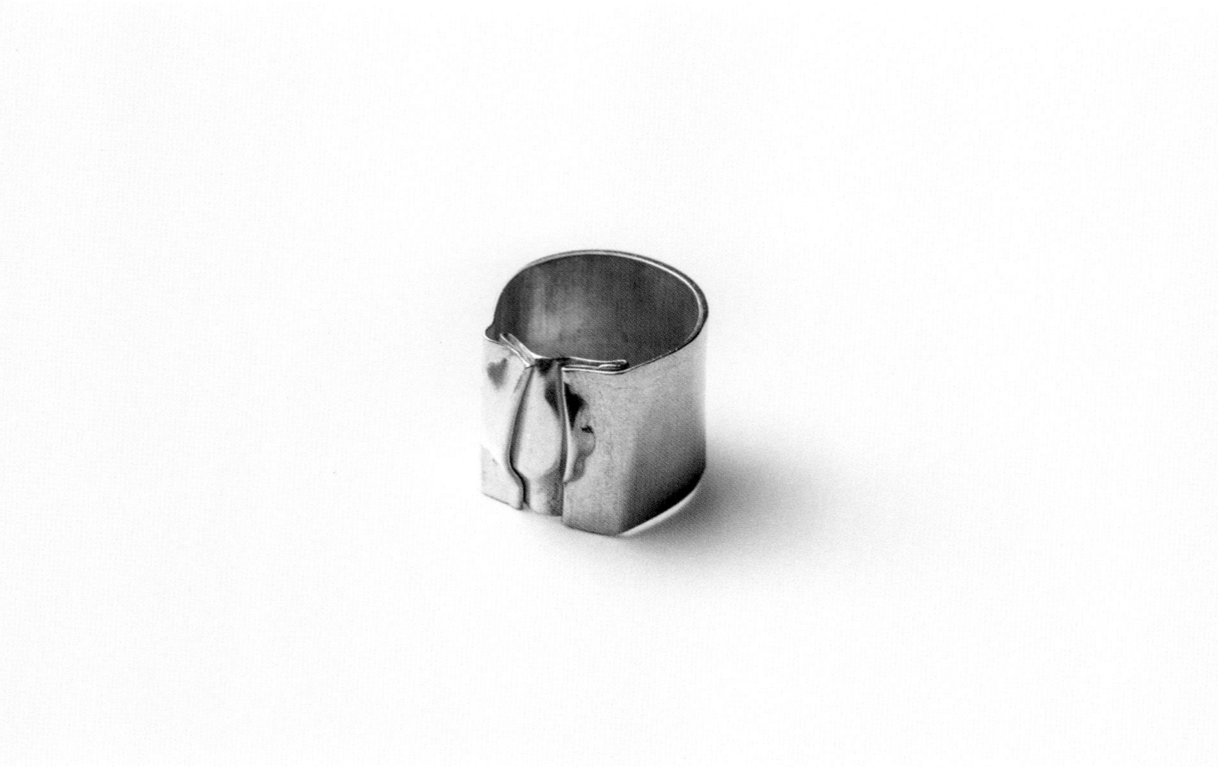

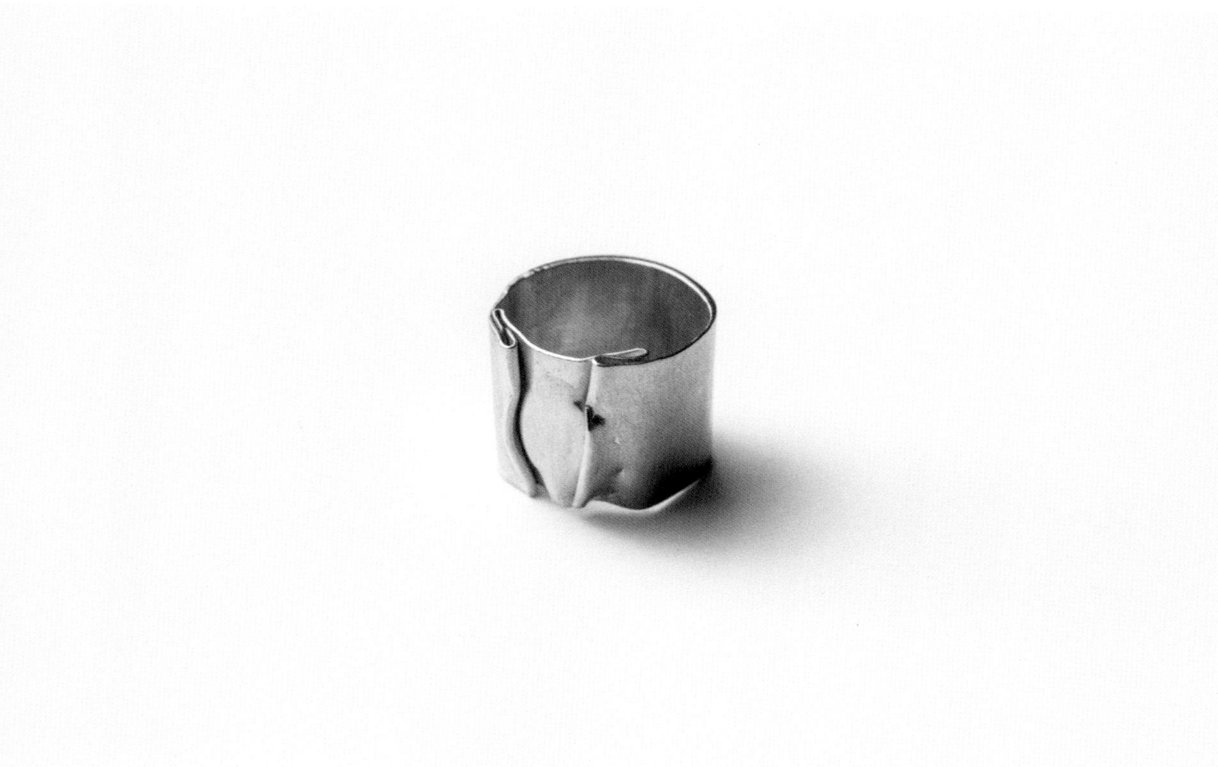

IRIS HÜTTER
„PLISSÉ“

HOHLPRÄGEN
EMBOSSING

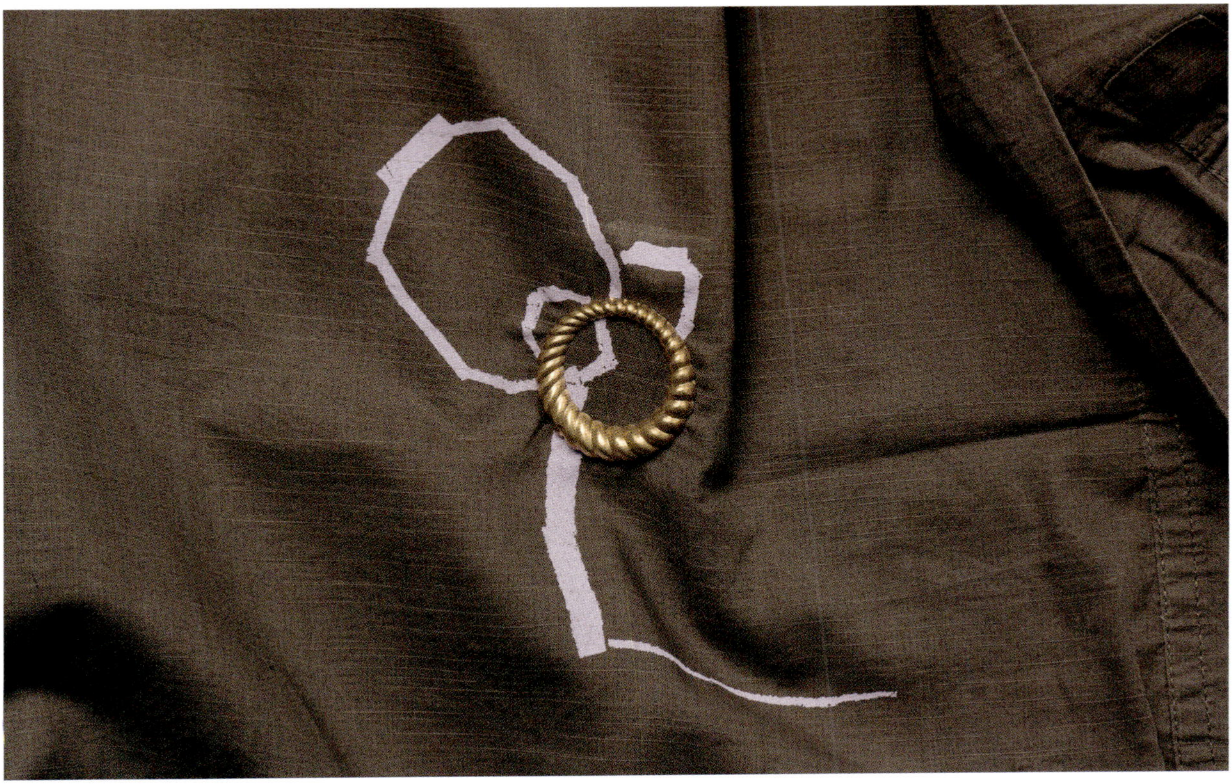

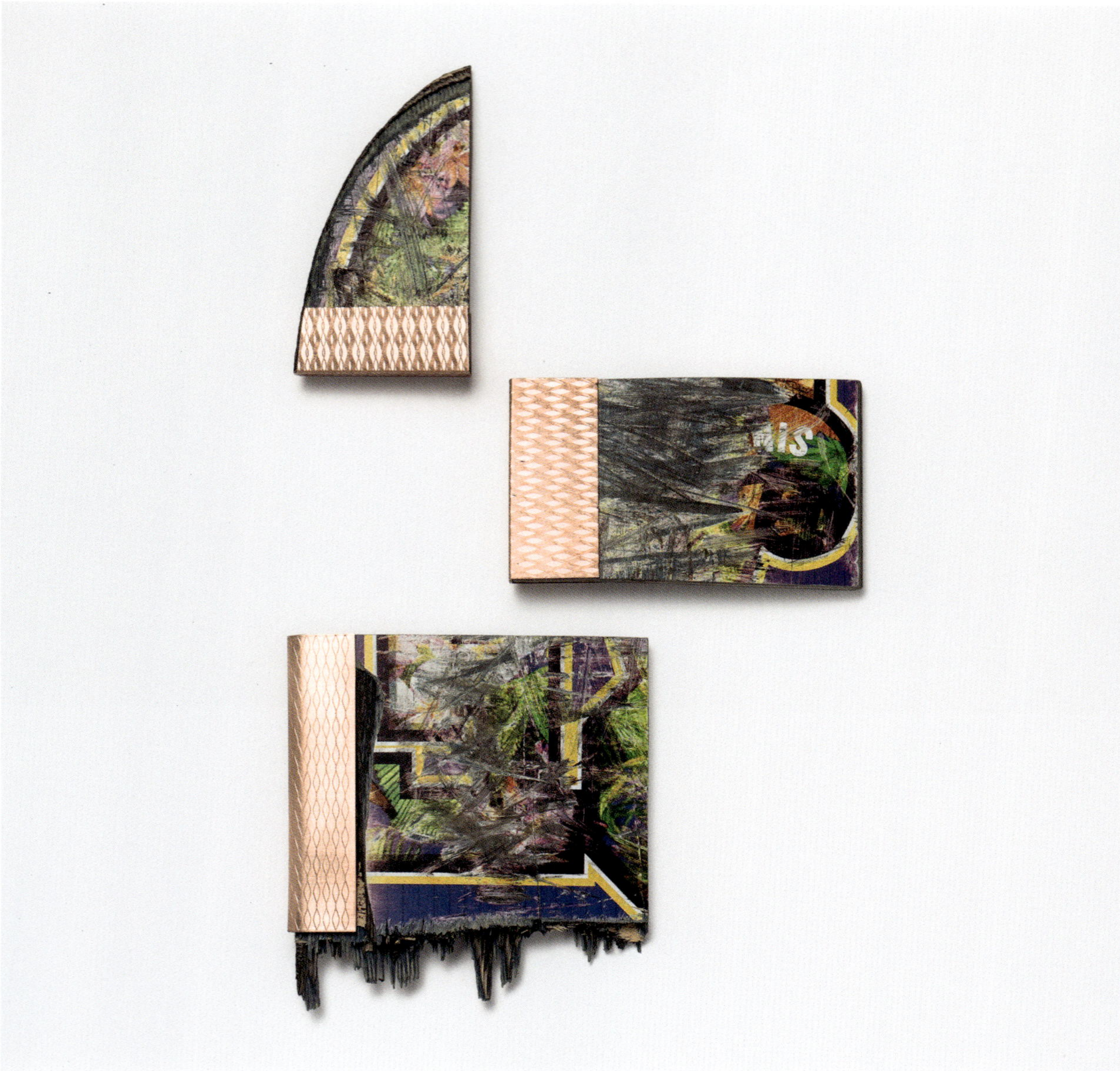

MARIAN SCHMIDT
„SKATEBOARD-BROSCHEN“

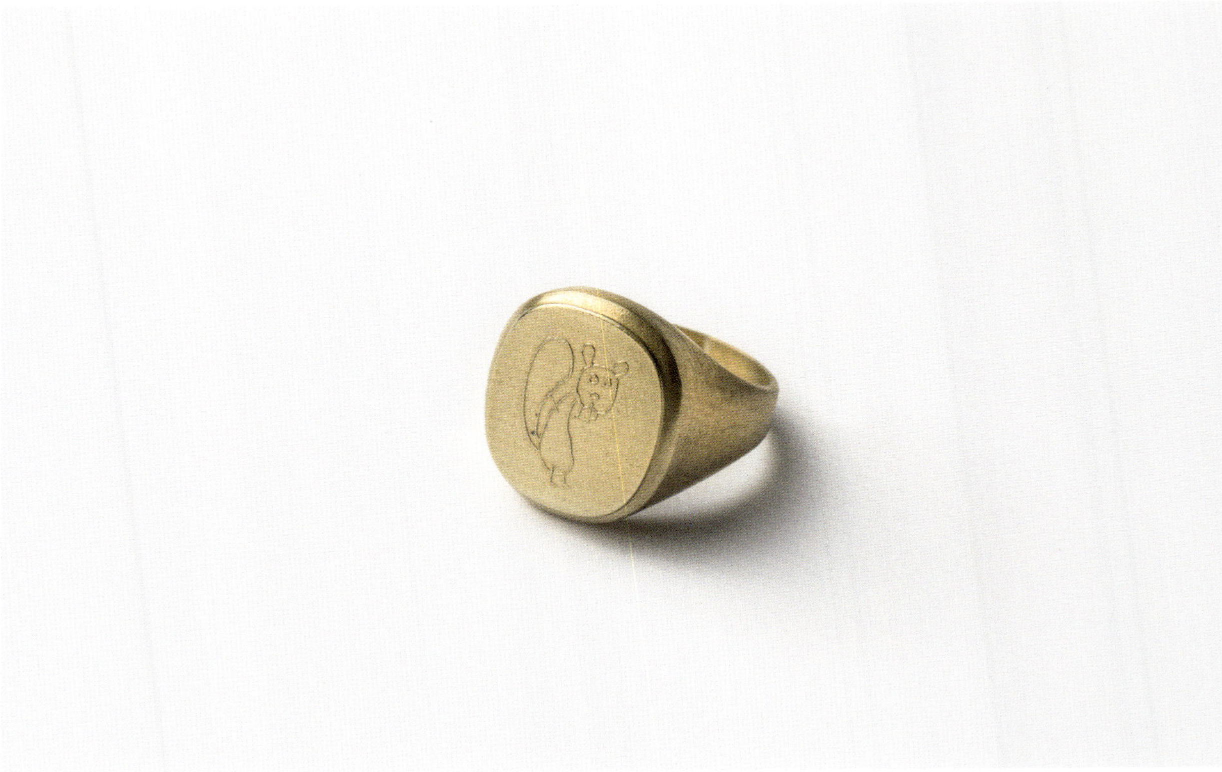

B MARC LIMPER
„STATUSSYMBOL DER NIEDLICHKEIT“

HOHLPRÄGEN
EMBOSSING

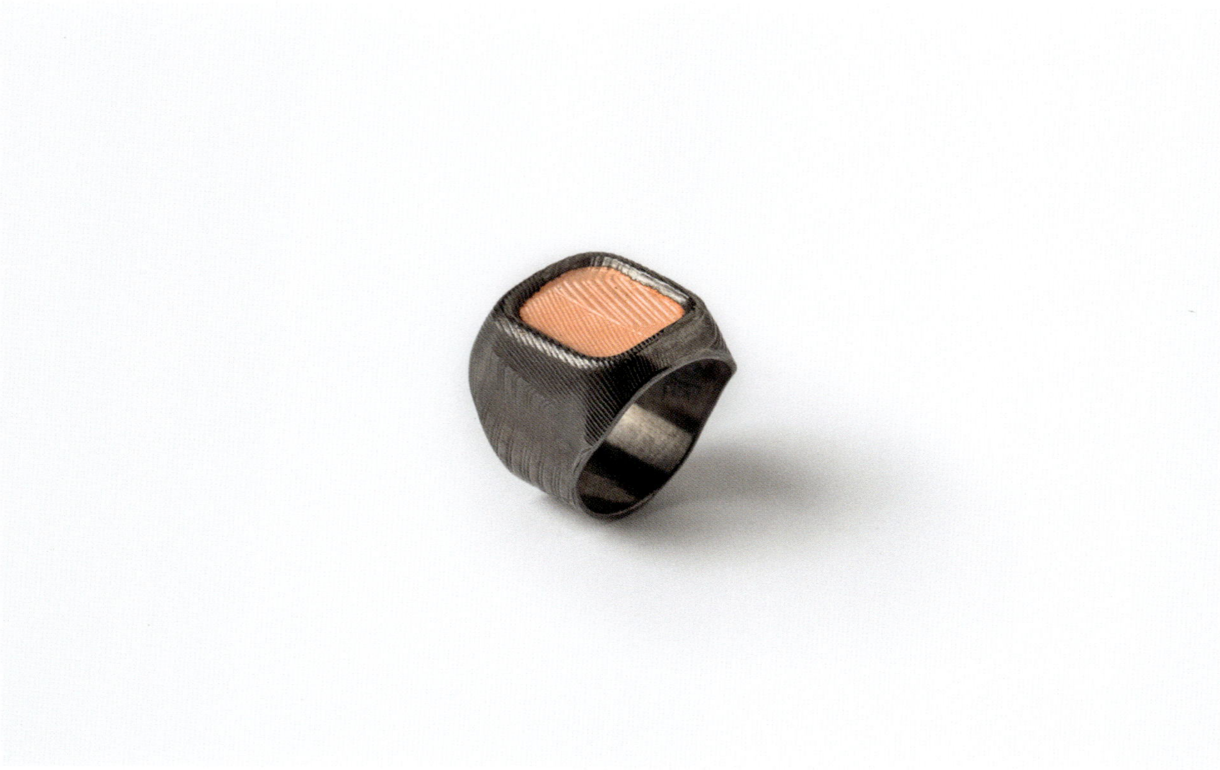

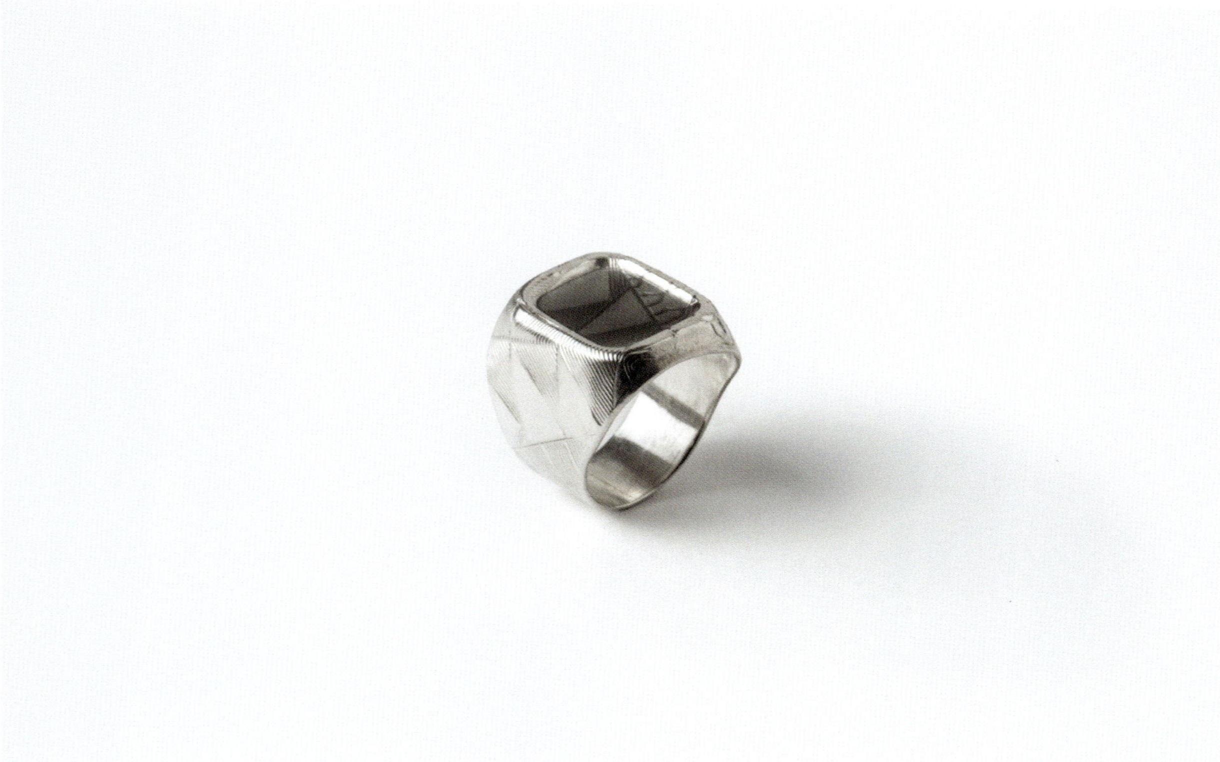

KATHARINA GISCH
„OHNE TITEL"

GUILLOCHIEREN, HOHLPRÄGEN
GUILLOCHÉ ENGRAVING, EMBOSSING

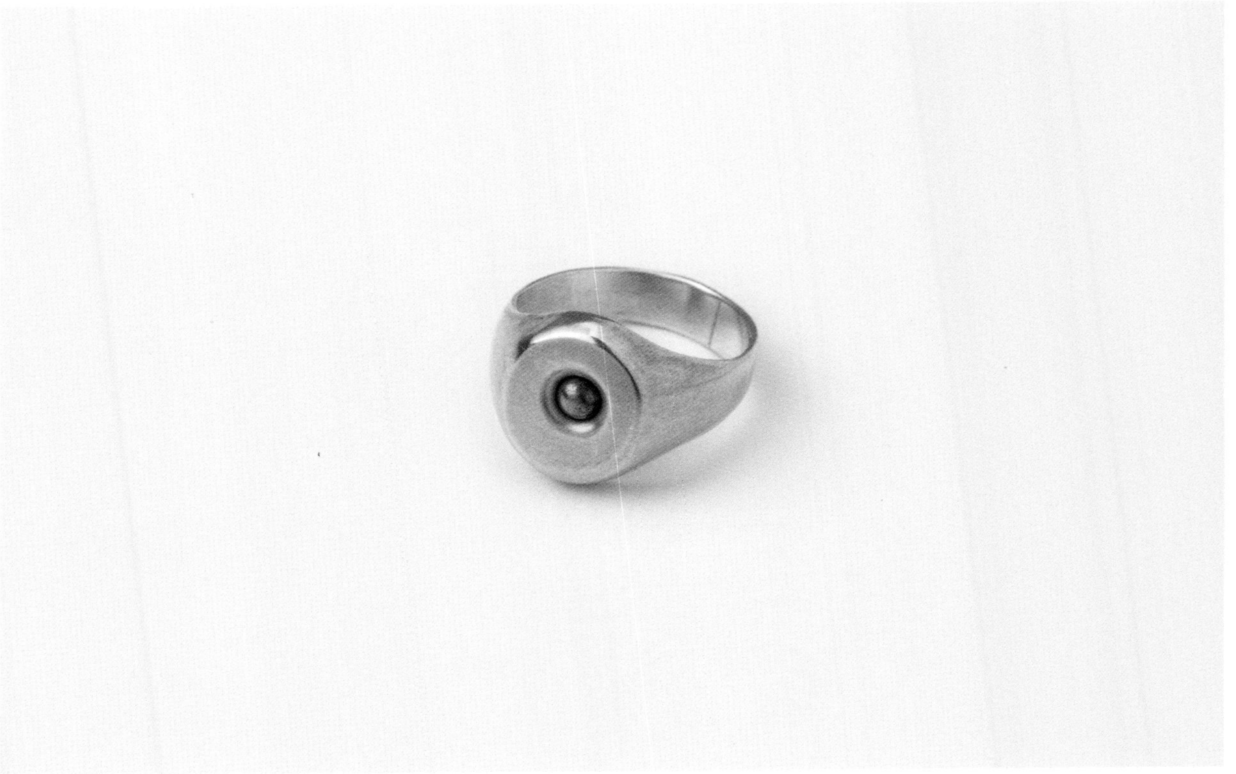

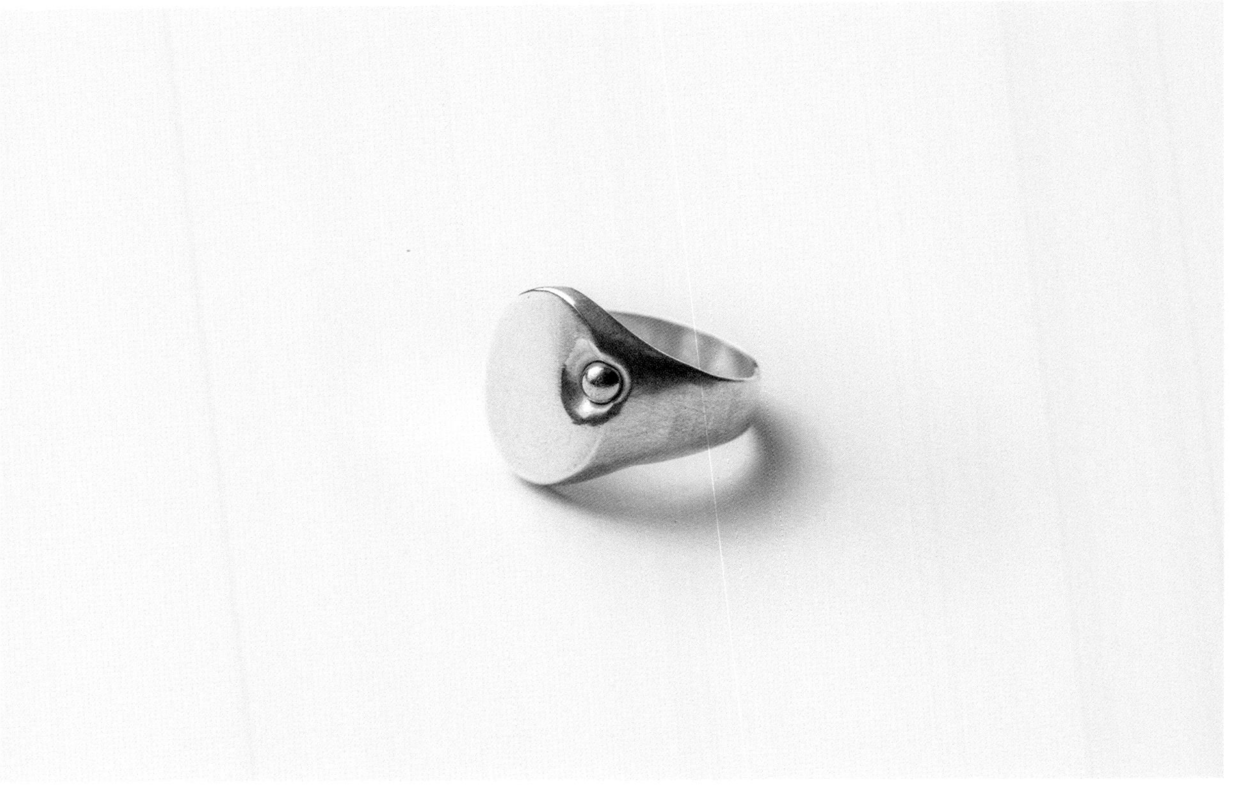

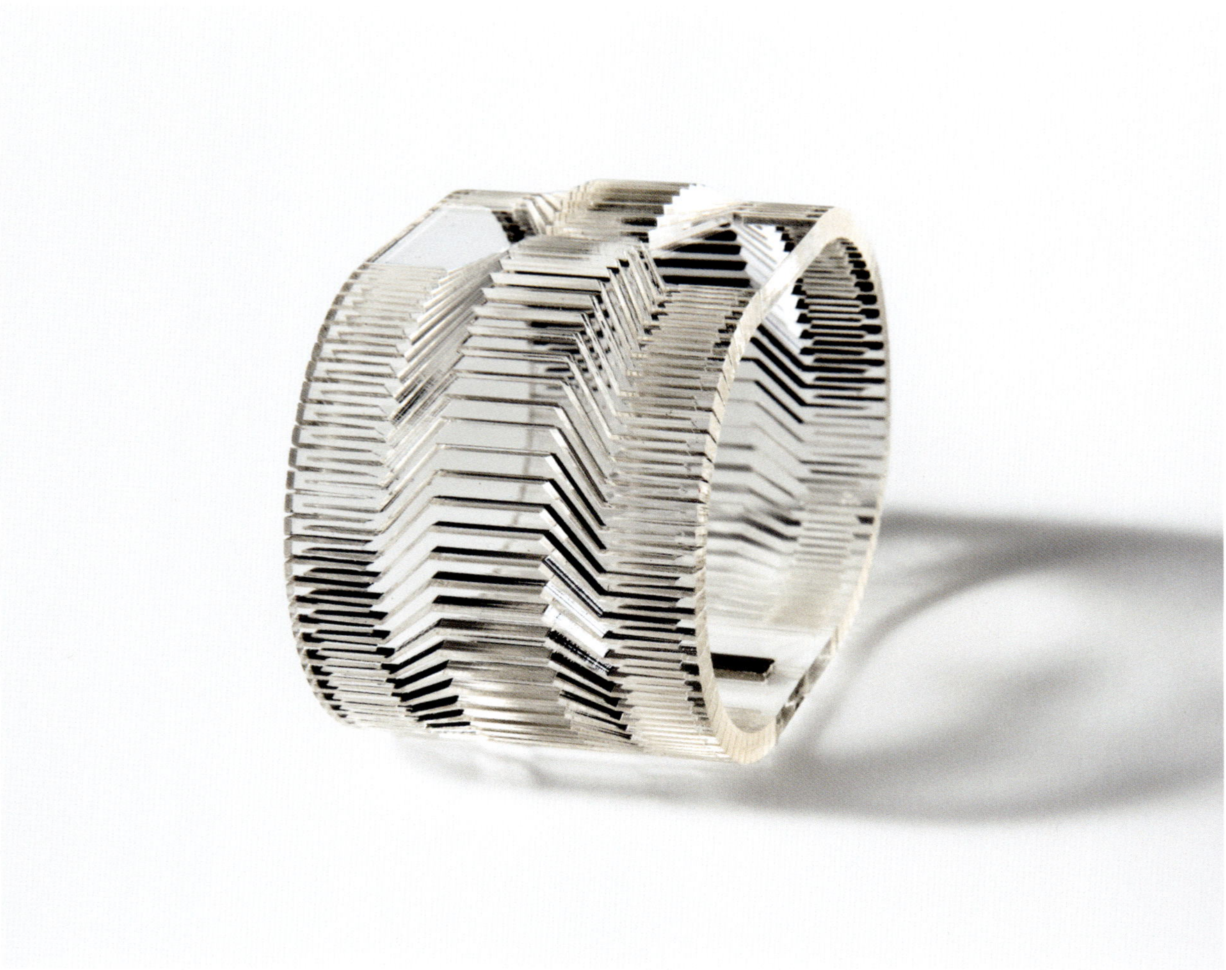

JANIKA SLOWIK
„21 GRAMM“

LASERSCHNEIDEN
LASER-CUTTING

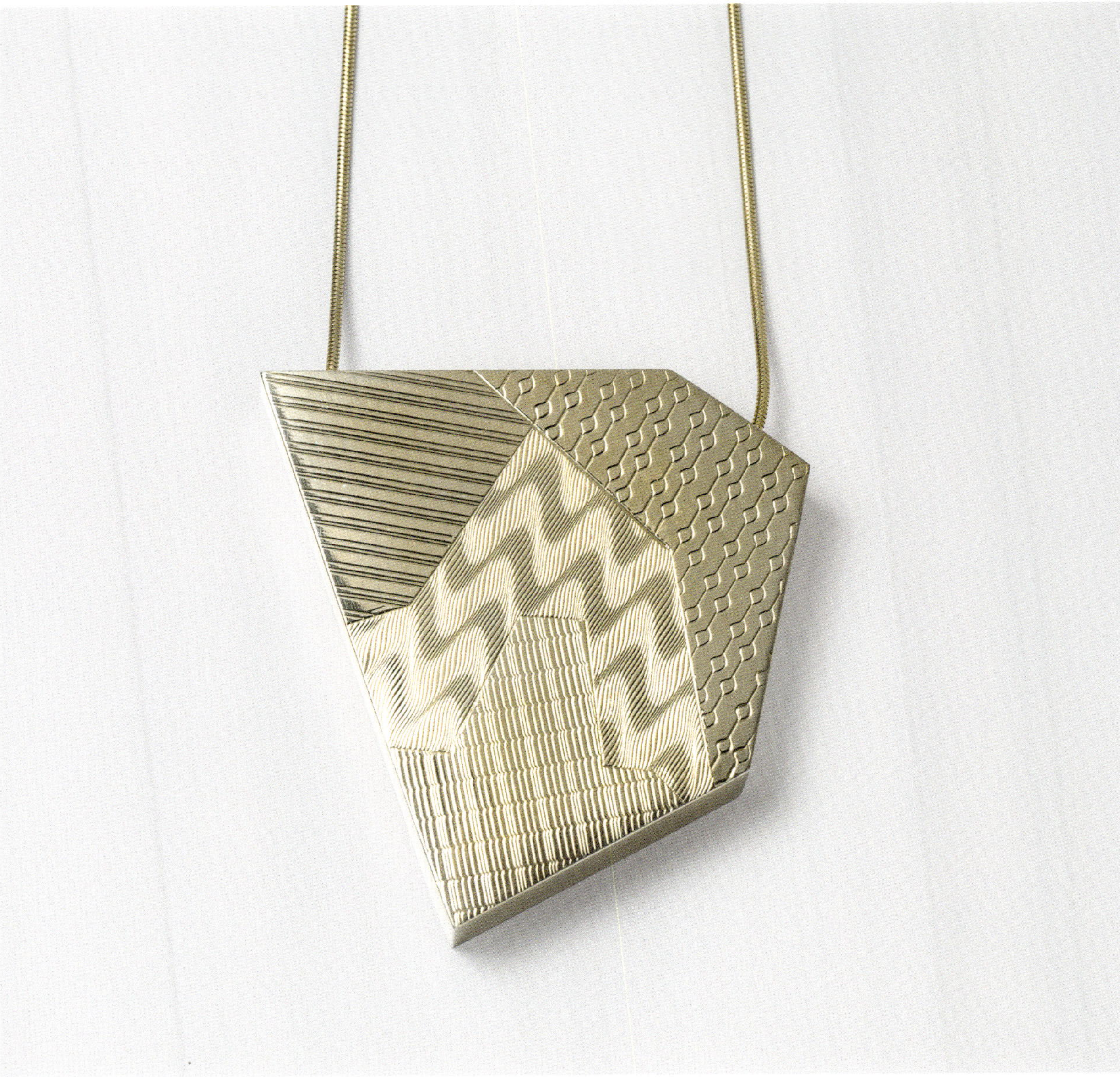

KATHARINA GISCH
„PATCHWORK“

GUILLOCHIEREN
GUILLOCHÉ ENGRAVING

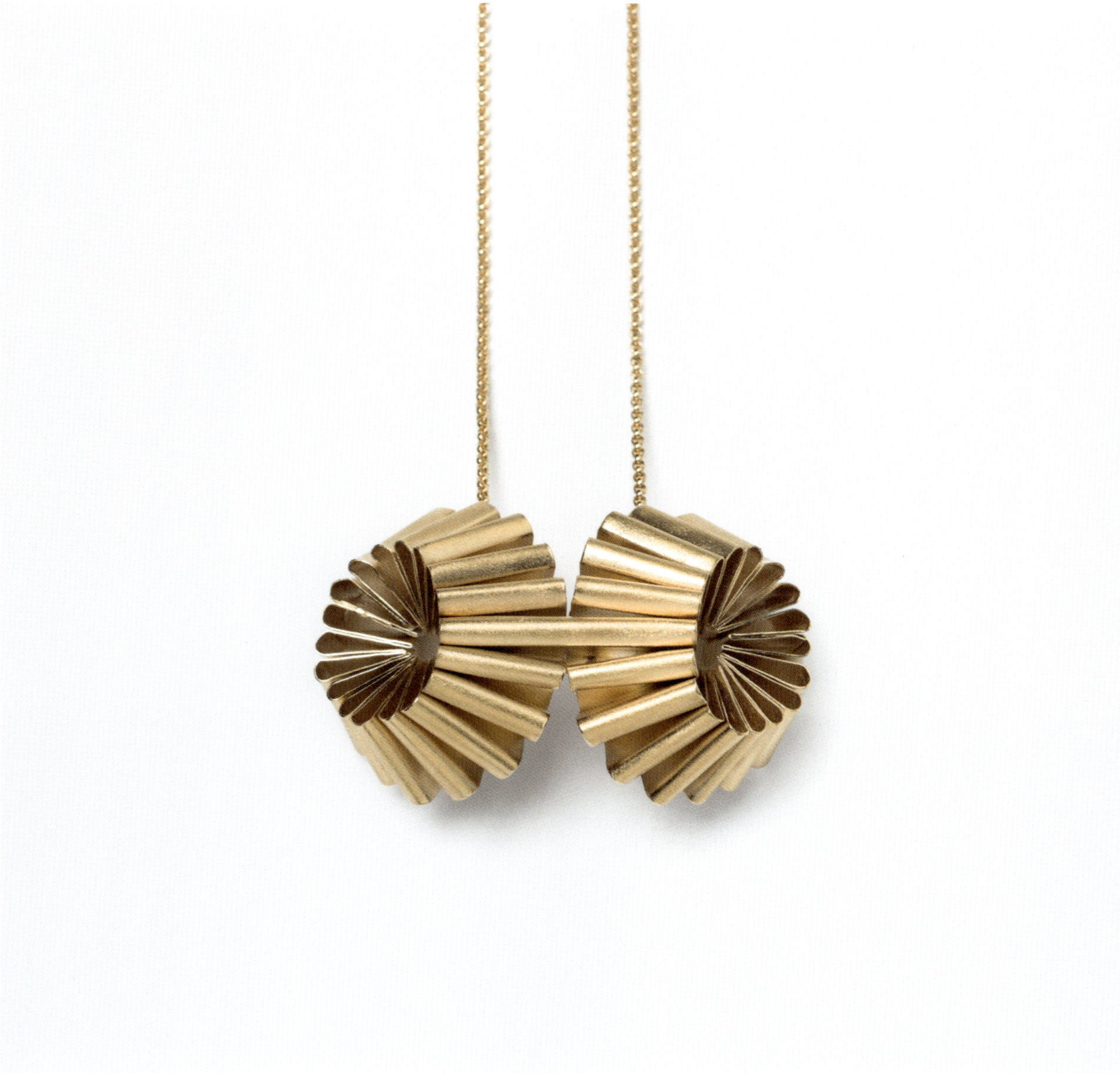

JOHANNA GALEFSKE
„PLEAT–TWINS“

WALZEN
SHEET ROLLING

B

C Technik und Dokumentation

C Techniques and Documentation

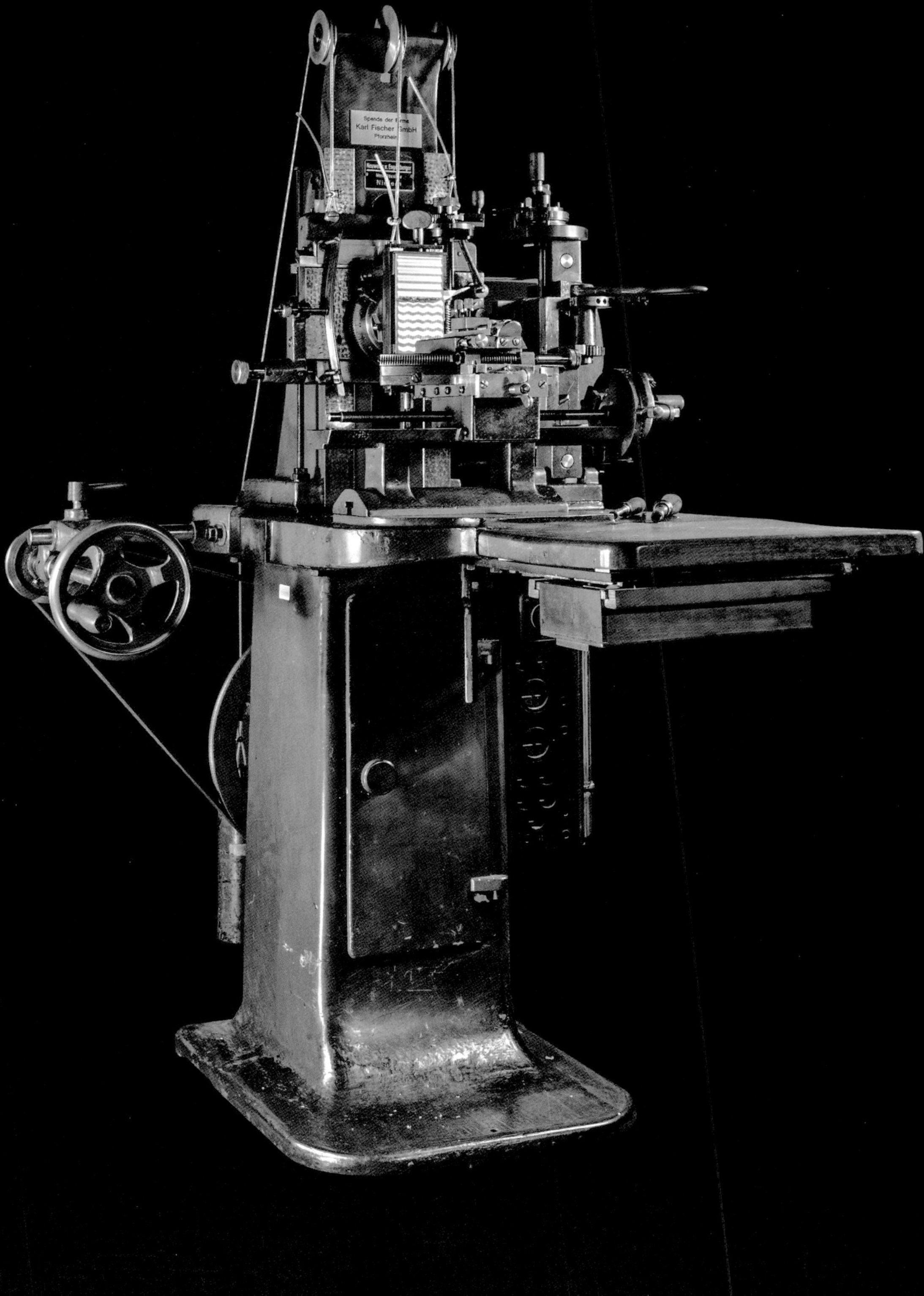

Straight-line engine

A

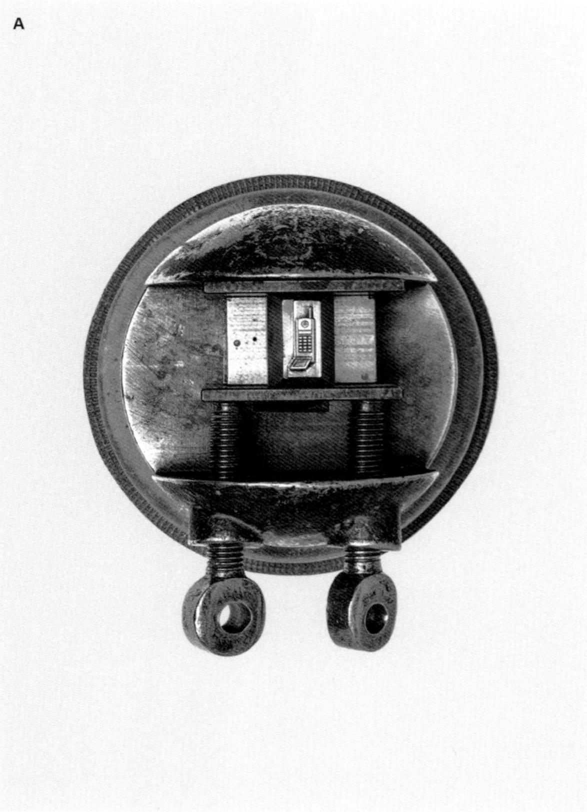

B

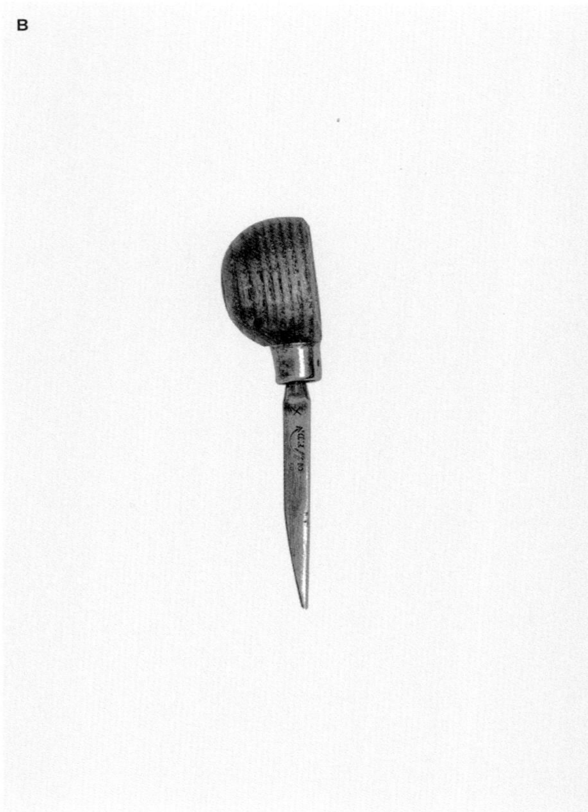

C

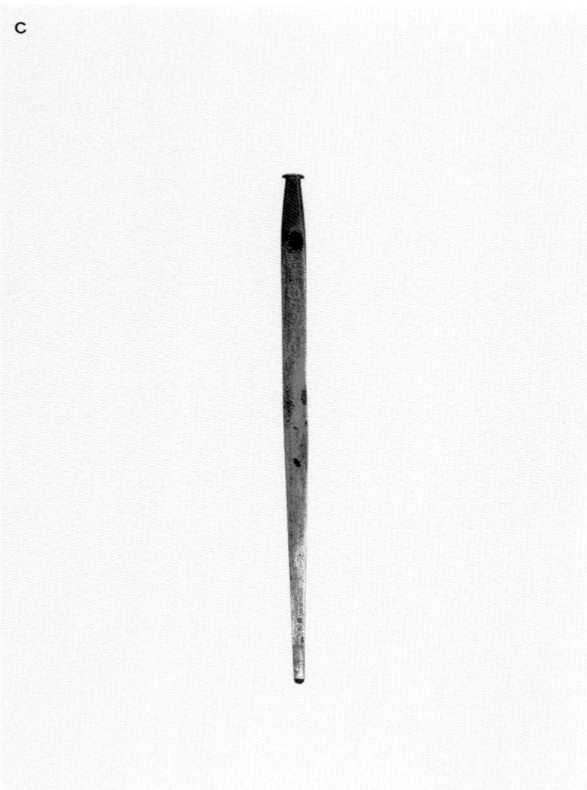

D

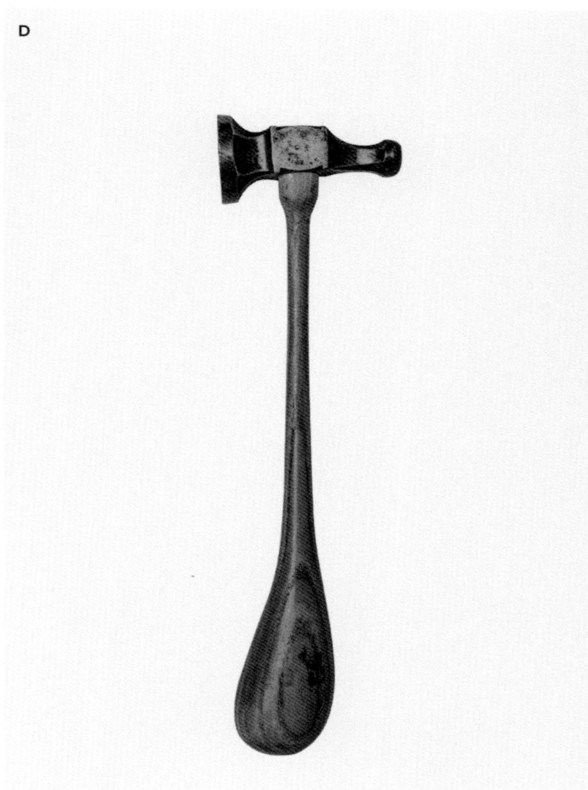

DIE GUILLOCHIERMASCHINE (GERADZUG) – DAS GUILLOCHE

Weitere Beispiele und Informationen über das Guillochieren (Rundzug und Geradzug) siehe Kapitel:
B Pforzheim Revisited
C Technik und Dokumentation: S. 113–117
D Bibliothek: S. 127–135, 142, 145–151

Selbst das komplexeste Guillochemuster hat seinen Ursprung in simplen Wellen-, Faden- oder Zickzacklinien, die unendlich variiert werden können.

Anfang des 19. Jahrhunderts kam ein weiteres Anwendungsgebiet hinzu: Die guillochierten Muster wurden verwendet, um Druckplatten für Wertpapiere fälschungssicher zu machen.

Das Guillochieren ist eine halbmechanische Graviertechnik, die zur Oberflächengestaltung von Schmuckstücken, Uhren oder „Taschengebrauchsartikeln“ verwendet wird. Das Guilloche besticht durch seine regelmäßigen und hochglänzenden Linienmuster, die man von Zigarettenetuis und Feuerzeugen, Fabergé-Eiern, Zifferblättern und Pillendöschen kennt.

Die Rundzug-Guillochiermaschine ist eine technische Errungenschaft des 17. Jahrhunderts, die aus einer Kunstdrechselbank für Holz entwickelt wurde. Auf dem gleichen Prinzip wie der Rundzug basiert auch der Geradzug. Bei ihm wird das Werkstück in einer Spannvorrichtung fixiert, die von einer Feder an die seitlich befindliche Patrone gedrückt und mittels einer Handkurbel in eine zusätzliche vertikale Abwärtsbewegung gebracht wird. An der Spannvorrichtung ist ein Patronentouche (Abtaststift) angebracht, der das Profil der Patrone abtastet und dadurch das Werkstück in eine schaukelnde Wellen- oder Zickzackbewegung versetzt. Die Bewegung hängt von dem jeweiligen Muster der Patrone ab. Zeitgleich wird der auf einem Schlitten (Führungsschiene) laufende Stichel mit dem rechten Daumen an das Werkstück gedrückt. Durch das Drehen der Handkurbel mit der linken Hand wird das Werkstück an dem Stichel entlanggezogen. Wie beim Holzhobeln entsteht jedes Mal ein Span und etwas Material wird abgetragen. Die guillochierte Linie allerdings bekommt durch die zwei hochglanzpolierten Stichelfacetten eine besondere Lichtreflexion. Um die nächste Linie zu schneiden, wird der Stichel versetzt (Transport). Der gleichbleibende Abstand zwischen den Linien und die konstante Eindringtiefe des Stichels in das Edelmetall sind entscheidend für ein regelmäßiges Bild ohne „Schatten“.

Das Aufkommen der Einweg-Feuerzeuge, -Zigarettenschachteln und -Kugelschreiber in den 1980er Jahren beendete vorerst den Boom von guillochierten Produkten und die Technik überlebte nur knapp. Im hochpreisigen Schmuck- und Uhrensegment sowie in zeitgenössischem Schmuck und Kleinserien feiert das Guilloche heute ein Revival.

GRAVIERKUGEL, MEISSEL, GRAVIERHAMMER, SPITZSTICHEL – DAS STAHLGRAVIEREN

Weitere Beispiele und Informationen über das Stahlgravieren siehe:
B Pforzheim Revisited
C Technik und Dokumentation: S. 110–112
D Bibliothek: S. 136–141

Während des Herstellungsprozesses kontrolliert der Stahlgraveur den Abdruck des Einsenkpfaffs mit Plastilin. So sieht er am besten, wie die Form herauskommt und wo es eventuell noch sogenannte Hinterschneidungen gibt. Diese müssen vollständig entfernt werden, da sich der Einsenkpfaff sonst beim Prägen in dem Gesenk verkeilt. Auch das Gesenk darf nicht hinterschnitten sein, sonst verklemmt sich das Goldblech beim Prägen und ist nur durch grobes Herausreißen wieder zu entfernen.

Die arbeitsteilige serielle Schmuckproduktion beginnt mit der Arbeit des Stahlgraveurs. Nach einer Vorlage modelliert er wie ein Bildhauer ein erhabenes Relief aus einem ungehärteten Stahlklotz. Dieser wird dann zum Prägen von Goldblechen verwendet, die in weiteren Arbeitsschritten zu fertigen Schmuckstücken montiert werden.

Der Stahlklotz wird in eine Gravierkugel eingespannt, die in einem mit Sand gefüllten Lederkissen ruht, wodurch sie sich gut in alle Richtungen bewegen lässt. Zunächst wird das Relief grob mit Gravierhammer und Meißel herausgearbeitet und dann mit unterschiedlichen Sticheln nachgearbeitet. Mit Punzen werden die Kanten verrundet und schließlich mit Ölsteinen poliert. Das Resultat ist der sogenannte Einsenkpfaff, das positive Urmodell. Mit ihm wird das eigentliche Werkzeug hergestellt, welches zum Prägen der Goldbleche dient. Dafür wird er gehärtet und in einen ungehärteten Stahlklotz eingepresst. Dieser Abdruck, die Negativform des Einsenkpfaffs, ist das sogenannte Gesenk, auf dem später das Blechstück zum Prägen positioniert wird. Der Einsenkpfaff hat damit seine Schuldigkeit getan, bis das Gesenk abgenutzt oder beschädigt ist. Dann wird mit ihm ein neues Gesenk „ausgezogen“, also hergestellt. Um ein Goldblech aber exakt zu verformen, braucht es eine Negativform (das Gesenk) und eine Positivform (den Pfaff). Der Pfaff wird hergestellt, indem das Gesenk wiederum abgeformt wird. Zwischen Gesenk und Pfaff wird das Goldblech unter Druck zu einem Schmuckstück geformt.

DER FALLHAMMER – DAS HOHLPRÄGEN

Seit der Zeit Julius Caesars ist das Prinzip der „Pfahlramme" bekannt. In der Pforzheimer Schmuckindustrie wurde der Fallhammer von der Mitte des 19. bis Ende des 20. Jahrhunderts hauptsächlich für sogenannte Hohlprägungen eingesetzt. Der kurze Schlagimpuls ist ideal geeignet für tiefere Gesenke und dünnwandiges Goldblech. Durch die serielle Produktion hohlmontierter Schmuckstücke lässt sich viel Material einsparen. So wurde optisch voluminöser und repräsentativer Schmuck für die breite Bevölkerung erschwinglich.

Das Fallwerk besteht aus zwei senkrechten eisernen Führungsschienen, zwischen denen am oberen Ende eine Seilrolle (Flaschenzug) angebracht ist. Über diese läuft ein Seil, mit dem der sogenannte Bär mit Muskelkraft emporgezogen wird. Er wiegt 35 kg und funktioniert wie ein Hammerkopf. Am Bär ist der Pfaff mittels eines Gebisses (Klemmvorrichtung) befestigt (Erklärung von Pfaff und Gesenk siehe Stahlgravieren S. 137). Das Gegenstück zum Pfaff, das Gesenk, ist auf dem Amboss mit Spannbacken fixiert. So wird sichergestellt, dass sich Gesenk und Pfaff beim Aufprall nicht verschieben und perfekt ineinandergreifen. Als Sicherung dient ein Steigbügel am anderen Ende des Seils, in dem der Presser mit einem Fuß steht. Bei jeder Pressung koordinieren Fuß und Arm des Pressers die Fallhöhe des Bären. Es gehört viel Fingerspitzengefühl und Erfahrung dazu, die Hohlpressungen perfekt auszuprägen. Verformt sich das Blech zu schnell, wirft es Falten oder reißt ein. Für sehr tiefe Gesenke, bei denen die Verformung sehr groß ist, muss der Presser mehrere Hilfswerkzeuge (sogenannte Zwischengesenke) aus Messing, Blei, Zinn oder Aluminium herstellen. Der Wechsel der Werkzeuge geht beim Fallhammer dank des Gebisses schnell von der Hand. Zwischen den Prägeschritten wird das durch die Bearbeitung hart gewordene Edelmetall weichgeglüht und im Wasser abgeschreckt. Wie viele Schritte und Hilfswerkzeuge notwendig sind, hängt von der Tiefe und der Wandneigung des Gesenks, dem Material und der Materialstärke ab.

Weitere Beispiele und Informationen über das Prägen siehe Kapitel:
B Pforzheim Revisited
C Technik und Dokumentation: S. 107–109
D Bibliothek: S. 136–137

Dem Gewicht des Bären wird über die Fallhöhe (ca. 1,70 m) potentielle Energie zugefügt. Beim Fallenlassen wird diese Energie umgewandelt in kinetische Energie, die wiederum beim Auftreffen auf das Werkstück als Verformungsenergie frei wird und das Werkstück mit einem satten (kurzen und heftigen) Schlag in das Gesenk schlägt; unter idealen Bedingungen mit knapp 20 km/h. Physikalisch gesehen wird die Verformungsenergie durch die Impulsänderung beschrieben, welche unmittelbar vor dem Aufprall maximal ist und nach dem Aufprall Null beträgt; die Verformungszeit ist beim Fallhammer sehr kurz.

Manchmal fehlt es dem Pfaff minimal an Volumen, um das Blech ganz und gar in das Gesenk zu drücken und die feinsten Konturen abzuformen. Da kann ein kleiner Spritzer Wasser oder Öl in der Prägung helfen. Ein alter Hase nimmt dafür auch gerne mal ein bisschen Spucke.

KNIEHEBELPRESSE – STANZEN

Die Kniehebel- oder Fußtrittpresse wird benutzt, um kleine Teile auszustanzen oder zu prägen. Der Stempel (oberes bewegliches Werkzeug) und die Matrize (festgeschraubtes unteres Werkzeug) müssen perfekt ineinander laufen, ohne zu verkanten.

Das Prinzip funktioniert wie ein Locher mit großer Hebelkraft. Man tritt mit dem Fuß auf den Hebel, sodass er unter der Presse nach hinten weg pendelt. Der Stempel saust sodann in seiner Führung vertikal durch die Matrize. Das Blech, welches dazwischen liegt, wird dadurch ausgestanzt. Die Stanzteile fallen durch ein Loch im Stanzwerkzeug und werden in einer Schublade aufgefangen. Für den Blechstreifen, aus dem die Stanzteile sind, gibt es eine Führung mit Anschlag im Stanzwerkzeug. So merkt man genau, wo das Loch von der letzten Stanzung war und wo Platz für die nächste Stanzung ist. Auch zum Prägen dünnwandiger Bleche kommt die Kniehebelpresse zum Einsatz. Hierfür müssen die auf Maß gerichteten Blechstücke einzeln im

Weitere Beispiele und Informationen über das Stanzen siehe Kapitel:
B Pforzheim Revisited
C Technik und Dokumentation: S. 113–117
D Bibliothek: S. 144

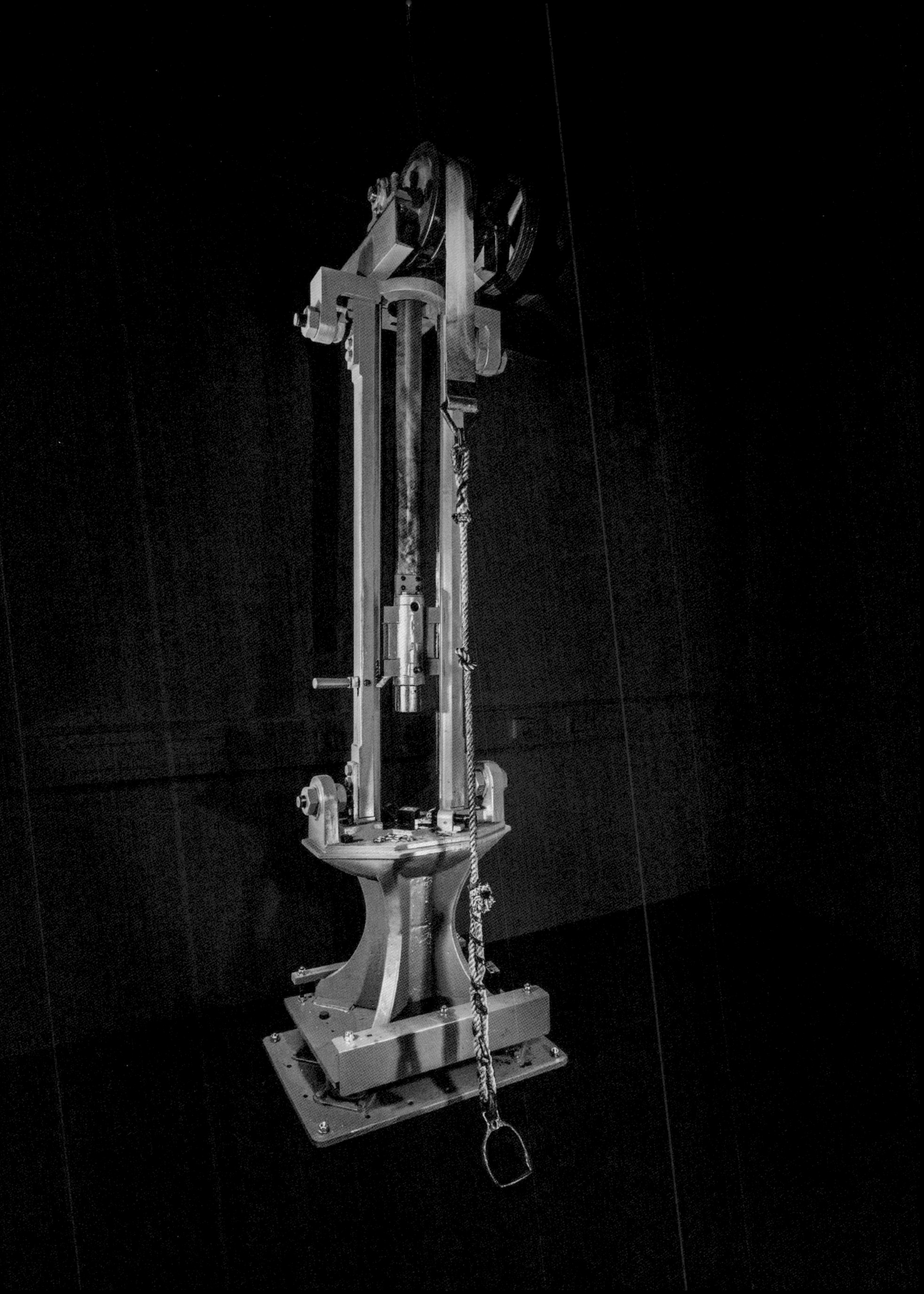

Drop hammer

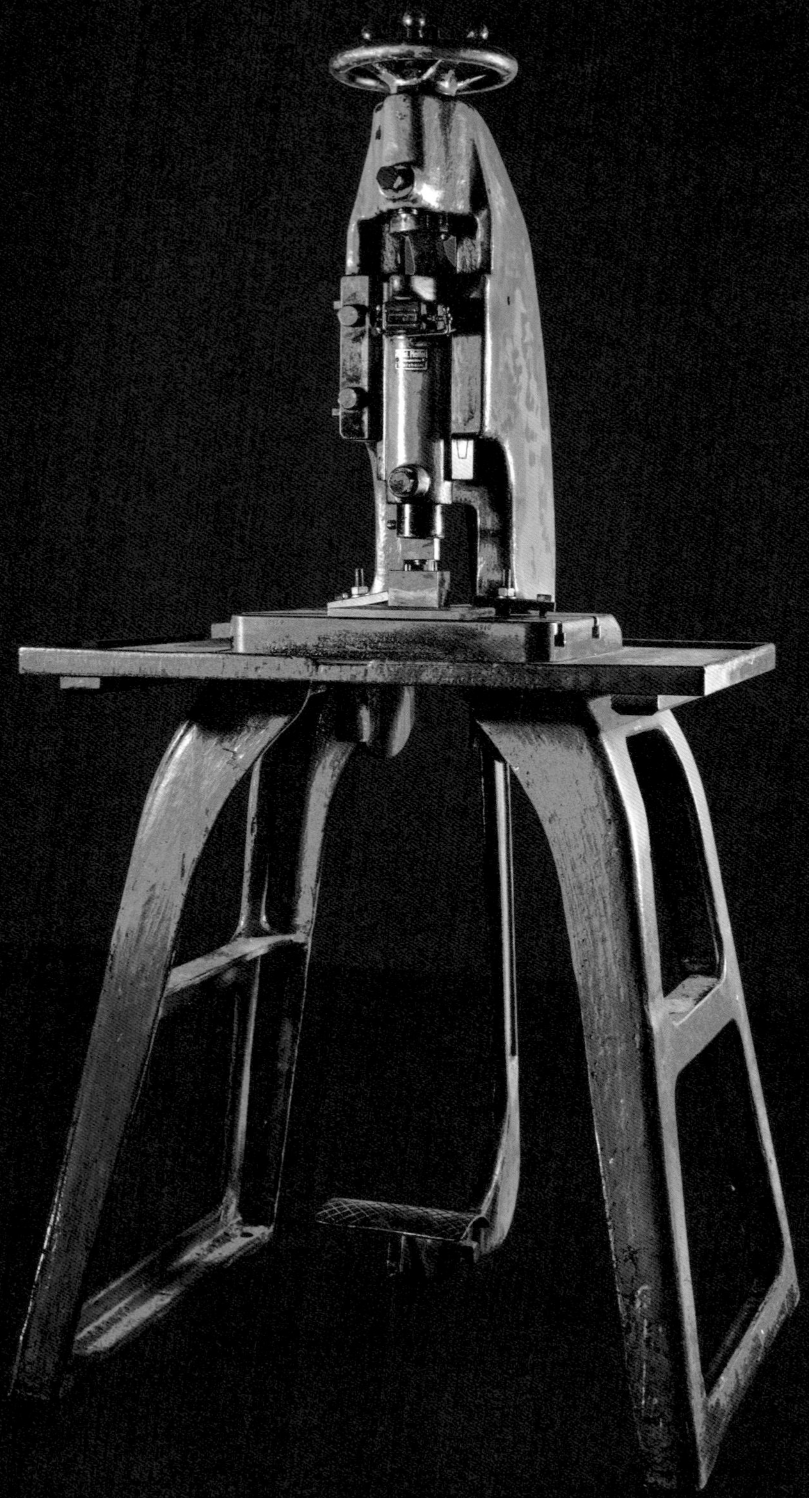

Kniehebelpresse
Foot lever press

Gesenk positioniert, geprägt und entnommen werden. Damit kein Unfall passiert, ist bei der Arbeit viel Konzentration gefordert. Das Arbeiten an der Kniehebelpresse war oft Frauenarbeit, da sie körperlich nicht so anstrengend war (verglichen mit der Arbeit am Fallhammer).

3D-DRUCKER – 3D-DRUCK

Weitere Beispiele und Informationen über den 3D-Druck siehe Kapitel:
B Pforzheim Revisited: S. 66–67, 69, 70
C Technik und Dokumentation: S. 120–123

Weiterentwicklungen des 3D-Drucks sind:
- Das SLM-Verfahren (selective laser melting) für Metalle/ Edelmetalle, Anwendungsbeispiele: Maschinenbauteile und Schmuck
- SLS-Verfahren (selective laser sintering) für keramische Materialien, Anwendungsbeispiel: Zahnprothesen
- Betondruck, mit dem bereits ganze Häuser gebaut werden

Die Funktionsweise ist ähnlich wie die eines Farbdruckers, nur dass statt Farbe ein spezieller Kunststoff schichtweise aufgetragen wird. Dadurch entsteht die dreidimensionale Form, die man zuvor in einem CAD-Computerprogramm angelegt hat. Am häufigsten verwendet wird das sogenannte FDM-Verfahren (fused deposition modeling). Wie bei einer Heißklebepistole wird ein Kunststoffdraht erhitzt, der als flüssiges Material durch eine spezielle Düse linienförmig auf eine Bauplattform gespritzt wird. Die Geschwindigkeit des Spritzmechanismus und die Schrittweite der einzelnen Bahnen müssen so eingestellt sein, dass die Linien jeweils gut miteinander verschmelzen und eine solide Fläche ergeben. In den unterschiedlichen Anwendungsbereichen kommen spezielle Kunststoffarten zum Einsatz. Die Schmuckindustrie verwendet meist ein modifiziertes FDM-Verfahren, bei dem das Modell direkt in einem rückstandsfrei verbrennbaren Wachs gedruckt wird. Zur Stabilisierung der Bauteile wird ein anderes Wachs mitgedruckt. Nach dem Druck werden Modell und Stützstruktur in eine spezielle Lösung eingelegt, sodass nur das eigentliche Modell übrig bleibt. Dieses kann im Wachsausschmelzverfahren direkt in Edelmetall gegossen werden.

Das 3D-Druckverfahren eignet sich besonders gut, um aufwendige Einzelstücke und Modelle für eine spätere Massenproduktion herzustellen sowie zur Anfertigung von Hilfskonstruktionen. Die Technik entwickelt sich rapide und wird immer erschwinglicher; sie ist eine technische Revolution aus den 1980er Jahren. Mit ihr wurde es möglich, freie Formen mit Hinterschnitt oder in sich geschlossene, bewegliche Systeme – etwa eine Gliederkette mit Kastenschloss – komplett aus einem Stück zu bauen.

DIE SPINDELPRESSE – DAS MASSIVPRÄGEN

Weitere Beispiele und Informationen über das Prägen siehe Kapitel
B Pforzheim Revisited
C Technik und Dokumentation: S. 107–109
D Bibliothek: S. 136–137

Der Antrieb erfolgte früher über Transmissionsriemen, die mit Wasser- oder Dampfkraft betrieben wurden. Heute wird das Schwungrad elektrisch angetrieben.

Die Presskraft ist abhängig von der Zentrifugalkraft des Schwungrades, der Gewindesteigung der Spindel und davon, wie gut alles geölt ist.

Die Spindelpresse wird zum Massivprägen von Münzen und in der Schmuckindustrie für größere oder dickwandige Schmuckpressungen verwendet. Über eine Spindel wird die Schwungkraft des Schwungrads in eine vertikale Abwärtsbewegung des sogenannten Bären übertragen. An ihm ist der Stahlpfaff befestigt, mit dem das Metall in Form geprägt wird. Zwei Typen der Spindelpresse werden unterschieden: erstens die Handspindelpresse, die durch Muskelkraft über ein Schwungrad angetrieben wird und bis zu 30 Tonnen Druck aufbauen kann, und zweitens die motorbetriebene Reibradspindelpresse. Während der Fallhammer seine Stärke bei Hohlprägungen ausspielt, glänzt die Reibradspindelpresse besonders durch ihre hohen Drücke von 100 Tonnen und mehr als auch durch den länger anhaltenden Druck auf das Werkstück, der das Metall besser in die Form „fließen“ lässt. Je nachdem, welche der Scheiben an das Schwungrad gedrückt werden, bewegt sich der Bär mit dem an ihm befestigten Pfaff an der Spindel nach unten und prägt das Werkstück oder er geht nach oben in die Ruheposition zurück. Im Prinzip ist die Funktionsweise beider Maschinen gleich, nur der maximale Arbeitsdruck variiert. Um die Kraft der Reibradspindelpresse richtig dosieren zu können und das Werkstück gut auszuprägen, ohne dass das Gesenk zereißt, ist viel Erfahrung nötig.

THE STRAIGHT-LINE ENGINE – GUILLOCHÉ ENGRAVING OR ENGINE-TURNING

Even the most complex guilloché pattern consists of simple wavy, straight or zigzag lines for which there are infinite variation options.

The early 19th century saw the advent of a new application for guilloché patterns: they were engraved in the printing plates for banknotes and securities so as to prevent forgery and counterfeiting.

For more examples and further information, see the chapters entitled:
B Pforzheim Revisited: pp. 53–54
C Technique and Documentation: pp. 113–117
D Library: pp. 127–135, 142, 145–151

Engine-turning is a semi-mechanical engraving technique for embellishing the surfaces of jewellery creations, watches or small items of practical utility. Guilloché patterns, like those engraved on cigarette cases and lighters, Fabergé eggs, watch dials and small pill boxes, are characterized by their compellingly regular lines and exquisite sheen. Rose engines for creating curved-line guilloché patterns are a technological achievement of the 17th century that was developed from ornamental woodturning lathes. A straight-line engine is based on the same principle as a rose engine. The workpiece concerned is fixed by a clamping device that is pressed by a spring against the pattern bar at the side, and moved vertically downwards by operating a hand wheel. The clamping device is fitted with a touch (tracing pin) that traces the pattern bar's profile, thus setting the workpiece in a rocking wave-like or zigzag motion, which is determined by the pattern of the bar concerned.

At the same time, the cutting tool mounted on a slide is pressed by the operator's thumb against the workpiece. When the operator turns the hand wheel with his/her left hand, the workpiece is moved along the cutter. As in wood-planing, a flake comes off each time because some of the material is being removed in the process. A guillochéd line, however, thanks to the cutter's two polished facets, reflects the light in a unique manner. In order to cut the next line, the cutter's position is shifted by one increment. The identical distance between the individual lines and the cutter's consistent depth of penetration into the precious metal are key to creating a regular pattern whose lines don't cast any "shadows".

ENGRAVING BALLS, GRAVERS AND BURINS, ENGRAVING HAMMERS – STEEL ENGRAVING

For more examples and further information, see the chapters entitled:
B Pforzheim Revisited
C Technique and Documentation: pp. 110–112
D Library: pp. 136–141

While crafting the prototype positive die, the steel engraver repeatedly checks its imprint using plasticine, which is ideally suited for showing the shape created by the die, and whether there are any undercuts. Any such undercuts have to be removed completely because otherwise the prototype positive die will become wedged in the negative die during the embossing process. The negative die must not exhibit any undercuts either, because this will lead to the sheet gold becoming wedged during the embossing process, so that it needs to be forcibly extracted from the negative die.

Serial jewellery production based on a division of labour begins with the steel engraver's work. Guided by a model like a sculptor, he carves a raised relief out of an unhardened steel block. The die thus created is then used for embossing pieces of sheet gold, which are assembled in further worksteps to make finished pieces of jewellery.

The steel block is clamped into an engraving ball, which rests on a sand-filled leather cushion and can thus be easily moved in all directions. The relief concerned is first carved roughly out of the steel block using an engraving hammer and a graver, and then finished using a variety of different burins. Any sharp edges are removed employing different kinds of punches, and the surfaces are finally polished by means of diverse oilstones. The result is what is called a prototype positive die, the positive archetypal model, which serves to create the tool proper used for embossing sheet gold. For this purpose, it is hardened and then pressed into an unhardened steel block. The prototype positive die's imprint in the steel is the negative die, on which sheet gold is positioned later on for embossing. The prototype positive die has done its part for the time being, until the negative die has been worn down or damaged. Then it will be used again to create a new negative die. Embossing a piece of sheet gold accurately, however, requires a negative and a positive die. The negative die, in turn, serves as a model for creating the positive die. Placed between the negative and positive dies, pieces of sheet gold are shaped by pressure to form jewellery elements.

THE DROP HAMMER – EMBOSSING

Pile drivers date back to the era of Julius Caesar. In Pforzheim's jewellery industry, a drop hammer was used mainly for embossing (from the mid-19th to the mid-20th centuries). Its brief, heavy impact is ideal for shaping thin sheet gold using deep negative dies. The serial production of hollow, assembled pieces of jewellery allowed a lot of material to be saved, thus rendering representative jewellery with voluminous shapes affordable for the general public.

Embossing a piece of sheet metal perfectly requires a lot of skill and experience. If the metal is pressed too quickly into the desired shape, it will warp or fracture. So a very deep negative die cavity, which makes for a pronounced deformation, necessitates several auxiliary tools called intermediate dies, which the press operator creates from brass, lead or aluminium. The precious metal, which becomes harder as a result of the pressing process, is annealed and then quenched in water between the individual worksteps. Changing a drop hammer's tools is easy thanks to the clamping device incorporated.

The drop work consists of two vertical iron guides and a pulley attached between their upper ends. The rope running over the pulley holds the ram (35 kg), which is pulled up by muscle power. The positive die is fixed to the ram by means of the clamping device, and its counterpart, the negative die, is mounted on the anvil by means of clamping jaws. This ensures that the negative and the positive dies do not shift upon impact, but engage perfectly. A "stirrup" at the other end of the rope, into which the press operator has placed one of his feet, serves as a safety device. The ram's drop height is determined for each pressing operation by the presser's foot and arm.

For more examples and further information, see the chapters entitled:
B Pforzheim Revisited
C Technique and Documentation: pp. 107–109
D Library: pp. 136–137

The effect of the ram's weight is enhanced by the potential energy related to the drop height involved (max. 1.70 m). When the ram is dropped, this energy is converted into kinetic energy, which, in turn, is released upon impact as deformation energy, pressing the workpiece concerned into the negative die with a brief, heavy blow (at 20 km/h under ideal conditions). In physical terms, the deformation energy is described by the change in momentum, which is at its maximum right before the impact and nil after the impact. A drop hammer's deformation time is very short. How many worksteps and auxiliary tools are necessary depends on the negative die's depth and angles, as well as on the material involved and its thickness.

Sometimes, a positive die lacks a minimum of volume to press a metal sheet completely into the negative die and shape it perfectly, including the contours' finest details. This can be remedied by applying a few drops of water or oil on the negative die. An old hand may even use a bit of spittle to do the trick.

THE FOOT LEVER PRESS – PUNCHING

A foot lever or knee lever press is used for embossing or for punching small pieces out of sheet metal. The punch (the movable upper tool) and the female die (the fixed lower tool) have to engage perfectly without becoming wedged. The principle is the same as that employed in a paper puncher, only with more leverage force involved. The press operator treads on the lever with his/her foot, so that it swings backwards underneath the press and activates the punch, which then drops vertically between its guides into the female die, thus punching the sheet metal placed in between. The punched-out pieces fall through the hole in the female die and are collected in a drawer.

In serial production, an entire strip of sheet metal to be punched is placed between guides incorporated in the female die and fitted with a stopper, which engages with the hole punched during the previous operation, and determines the position of the next hole to be punched. A foot lever press is also used for embossing thin sheet metal. For this purpose, the pieces concerned must be cut precisely to size and positioned individually in the negative die. Working at a foot lever press requires the utmost concentration so as to avoid accidents. Operating a foot lever press was often a woman's job because it was not as physically strenuous as working at a drop hammer.

For more examples and further information, see the chapters entitled:
B Pforzheim Revisited
C Technique and Documentation: pp. 113–117
D Library: pp. 141

3D PRINTERS – 3D PRINTING

3D plastic printing is a revolutionary technology that originated in the 1980s. It enables freeform undercut-profile objects or closed flexible systems, such as a linked chain with a box clasp, to be created in one single piece. A 3D printer

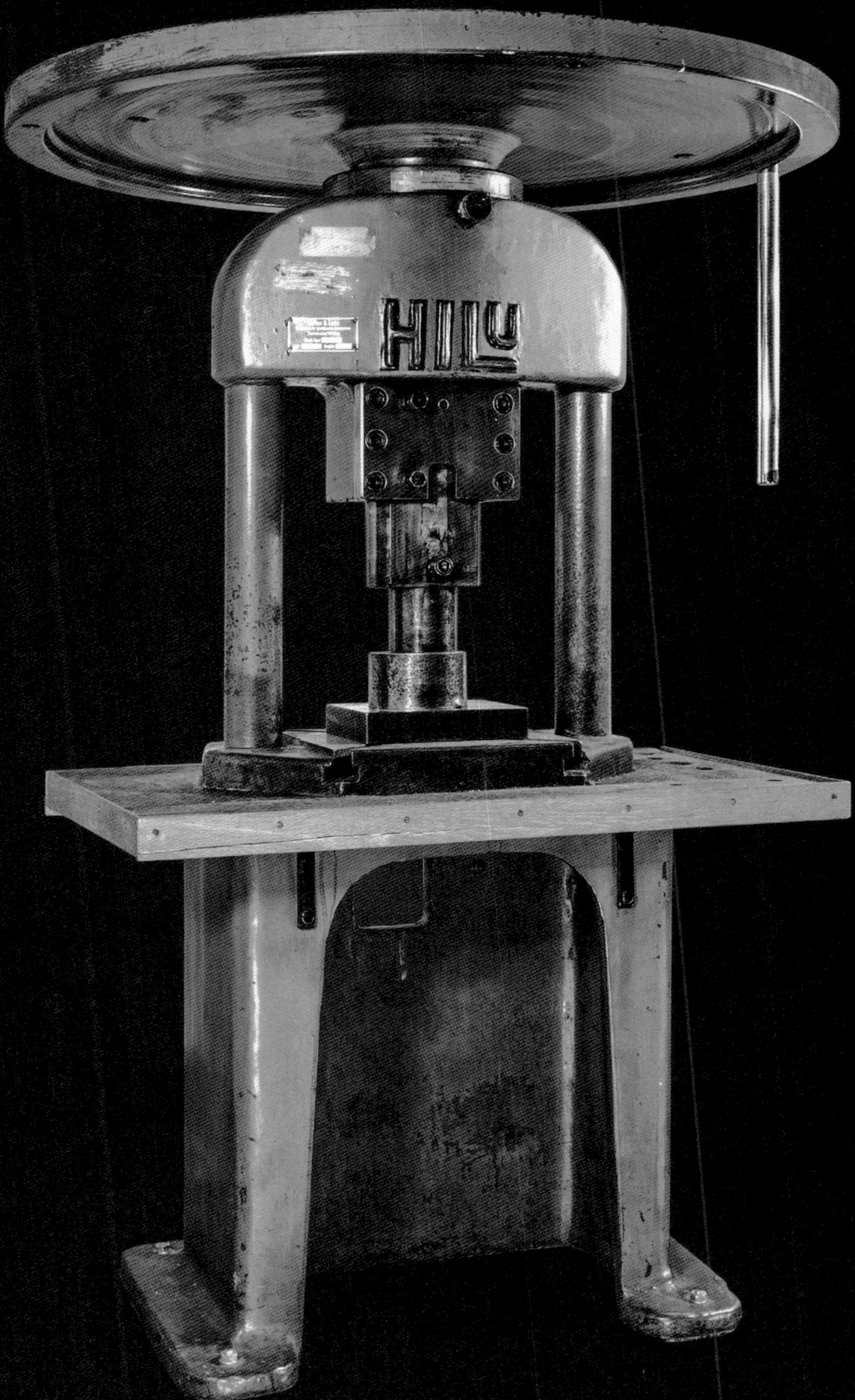

Die Spindelpresse
Screw press

works like an inkjet colour printer, but instead of ink it deposits successive layers of a special kind of plastic, thus creating the three-dimensional object that has been designed beforehand using a CAD programme. The most frequently used method is called fused deposition modelling. It uses the same principle as a hot-glue gun, i. e. melting a plastic filament and extruding strings of the molten material through a special kind of nozzle onto a baseplate. The extrusion mechanism's rate and the individual strings' widths must be set so as to allow a perfect fusing of the strings to produce a uniform surface. Each particular application requires a different, specific type of plastic.

For more examples and further information, see the chapters entitled:
B Pforzheim Revisited: pp. 66–67, 69, 70
C Technique and Documentation: pp. 120–123

Further developments of 3D printing include:

- The selective laser melting technique for precious metals to produce machine parts or jewellery
- The selective laser sintering technique for ceramic materials to create dentures
- Concrete printing, which is already being used to build entire houses

The method most frequently employed in the jewellery industry is a modified fused deposition modeling technique to print the model using a residue-free combustible wax. Supports for stabilising individual components are printed using a different kind of wax. After the printing process, the model and the attached supports are immersed in a special solution, which dissolves the supports completely so that only the model remains. It can then be cast in precious metal employing the lost-wax casting method. 3D printing is particularly suitable for creating elaborately designed one-of-a-kind pieces, models for subsequent mass production or auxiliary constructions for manufacturing tools. The technology involved is evolving rapidly and becoming more and more affordable.

THE SCREW PRESS – STAMPING

A screw press is used for stamping coins, and in the jewellery industry for shaping larger or thick-walled jewellery elements. Its spindle converts the flywheel's centrifugal force into a vertical movement that pushes downwards what is called a ram. This latter is fitted with a positive steel die for stamping the metal into the desired shape. There are two types of screw presses: the manual screw press, whose flywheel is driven by muscle power, and which is able to exert a compressive force of up to 30 tons. The second type is a motor-driven friction-wheel screw press. While a drop hammer is the ideal tool for embossing, the advantage of a friction-wheel screw press is the slightly longer-lasting and extremely high (100 tons and more) pressure it exerts on a workpiece, which enables thicker pieces of metal to be efficaciously pressed into the desired shape. Depending on which of the lateral friction discs is pressed against the flywheel, the ram with the positive die attached to it is either driven downwards so as to stamp the workpiece concerned, or returned to its rest position at the top. In principle, both machines perform the same job, but their maximum effective pressures are different. Fine-tuning a friction-wheel screw press's compressive force requires a lot of experience in order to achieve a good stamping result without breaking the negative die.

For more examples and further information, see the chapters entitled:
B Pforzheim Revisited
C Technique and Documentation: pp. 107–109
D Library: pp. 136–137

In the past, a friction-wheel screw press used to be driven by a transmission belt powered by water or steam. Nowadays, the flywheel is operated electrically.

The effective pressure depends on the flywheel's centrifugal force, the spindle's thread lead, and on proper lubrication.

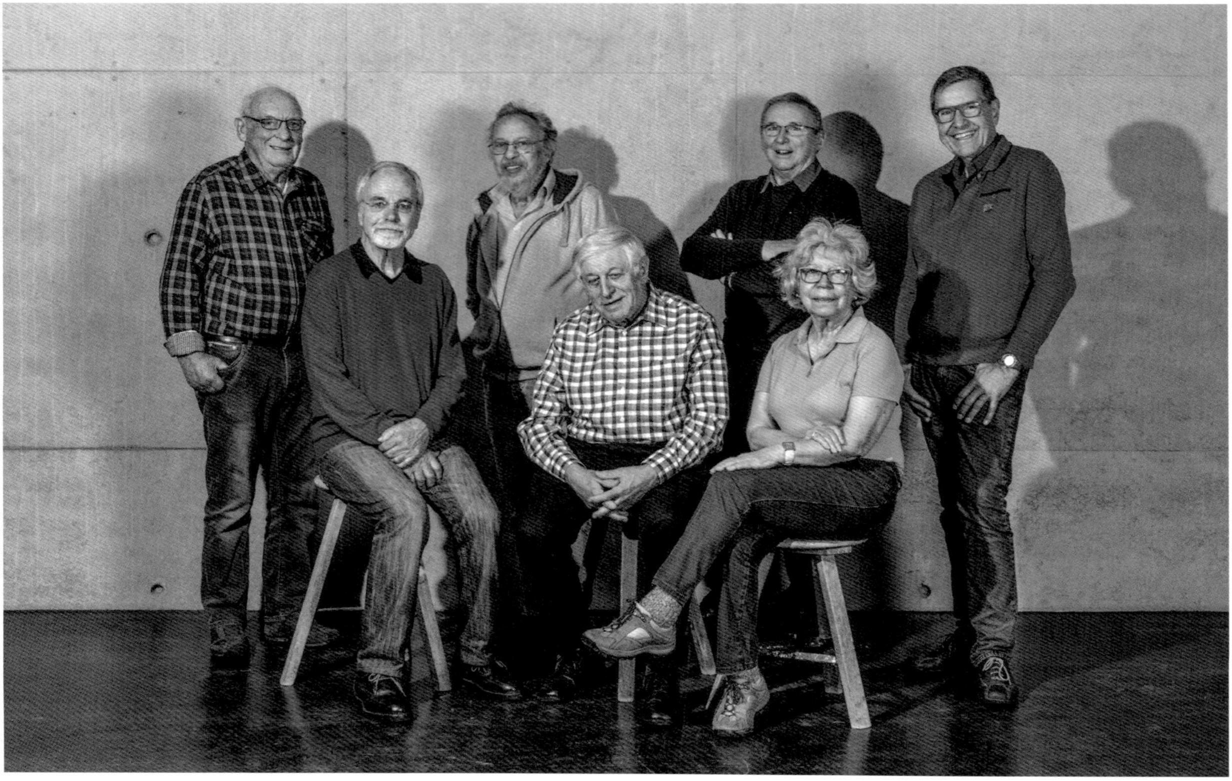

Von links nach rechts/from left to right: Elmar Schuster, Herbert Mutschelknauß, Werner Stierle, Walter Gräßle, Werner Wochele, Christel Stierle, Peter Stantscheff

INTERVIEWS

DIE MEISTER DER ARBEITSGRUPPE „SCHMUCK VERBINDET“ IM PORTRAIT, INTERVIEWS VON SANDRA PFÄFFLIN

„ES GIBT NICHTS, WAS MAN NICHT HINBEKOMMEN KANN.“

Egal aus welchem Bereich der Pforzheimer Schmuckindustrie die alten Meisterinnen und Meister der Arbeitsgruppe „Schmuck verbindet“ kommen: zusammen mit den Studenten des „Pforzheim Revisited“-Projektes tüfteln sie mit viel Spaß an Lösungen für eigentlich unmögliche Ideen.

Ob Walter Gräßle, Herbert Mutschelknauß, Elmar Schuster oder Werner Wochele – sie alle plaudern im Interview locker, kenntnisreich und vor allem höchst humorvoll über das, was sie seit Jahrzehnten fasziniert: Schmuck!

PORTRAITS

THE MASTER ARTISANS OF THE “JEWELLERY UNITES” WORKING GROUP, INTERVIEWED BY SANDRA PFÄFFLIN

“THERE’S NOTHING THAT CAN’T BE SORTED OUT.”

No matter which specialized activity the seasoned master artisans of the “Jewellery Unites” working group performed when they worked in Pforzheim’s jewellery industry: together with the students of the “Pforzheim Revisited” they have a lot of fun experimenting so as to come up with solutions for ideas that are essentially impossible to implement.

Whether it’s Walter Gräßle, Herbert Mutschelknauß, Elmar Schuster or Werner Wochele – in our interviews, they all talk informally, knowledgeably and above all very humorously about what has kept them fascinated for decades: jewellery.

Walter Gräßle

SCHMUCKPRÄGER/EMBOSSER

Geboren am 2. Juli 1941 in Niefern

1955	Lehre als Hohlpräger
1962	Arbeit in der Werkstatt des Vaters als Schmuckpräger
1964	Meisterprüfung
1967	Übernahme der Werkstatt

Born on 2 July 1941 in Niefern

1955	Trained as an embosser
1962	Worked as a jewellery embosser in his father's workshop
1964	Obtained his master embosser's certificate
1967	Took over his father's workshop

Sie arbeiten seit vielen Jahrzehnten als Präger und Presser. Ist das ein aussterbender Beruf?

Wahrscheinlich. Eigentlich will keiner mehr an den alten Maschinen arbeiten, das ist eine hohe körperliche Beanspruchung. Als ich gelernt habe, gab es am Fallwerk noch nicht einmal einen Motor. Und man muss natürlich ein Gefühl dafür haben, wie Metall sich verformt. Während meiner Lehre verarbeiteten wir beispielsweise Metall, das dünner war als Zeitungspapier. Wir haben daraus Heiligen-Medaillons gepresst, die mit Kitt ausgefüllt wurden. Da musste man schon genau wissen, was man tut, damit das Metall beim Verformen nicht reißt. Und es erstaunt mich immer wieder, wie sehr die Studenten gerade an diesen Techniken, an diesem Wissen interessiert sind.

Kann man diese Erfahrung so einfach weitergeben?

Viele Dinge macht man ja ganz automatisch. Ohne groß darüber nachzudenken. Man arbeitet ein Leben lang damit – und dann läuft das eben. Aber die Studenten haben sich sehr schnell eingearbeitet. Und dann vor allem das Pressen mit anderen Materialien ausprobiert. In meine Werkstatt kam einmal eine Studentin, die hatte Hasenfell zum Pressen dabei. Ich kenne mich mit Hasenfellen ja nicht so gut aus, aber sie hatte wohl ein Sommerfell erwischt – und das wurde dann eine ganz haarige Angelegenheit. Aber es ist immer ein schönes Erlebnis mit den jungen Leuten. Da bleibt man dann weiterhin kreativ – gerade auch bei schwierigen Prägeformen.

You've been working for many decades as an embosser and a presser. Is this a profession threatened with extinction?

Probably. Nobody really wants to work with the historical machines. This involves a lot of physical effort. Back when I trained as an embosser, a drop hammer didn't even have a motor. And, of course, you need to have a feel for how the metal changes its shape. During my apprenticeship, we worked with metal that was thinner than newspaper, for example. We used a press to shape it into medallions depicting a saint, which were filled with putty. So you needed to know exactly what you were doing so as to prevent the metal from breaking during the pressing process. I'm repeatedly amazed by how much the students are interested in these traditional techniques, in this particular knowledge.

Can this experience be simply passed on just like that?

There's a lot that you do automatically without thinking much. In fact this is how you do things your entire life – and it works. But the students have familiarized themselves very quickly with the traditional techniques and continued on to experiment using the press to shape other materials. Once a student came to my workshop and wanted to use the press to shape a rabbit pelt. I don't know much about rabbit pelts, but I think she brought a summer pelt – and the experiment ended up being a rather hairy affair. However, it's always a gratifying experience to work with young people. This keeps you creative – especially when it comes to complex embossing patterns.

Herbert Mutschelknauß

MASCHINENBAUMEISTER, FACHRICHTUNG KETTENMASCHINEN/
QUALIFIED MASTER MECHANICAL ENGINEER

Geboren am 20. April 1942 in Pforzheim

1956 – 59 Lehre als Werkzeugmacher und Maschinenbauer

1964 Meisterprüfung

Mit 17 Jahren zum ersten Mal Arbeit an einer Kettenmaschine

Herstellung von Werkzeugen für Kettenmaschinen und Mitarbeiterschulung bei weltweit führenden Schmuckketten-Herstellern

39 Jahre lang Mitarbeiter im Technischen Museum der Schmuck- und Uhrenindustrie Pforzheim

Born on 20 April 1942 in Pforzheim

1956 – 59 Trained as a toolmaker and mechanical engineer

1964 Obtained his master mechanical engineer's certificate

Started to work with a chain-making machine at the age of 17

Produced tools for chain-making machines, and trained staff at some of the world's leading jewellery chain manufacturers

Worked at the Technical Museum of Pforzheim's Jewellery and Watchmaking Industries for 39 years

Was fasziniert Sie seit über 50 Jahren an Kettenmaschinen?

Das fing früh an. Mein Vater wollte eigentlich, dass ich unseren Betrieb für die Herstellung von Gravier-Reduziermaschinen übernehme. Aber dafür hatte ich kein Gespür. Und dann habe ich eine Kettenmaschine bei einem Schulkameraden gesehen. Ich schaute den Mann an der Maschine an und dachte: Das muss ein Herrgott sein. Jemand, der mit solchen Fingern so winzige Werkzeuge herstellen kann! Dann war klar: das will ich machen. Bald habe ich festgestellt, dass es nicht nur Anker- und Panzermaschinen gibt – und es wurde immer interessanter. Schön war auch, dass ich für die Firmen, bei denen ich beschäftigt war, weltweit unterwegs sein durfte.

Ich habe die Kunden in Pforzheim und auch vor Ort ausgebildet, sodass sie die Kettenmaschinen bedienen konnten. Das war eine spannende Zeit. Auf den Messen habe ich dann die Konkurrenz kennengelernt – die Italiener. Die haben früher zum Teil Maschinen aus Pforzheim gekauft und kopiert; manchmal besser als wir sie hergestellt hatten.

Ich durfte auch nach Italien, um dort hochpräzise Kettenmaschinen für Pforzheim zu kaufen. Die Krönung war der „Blick ins Schlafzimmer", also hinter die Kulissen. Dort hat man mir dann die Entwicklungen von morgen gezeigt. In Pforzheim habe ich viele neue Arten von Ketten eingeführt, die Maschinen eingestellt und den Mitarbeitern gezeigt, wie man sie bedient. Und auch heute noch stehen uralte Kettenmaschinen bei mir zuhause. Die versuche ich, wieder zu richten – falls es zeitlich mal klappt.

Why have you been fascinated with chain-making machines for over 50 years?

It started rather early. My father wanted me to take over our pantograph engraving machine manufactory, but it didn't feel right for me. Then I saw a school friend's chain-making machine. I saw a man working at it and I thought, "This must be a god, because who else could produce such tiny tools with fingers like that?" I knew then for certain that this is what I wanted to do.

I soon found out that there were more machines other than just those manufacturing trace and curb chains – that's when things started to get really interesting. What I also really liked about my job was that the companies I worked for allowed me the opportunity to travel the world.

I trained customers in Pforzheim and at other localities in operating chain-making machines. This was a really exciting time. At trade fairs, I met competitors like the Italians. Some of them bought machines from Pforzheim and copied them – and sometimes the reproductions were even better than the originals produced by us.

I was actually sent to Italy to buy high-precision chain-making machines for Pforzheim. The highlight of the trip was the opportunity to take a look behind the scenes, where I was shown the latest developments for the future. I introduced many new types of new chains to Pforzheim. I'd adjust machines and demonstrate how to operate them to staff. I still have a few very old chain-making machines at home which I'm hoping to restore – if I ever get around to it.

Elmar Schuster

ZURICHTER, SCHMUCKPRÄGER/
JEWELLERY EMBOSSER

Geboren am 1. April 1936 in Ersingen
1950 – 53 Lehre als Schmuckpräger
Weiterbildung in verschiedenen Techniken der Schmuck- und Uhrgehäuseherstellung
Neuentwicklungen unter anderem bei der Herstellung von Armreifen und Scharnieren

Born on 1 April 1936 in Ersingen
1950 – 53 Trained as a jewellery embosser
Completed various specialized training courses in jewellery and watchcase manufacturing techniques
Introduced several new developments in manufacturing bracelets and hinges

Sie sind in unglaublich vielen Techniken firm. Wie wichtig war es für Sie, sich ständig weiterzuentwickeln?
Für mich war es selbstverständlich, immer wieder Neues zu entdecken und auf den Weg zu bringen. Der Chef kam oft mit einer Zeichnung und fragte, wie man das umsetzen könne. Dann habe ich es einfach probiert. Denn wenn man nichts probiert, kann man auch nicht sagen, das geht nicht. Daran hatte ich viel Freude. Ich fand es immer schwierig, wenn es hieß „das haben wir schon immer so gemacht". Denn mit solch einer Einstellung würden wir heute noch auf den Bärenfellen liegen.

Die Studenten fordern Ihren Ideenreichtum ja auch immer wieder heraus. Wie ist denn die Zusammenarbeit mit den jungen Leuten?
Ich lerne auf jeden Fall viel dazu. Da kommt man schon ins Staunen, was man alles mit unterschiedlichen Materialien machen kann, an die man zuvor gar nicht gedacht hat. Aber schön ist nicht nur das Umsetzen von neuen Ideen, sondern auch die Zusammenarbeit. Am Anfang war ich ein wenig skeptisch, wie das mit uns Alten und den jungen Leuten funktioniert. Aber ich bin positiv überrascht: So herzlich und respektvoll, wie das abläuft – das beeindruckt mich. Und das Strahlen der Studenten, wenn wir ihnen etwas Neues zeigen können. Oder besser gesagt, wenn wir ihnen die alten handwerklichen Techniken zeigen, die gerade bei kleinen Stückzahlen gut einzusetzen sind.

You're an expert in many different techniques. Was it always important for you to progress continuously in your professional development?
It was always important for me to try and discover something new and to put it into practice. My boss often approached me with drawings, asking me how this or that could be achieved. I would simply try things out, give them a go. Because if you don't – how can you know if it will or won't work? I enjoyed this process a lot. I always found it hard to accept when someone said, "that's the way we've always done it." Because with that sort of attitude humans would still be sleeping on bearskins.

So do the students repeatedly challenge your inventiveness? What's it like to work with young people?
I definitely learn a lot. It's really amazing to see what can be done with all sorts of materials that you haven't thought of before. What I also enjoy besides implementing new ideas is working together with them. At first I was a little sceptical as to how us old-timers and the youngsters would get along. But I was pleasantly surprised and deeply impressed with the affectionate and respectful interaction involved in our collaboration. I was delighted to see the beaming faces of students when we showed them something new or rather the traditional artisanal techniques particularly suitable for manufacturing small quantities.

Werner Wochele

MODELLGOLDSCHMIED, GOLD- UND SILBERSCHMIEDEMEISTER/
MODEL MAKER AND MASTER GOLD- AND SILVERSMITH

Geboren am 12. April 1946 in Pforzheim

1961 – 65	Lehre zum Juwelengoldschmied (1968 Meisterprüfung) und gleichzeitiger Besuch der Kunst- und Werkschule
1968	Kabinettmeister, Weiterbildung in verschiedenen Gießtechniken
1985	Aufbau einer eigenen Kollektion
1986	Selbständig im Bereich Echt- und Modeschmuck

Born 12 April 1946, Pforzheim

1961 – 65	Trained as a goldsmith specializing in gemstone jewellery Studied at the State Arts and Crafts School in Pforzheim, qualified master goldsmith (1968)
1986	Jewellery manufactory department supervisor, specialized training courses in various casting techniques
1985	Created his own collection
1986	Worked as a freelancer crafting genuine and costume jewellery

Sie sind mit 63 Jahren in Rente gegangen. Aber als Modellgoldschmied ist Ruhestand doch wohl ein Fremdwort?

Das stimmt, ganz aufhören kann ich nicht. Aber jetzt mache ich nur noch spannende Dinge. Ich stelle Modelle für verschiedene Firmen und Künstler her. Zum Beispiel von einer Ölplattform, von Kompressoren oder rekonstruierten historischen Münzen.

Kommt Ihnen da Ihre umfassende Ausbildung zugute?

Sicherlich – und das versuche ich, den Studenten des „Pforzheim Revisited"-Projekts auch weiterzugeben. Denn es reicht nicht aus, wenn man mit CAD und 3D-Drucker umgehen kann, man muss auch die alten Techniken und die handwerklichen Fertigkeiten beherrschen. Gerade wenn es Probleme beim Guss gibt, ist Erfahrung wichtig. Da kann ich Möglichkeiten aufzeigen, wie es doch gelingt. Für mich gilt: Es gibt nichts, was man nicht hinbekommen kann.

Beneiden Sie die Studenten manchmal ob ihrer Unbekümmertheit?

Ich finde vor allem ihre Experimentierfreude beeindruckend. Da können wir „Alten" noch etwas lernen. Beispielsweise kam ein Student auf die Idee, aus Asche Schmuck machen zu wollen. Das schien zuerst schwierig, aber dann haben wir es doch hinbekommen, indem wir das Material mit Kunststoff gebunden haben. Oder eine kam mit der Vorstellung, in ein T-Shirt ein Ornament aus Metall gleich einzuprägen. So brauchte sie keine extra Broschierung mehr dafür zu machen. Diese Herausforderungen sind immer wieder spannend – und bereichernd.

You retired at 63. Is being a pensioner a foreign concept for a model-making goldsmith?

Yes, that's right. I can't stop working altogether. But now I work only on things that interest me. I craft models for various companies and artists, of an oil platform or a compressor, for example, or I recreate historical coins.

Does your specialized training help when you do this kind of work?

Definitely. And I try to pass it on to the students involved in the "Pforzheim Revisited" project because it's not enough to only know how to use a CAD programme and a 3D printer. You need to have also mastered the traditional techniques and be thoroughly versed in the relevant artisanal skills. Experience is particularly important when you're faced with a casting process problem. With my knowledge, I can show them what can be done to still get it right. In my opinion, there's nothing that can't be sorted out.

Do you occasionally envy the students for being so carefree?

Above all else I'm impressed with their keenness to experiment. In this respect, we "old-timers" can still learn a thing or two. One student, for example, had thought of crafting jewellery from ash. This seemed to be difficult at first, but then we succeeded by bonding the material with plastic. Another student wanted to emboss a metal ornament directly onto a T-shirt so she didn't have to craft a pin and catch for it. Challenges like these are always exciting – and enriching.

THE MAKING OF

TECHNISCHE DOKUMENTATION AUSGEWÄHLTER SCHMUCKSTÜCKE

Hohlprägen
Fabian Jäger

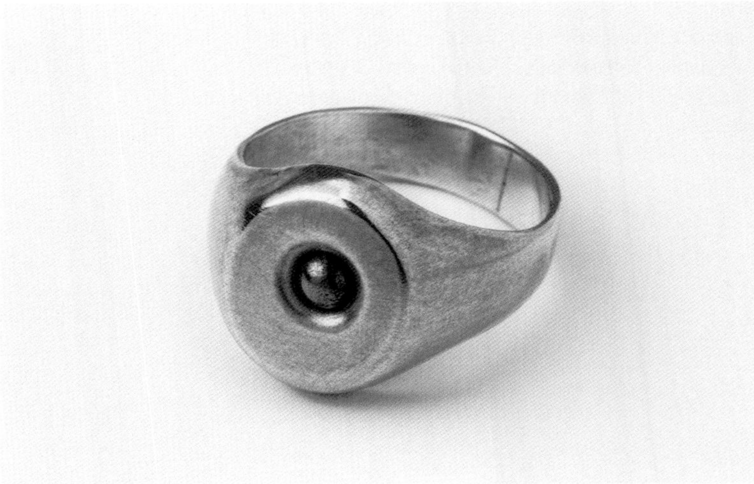

Fabian Jäger, „Fremdkörper", 2010, Silber, Edelstahlkugeln, 15×15×1 mm, S. 79

OBJEKT	Ring
MASCHINE	Fallhammer
WERKZEUG	Siegelring-Gesenk und Pfaff, PVC-Einlage
TECHNIKEN	Prägen, Löten, Versäubern
MATERIAL	Stahkugeln Durchmesser 5–6 mm Silber 1,0 – 1,2 mm Blechstärke
ZEITAUFWAND	5–8 Stunden pro Ring

Wie ein Edelstein ein Eyecatcher in jedem klassischen Schmuckstück ist, so wollte ich eine Stahlkugel als Highlight in einem silbernen Siegelring platzieren. Aber nicht mithilfe einer zusätzlich montierten Chaton- oder Zargenfassung, sondern allein durch die Verformung vom Silberblech zum Silberring. Ein „Fremdkörper" gefasst mit dem Fallhammer sozusagen.

Damit man die Kugel von außen und die Ausbuchtung der Kugel von innen sieht, ist der Ring nicht verbödet.

Die Schwierigkeit bestand darin, ein Material zu finden, welches weich genug ist, um das Gesenk vor dem Vermacken und die Stahlkugel vor Druckstellen zu schützen. Gleichzeitig durfte es auch nicht zu weich sein, sonst wäre die Ringform nicht richtig ausgeprägt worden.

1. Als erstes wird der Pfaff an dem Bären des Fallhammers und das Gesenk mit den Spannbacken auf dem Fallhammer-Amboss befestigt. Die Positiv- und Negativform des Ringgesenks müssen perfekt übereinander positioniert sein.

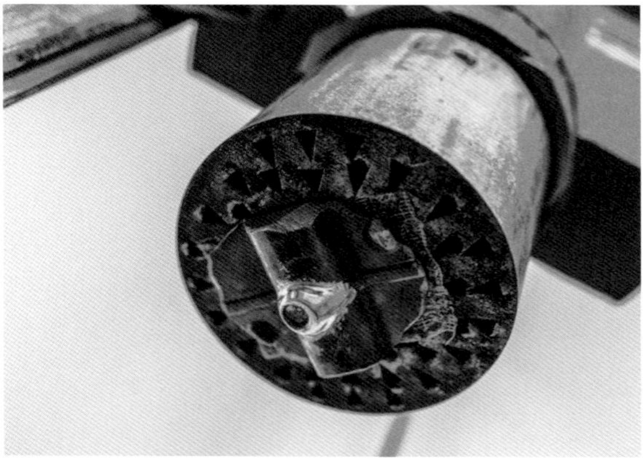

2. Ein Blechstreifen, der eine Materialstärke von 1,0 – 1,2 mm hat, wird so mit der Blechschere grob zurechtgeschnitten, dass er etwas breiter ist als die vertiefte Ringform im Gesenk. Links und rechts von der Ringform sollten ca. 5 mm überstehen, damit genug Material für das Umformen des Bleches zu einer dreidimensionalen Form vorhanden ist. Der Blechstreifen wird mittig auf dem Gesenk positioniert und mit viel Gefühl leicht in die Ringform geprägt.

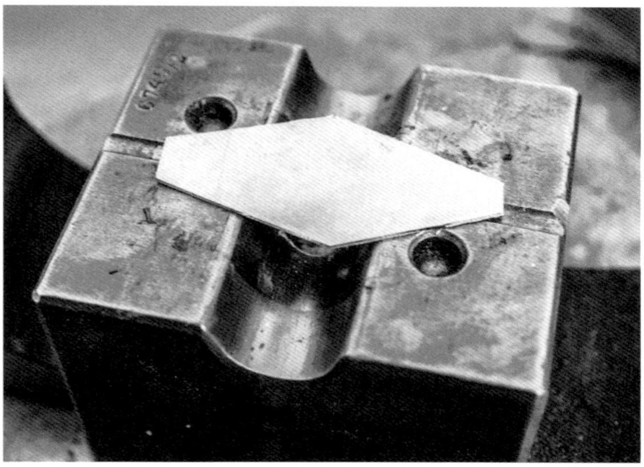

3. Im originalen Gesenk wurde der Ring mit dem Stahlpfaff sauber ausgeprägt, in der Form verrutschen kann er auch nicht mehr. Bevor man ans Eingemachte geht, sollte das Silberblech noch einmal gut geglüht und abgeschreckt werden, damit es wieder weich wird und sich besser in die Ringform schmiegen kann. Alle Edelmetalle sind kalt verformbar.

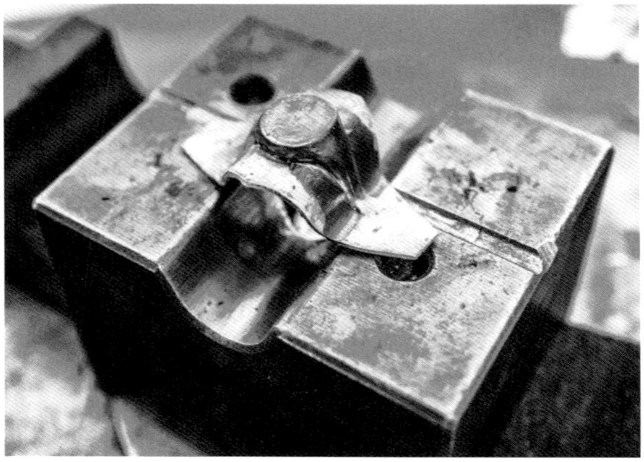

4. In den Ringkopf des Messingpfaffs wird eine kleine Vertiefung eingefräst, in die sich die Stahlkugel beim Einprägen schmiegen kann.

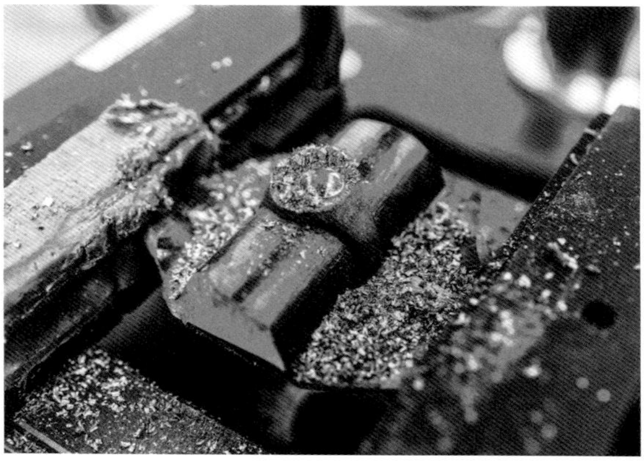

5. Mit dem bearbeiteten Pfaff aus Messing wird auch das Zwischengesenk hergestellt, dass für die Ausformung der Aufnahme im bereits vorgeprägten Ring benötigt wird.

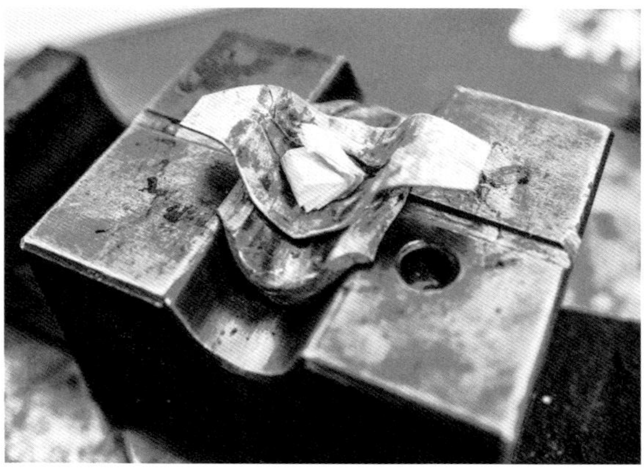

6. Mit dem Stahlpfaff wird ein weiteres Hilfsgesenk erstellt. Dieses zweite Hilfsgesenk dient nur dem Einprägen des Fremdkörpers. Das weiche Silber dient als Schutz für das Stahlgesenk und den Fremdkörper. Ohne diesen Schutz würden Gesenk und Kugel schaden nehmen. Dort, wo die Kugel positioniert war, sieht man genau wie sie sich ins Messing-Zwischengesenk abgedrückt und so das Originalgesenk vor Schaden bewahrt hat. In diesem Beispiel wird eine Stahlkugel eingeprägt.

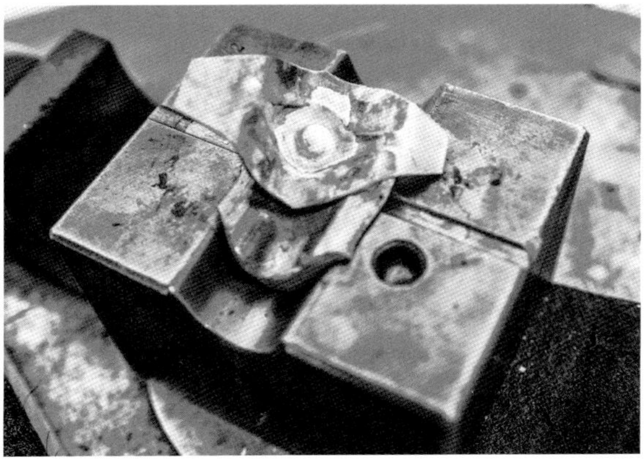

7. Um die Kugel sicher im Blech zu fassen werden noch zusätzlich mehrere Lagen Papier zwischen Pfaff und Blech gelegt. PVC, Linoleum oder Teppichboden würden ebenso funktionieren. Wichtig ist, das über das zusätzlich eingelegte Material die Verformungkräfte auch seitlich auf die Kugel wirken und das Silberblech sich, einer Fassung gleich, um das Objekt legen kann.

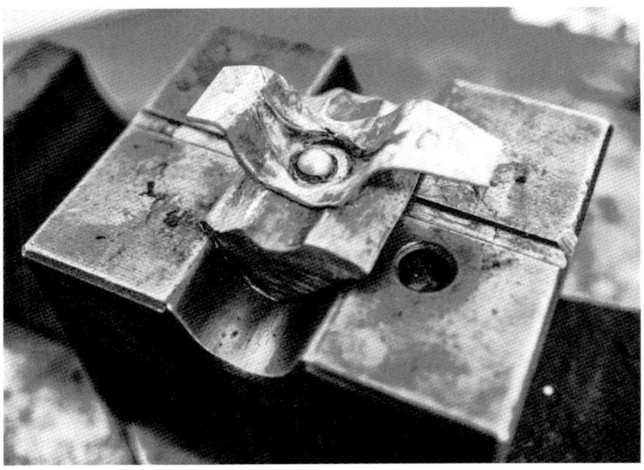

Nach dem letzten Prägevorgang sitzt der Fremdkörper (hier in Form der Stahlkugel) sicher eingeprägt auf der Tafel des Rings. Die eingezogenen Ränder um die Kugel erwecken dabei den Eindruck, als wäre sie sozusagen in den Ring hinein geschossen worden. Dadurch wird sichtbar, mit wie viel Kraft die Maschine diesen Ring erzeugt.

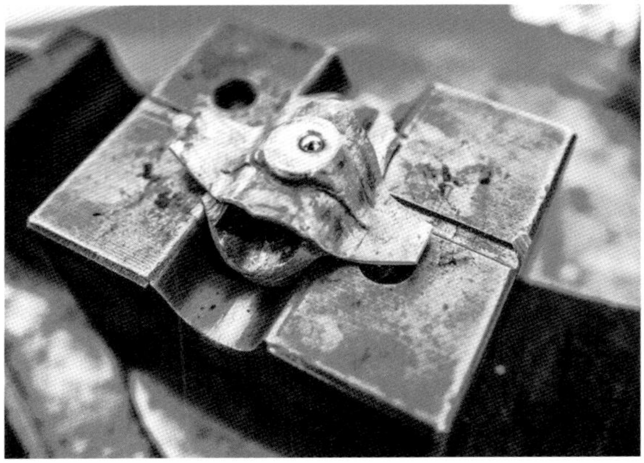

8. Auf diese Art wird ein „Fremdkörper“ ohne spezielle Fassung, allein durch den Prägevorgang für immer als Highlight im Ring gehalten.

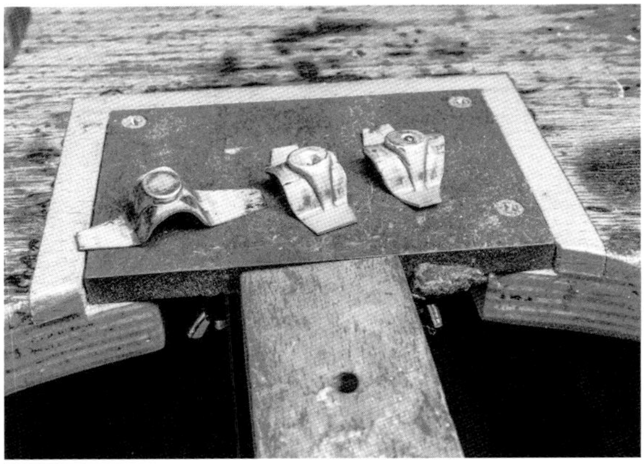

9. Das Prägen ist nun abgeschlossen. Die Enden der geprägten Silberblechstreifen werden auf ein Ringmaß gerichtet, zu einem Ring zusammen gebogen und verlötet. Das überstehende Blech an den Rändern des Ringes wird abgesägt und versäubert.

Stahlgravieren/ Prägen Eva Knoch

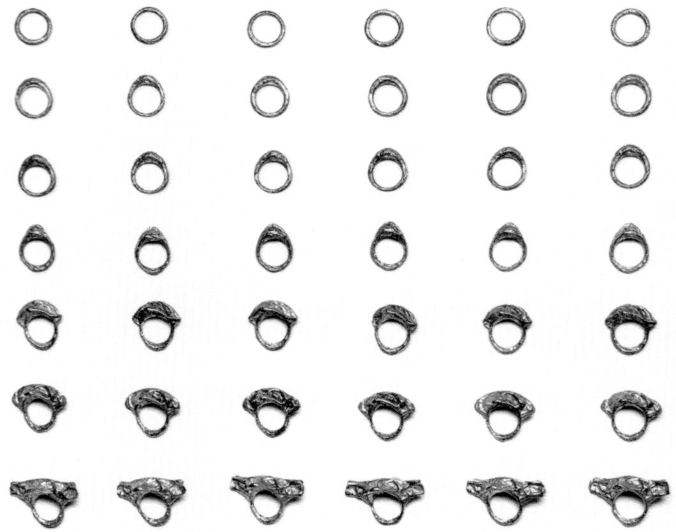

Eva Knoch, „1:42“, 2016, Stahlrohling, Messing, Lot, 20×20×5 bis 20×30×10 mm, S. 55

OBJEKT	Ring
MASCHINE	Spindelpresse
WERKZEUG	Stahlgravier-Meißel, Stichel, Fräser
TECHNIKEN	Stahlgravur, Hohlprägen, Sägen, Löten
MATERIAL	Stahlrohling Ø 50 mm × 17 mm, Messing, Silberlot L1 Gravierkugel, Rund- und Spitzmeißel, Gravierhammer, Zirkel, Plastilin
ZEITAUFWAND	80–90 Stunden

„1:42“ – Durch den Doppelpunkt wird ein Verhältnis, eine Beziehung der geprägten Ringe und der Ringgesenke zueinander ausgedrückt. Alle 42 Ringe der limitierten Kleinserie haben ihren Ursprung in einem Ø 50 mm × 17 mm Stahlrohling, in den die Prägeform für die Ringe gemeißelt wurde. In dem Gesenk werden halbe Ringe aus dünnem Messingblech geprägt. Die zwölf Hälften passen an den Kanten perfekt aufeinander, sodass sie zu sechs ganzen hohlmontierten Ringen zusammengelötet werden können. Aus der ersten Phase entstehen die Ringe, wie auf dem obigen Bild in der ersten Reihe zu sehen ist.

Das Abbild des Gesenks wird in jeder der sieben Phasen in den Ringen „festgehalten“. Nachdem eine Phase abgeschlossen ist, wird das Stahlgesenk unwiederruflich zerstört, indem ich die Prägeform tiefer meißle. In dieser neuen Form lasse ich die neuen sechs Ringe „wachsen“.

So sind die Ringe in ihrer jeweiligen Struktur und hohlen Form nicht zu reproduzieren und haben Unikatcharakter trotz der Verfahrensweise einer manufakturellen Massenproduktion.

1. Für die ersten Ringe reiße ich mit dem Zirkel zuerst Innen- und Außendurchmesser des Rings auf der Stahlform an. Im ersten Schritt nur ein wenig. Das Anreißen entfällt nach dem ersten Ring. Bei den Serien 2–7 zeichne ich nichts mehr vor. Es wird gemeißelt, bis Form und Struktur gefällt. Beim Meißeln muss der Winkel zwischen Meißel und zu bearbeitender Fläche < 90° sein und die Bahn des Hammers sollte orthogonal zum Meißel auftreffen.

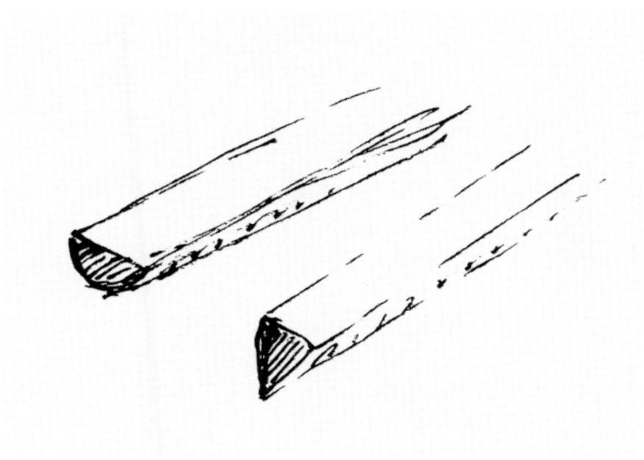

Meißelformen

Das Anschleifen der unterschiedlichen Meißel ist immer wieder erforderlich, da sie recht schnell stumpf werden. Mit Plastilin kann ich einen Abdruck der Gravur machen, um besser zu sehen, welche Struktur entstanden ist. Vorher muss aber unbedingt der Grat, der beim Meißeln entsteht, durch Feilen und Schmirgeln entfernt werden. Sonst besteht Verletzungsgefahr, wenn man das Plastilin mit dem Daumen in die Form drückt. Ebenso sollte man niemals mit den Fingern über die Form streichen, ohne den Grat entfernt zu haben. Die kleinen Späne tun höllisch weh, da sie sich gerne tief einbohren und schwer zu entfernen sind.

2. Um die Messingplättchen in die Stahlform pressen zu können, muss zuerst ein entsprechender Pfaff hergestellt werden. Dafür presse ich ein glühendes Stück Messing in das Gesenk. Im glühenden Zustand passt es sich am besten an die Form des Gesenks an, zeigt also ein sauberes Positivbild von der Negativform des Gesenks. An der Spindelpresse bekommt der Messingpfaff seine Prägung. Das Glühen und Pressen muss je nach Tiefe der Gravur im Gesenk mehrere Male wiederholt werden, bis der Pfaff das Gesenk völlig ausfüllt. Entsprechend der Materialstärke des Bleches, muss von dem Messingpfaff noch überschüssiges Material an den Kanten abgenommen werden, damit es besser in die Form „fließt“. Ohne diese Maßnahme würde das Blech an den äußeren Kanten zu sehr strapaziert und könnte reißen. Am Gesenk werden die Kanten rund gefräst.

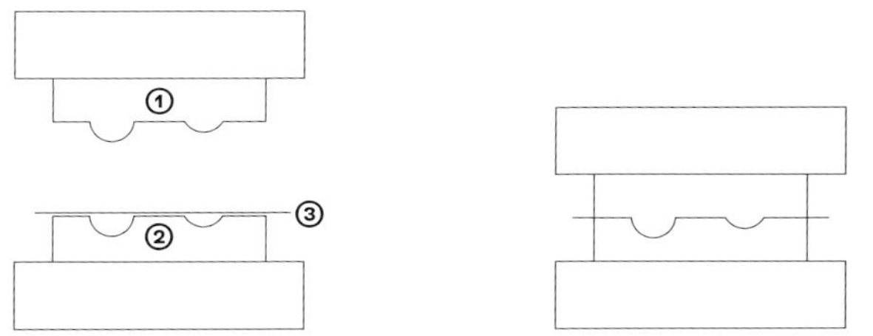

① Patrize/Pfaff, Positivform
② Gesenk, Negativform
③ Gerades Messingblech, zum Prägen auf dem Gesenk positioniert

Prinzip Hohlprägen in zwei Stadien

Pfaff und Gesenk werden passgenau aufeinander gelegt und mit doppelseitigem Klebeband an der Spindelpresse fixiert. So wird ein stets perfektes Aufeinandertreffen von Pfaff und Gesenk sichergestellt. Bei kleineren Gesenken funktioniert das mit Klebeband ohne Weiteres. Nun präge ich weitere zwölf Ringe, indem ich nach und nach die Messingbleche zwischen Pfaff und Gesenk lege und sie mit Schwung aufeinandersausen lasse.

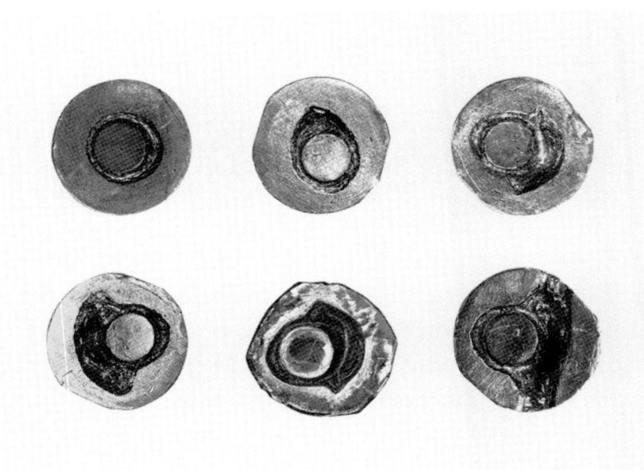

Phase 2 – 7 des Stahlgesenks

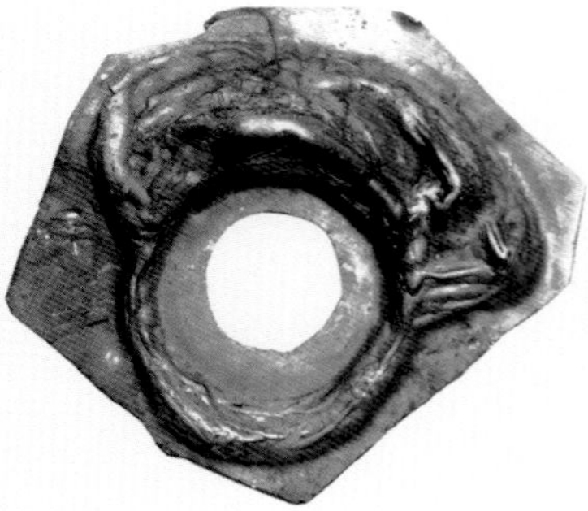

Prägung im Zwischenstadium, fünfte Phase

3. Zuletzt säge ich die Ringhälften aus und ziehe sie mit der offenen Seite nach unten auf einem Schmirgelpapier ab, bevor sie verlötet und versäubert werden. Die ersten sechs Ringe sind fertig! Es wird im gleichen Stahlgesenk weiter graviert – der Ring wächst. Der oben beschriebene Arbeitsvorgang wird bis zum Durchbruch des Gesenks wiederholt – bis je sechs Ringe in sieben Phasen des Gesenks entstanden sind.

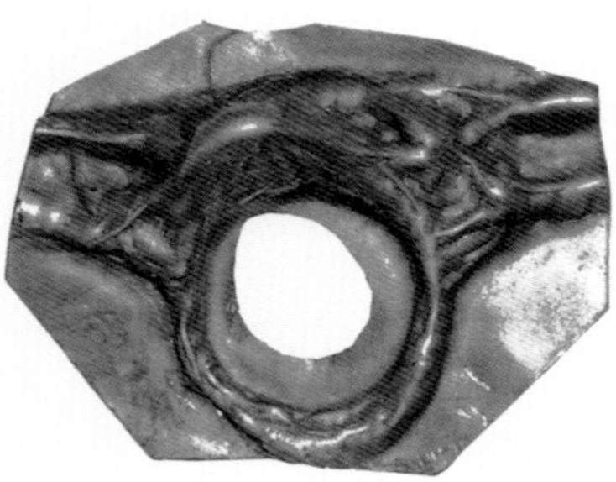

Vorteilhaft zugerichtetes Blech, siebte Phase

4. Je komplexer die gravierte Form ist, desto mehr Nacharbeit entsteht bei Gesenk und Pfaff. Kleinste Hinterschneidungen oder Grate im Gesenk, die man mit bloßem Auge nicht wahrnimmt, hinterlassen Risse in den ersten Probeprägungen. Mehrfaches Ausbessern ist erforderlich. Dieses Problem zeigte sich etwa ab der vierten Serie. Je tiefer das Gesenk ist, desto mehr Zwischenschritte bedarf es beim Pressen. Bei der ersten Prägung führe ich den oberen Stempel der Presse (an ihm der Pfaff) sehr kontrolliert auf das Blech, sodass der Pfaff sich nur ganz und vorsichtig in das Blech eindrückt.

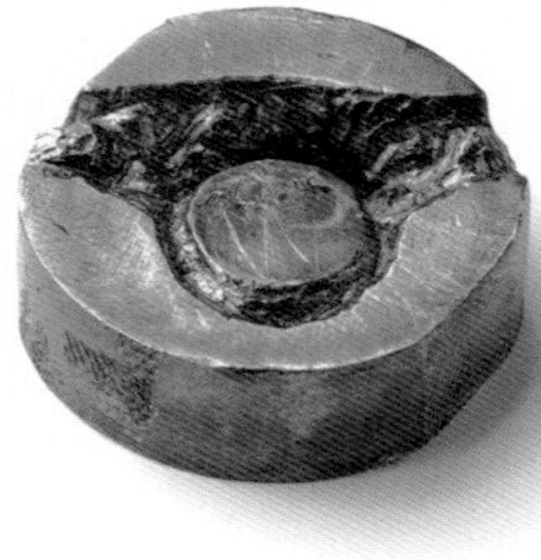

Ausgemeißeltes Stahlgesenk für die siebte Phase

Das Blech wird zwischengeglüht. Beim nächsten Pressen (immer noch behutsam) drückt sich der Pfaff schon etwas weiter in das Messingblech hinein.

Erneutes Zwischenglühen. Dieser Vorgang wird weitere zwei Mal wiederholt, bis die Presse schließlich ungebremst arbeiten kann, ohne dass das Blech zu zerreißen droht. Den Pfaff einzufetten, wirkte dem Problem des Verhakens oder Festsaugens des Pfaffs am Blech entgegen. Auch vermindert das Fett, dass das Blech Risse bekommt.
Ab der vierten Serie war das Fett als unterstützende Maßnahme unabdingbar.

Was das Material außerdem entlastet und somit Rissen vorbeugt, ist, das Blech so klein wie möglich zuzurichten. Also z. B. in der Mitte ein Loch einzusägen oder darauf zu achten, dass kein Blech über das Gesenk heraussteht.

Guillochieren
Rosa Hirn

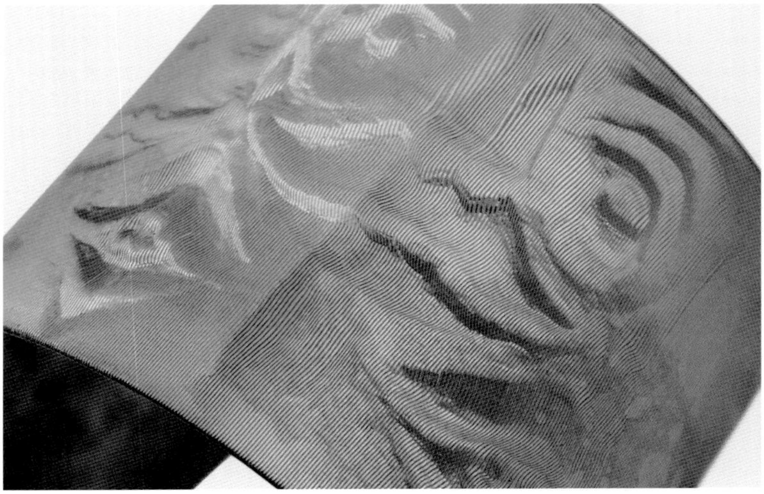

Rosa Hirn „Guillochierte Gesichter", 2014, Kupfer, 100×200×1 mm, S. 72

OBJEKT	Halsreif
MASCHINE	Guillochiermaschine, Geradzug
WERKZEUG	Vorlage, Abtaster aus Aluminium, Schablone aus Hartkunststoff
TECHNIKEN	Guillochieren, Fräsen
MATERIAL	Kupfer, Epoxidharz
ZEITAUFWAND	5–8 Stunden ohne Entwicklung

Das Guillochieren will ich auf meine eigene Art nutzen, indem ich mich von den gängigen Wellen- oder Zickzack-Musterpatronen löse. Sie haben zwar ihren Reiz durch ihre unendliche Kombinationsvielfalt, aber ich werde meine ganz eigenen Muster entwickeln.

Die Patronen, die als Schablone für die Muster dienen, haben – vereinfacht ausgedrückt – Höhen und Tiefen. Diese werden mit dem Patronen-Touche abgetastet und als Muster 1 : 1 auf das Werkstück übertragen. Meine „Muster" sind abstrahierte Gesichter den warum sollte man immer auf die altbewährten klassischen Muster zurückgreifen? Aus den mit Gesichtern guillochierten Blechen will ich Halsreifen herstellen. Diese werden von der Trägerin direkt unter ihrem Gesicht getragen, sodass ein weiteres guillochiertes Gesicht den Betrachter irritiert.

1. Ich fing an, plakative Gesichter als Schablonen herzustellen. Die Herausforderung war ein Material zu finden, welches gut zu fräsen und dennoch hart genug ist, dem Druck des Patronen-Touches standzuhalten. Ich probierte es mit Holz, Kunstoff und Aluminium als Patronen-Touche. Parallel dazu auch die Verträglichkeit vom Touche auf unterschiedliche Materialien für die Patrone. Messingabtaster auf Aluminium hat sich nicht bewährt. Am Ende hat die Kombination Hartkunststoff und Aluminiumabtaster am besten funktioniert. Einen Abrieb gibt es trotzdem, die Schablonen muss man nach mehrmaligem Benutzen nachfräsen oder eine komplett neue herstellen.

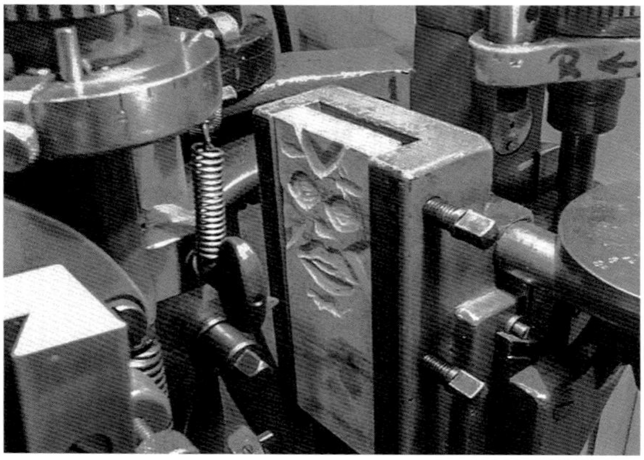

2. Klassischerweise ist die Patrone aus gehärtetem Stahl und der Patronen-Touche aus Stahl, sodass sich nur der Touche mit der Zeit abnutzt. Dieser lässt sich aber wesentlich einfacher nachschleifen als die Musterpatrone.

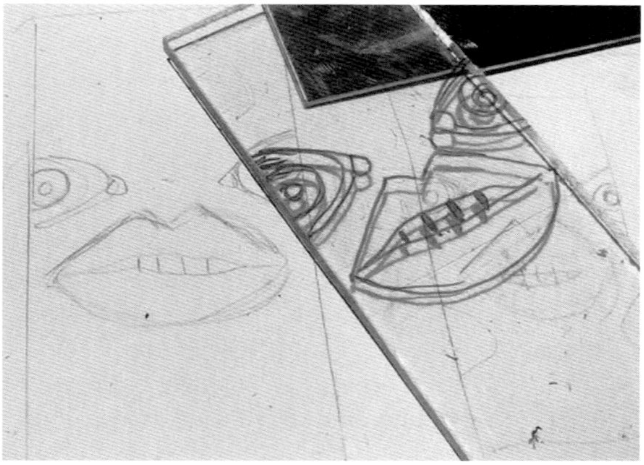

Skizzierte Linien auf Plexiglas zum Fräsen

3. Um Millimeter für Millimeter meine Musterpatrone abzutasten, muss ich den Patronenstock nach jeder guillochierten Linie ein kleines bisschen verschieben. Die ersten Ergebnisse waren noch sehr unsauber, weil der Patronen-Touche und die Patrone zu viel Reibung hatten. Für meine ersten Patronenversuche habe ich ganze Gesichter in die Patrone gefräst, also stereotype Gesichter, bestehend aus zwei Augen und einem ganzen Mund.

4. Mit mehr Erfahrung habe ich mir eine Hälfte des Gesichtes gespart, da sich durch das Vor- und Zurückabtasten der Patrone ein vertikal gespiegeltes Bild ergibt. Erste Ergebnisse, die Linien sind noch sehr unsauber. Durch mehrmaliges Vor- und Zurückfahren auf der Vorlage ensteht ein sich wiederholendes Muster auf dem Werkstück, da das Muster horizontal gespiegelt wird. Auf der Schablone sind nur zwei halbe Gesichter eingefräst, aber durch das Vor- und Zurückabtasten werden die Gesichter vollständig. Während des Stipendiums im Deutschen Technikmuseum in Berlin war es eine weitere Herausforderung, sich bei laufendem Museumsbesuch auf das Guillochieren zu konzentrieren. Wenn ich bei der Arbeit kurz überlegen musste und mich dann wieder bewegte, erschreckten sich nicht selten die Besucher, weil sie mich für eine Demonstrationspuppe in der Museumsabteilung „Schmuckproduktion“ hielten.

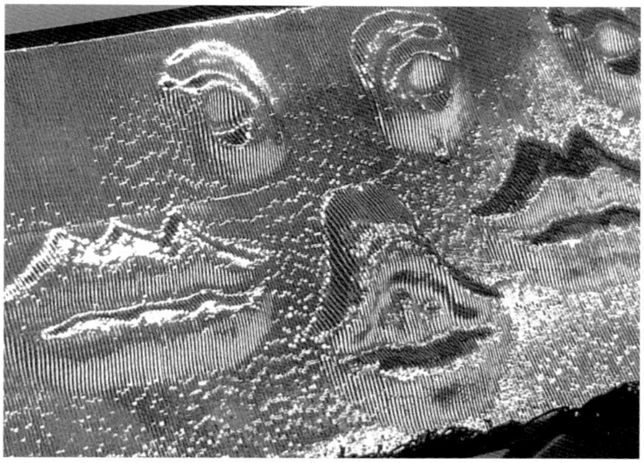

5. In jedem Halsreif steckt viel Vorarbeit, da ich das richtige Material und die Materialkombination erst herausfinden musste. Dafür geht aber die Herstellung eines Halsreifs relativ schnell, da ich keinen Verschluss benötige. Das guillochierte Blech wird auf Maß zurechtgesägt und an den Kanten versäubert. Damit das Kupfer nicht beim Tragen Grünspan ansetzt, habe ich den Halsreif zu guter Letzt noch mit einem Anlaufschutz überzogen.

Guillochieren
Frieda Dörfer

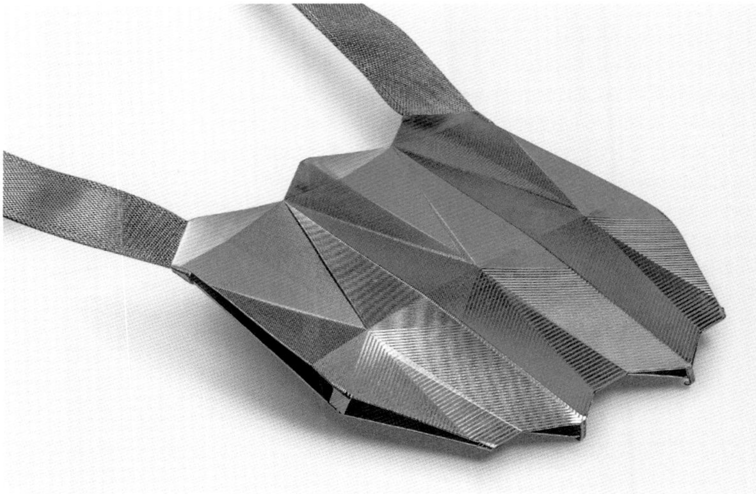

Frieda Dörfer „Terror Vacui", 2013, Messing, Roségold plattiert, guillochiert, montiert, 250×150×20 mm, S. 57

OBJEKT	Kette
MASCHINE	Guillochiermaschine, Geradzug, Tischkreissäge
WERKZEUG	Zickzack-Patrone mit 2 cm Teilung
TECHNIKEN	Guillochieren, Einfräsen, Umbördeln, Löten
MATERIAL	Messing, Roségold plattiert, Milanais Band
ZEITAUFWAND	50 Stunden

Damit sich das guillochierte Ornament so prächtig wie möglich entfalten kann, braucht es meiner Meinung nach eine gewisse Fläche, auf der es sich ausbreiten kann. Speziell bei einer großen Zickzack-Patrone mit einer Teilung von 2 cm ist der 3D-Effekt auf einer großen Fläche umso beeindruckender.

Bei diesem Guillochemuster ist es unerlässlich, dass der Transport – der Abstand von einer Linie zur nächsten – immer gleich bleibt. Im Gegensatz zu anderen Mustern, denen es wohl bekommt, wenn sich guillochierte und blanke Flächen abwechseln. Oft verleiht es dem Ornament einen gewissen lebendigen Rhythmus.

Damit aber die dreidimensionale Wirkung der guillochierten Rauten entstehen kann, müssen die Linienzwischenräume immer den gleichen Abstand zueinander haben.

DIE GERADZUG-GUILLOCHIERMASCHINE

Die Guillochiermaschine ist ein recht komplexes System mit all ihren Hebeln und Einstellungsmöglichkeiten. Mit Hilfe von Musterschablonen (Patronen) werden Ornamente auf die Oberfläche des Schmuckstückes graviert. Das Guillochieren der unzähligen einzelnen Linien erfordert viel Geduld und Konzentration. Bei einem einzigen Fehler im Muster ist die Arbeit umsonst gewesen.

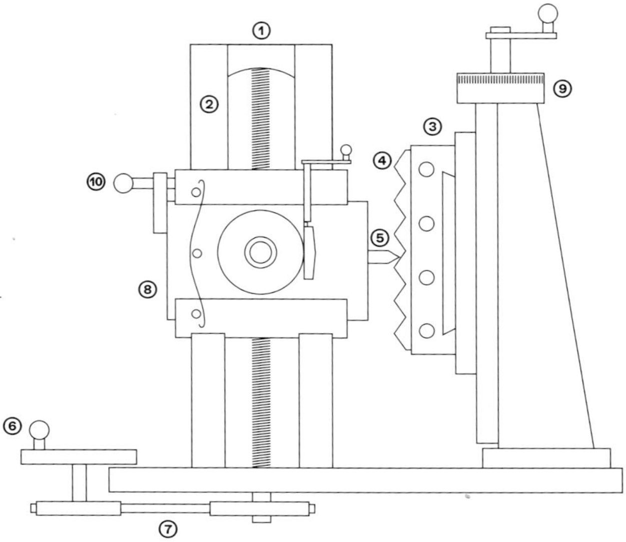

① Längs- oder Höhenschieber
② Führungsschiene
③ Patronenstock
④ Patrone/Musterschiene
⑤ Patronen-Touche
⑥ Handantrieb
⑦ Antriebsriemen
⑧ Querschieber
⑨ Teilapparat / Verzug
⑩ Anschlagschraube

1. Das Messingblech (0,8 mm) wird in den Kreuzschieber der Guillochiermaschine eingespannt. Der Stichel wird an den linken Rand des Bleches positioniert. Nun wird das Blech senkrecht ausgerichtet, die zu guillochierende Fläche definiert und die Zickzack-Patrone in den Patronenstock eingespannt.

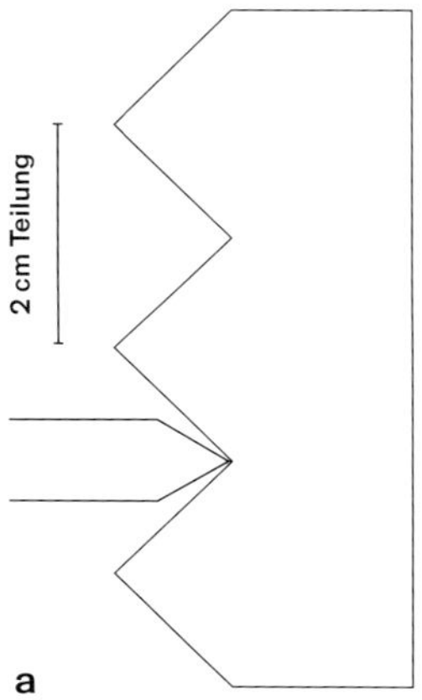

a

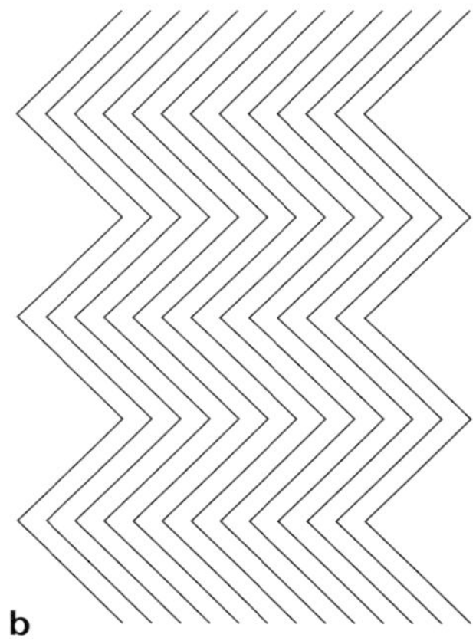

b

a Für jede Guillochelinie wird die Zickzack-Patrone abgetastet. Indem die Anschlagschraube gegen den Uhrzeigersinn um zwei Zahlen verstellt wird, wird verhindert, dass der Touche die Zickzack-Patrone bis zur tiefsten Stelle abtastet.

b Wird nur der Stichel schrittweise auf der x-Achse leicht versetzt, so entsteht ein Muster aus parallelen Zickzack-Linien.

c Nach jeder Linie wird der Touche mehr blockiert, sodass dem anfänglichen Zickzack-Muster immer mehr die tiefen Zacken fehlen, bis der Touche die Patrone gar nicht mehr berührt und nur noch ein „Faden", ein Strich bleibt.

Nun geht alles in die entgegengesetzte Richtung. Und immer so weiter hin und her vom Zickzack zum Faden und wieder zurück, bis das Blech vollständig ornamentiert ist.

Aufpassen muss man hier, dass man beim Verstellen der Anschlagschraube die korrekte Uhrzeigerrichtung beibehält.

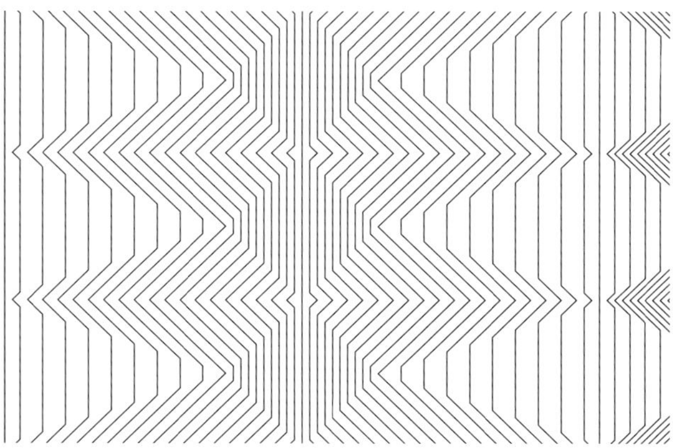

c

Tipp: Um sich besser die aktuelle Drehrichtig der Anschlagschraube zu merken, hilft es, sich einen Stift oder Ähnliches als Zeiger hinzulegen (mUZ = mit dem Uhrzeigersinn, gUZ = gegen den Uhrzeigersinn).

2. Die Kette soll beidseitig tragbar sein und auf jeder Seite ein etwas anderes Muster haben. Sie besteht aus zwei guillochierten Blechen, die mit Falzen verbunden sind und einen Hohlraum bilden. Um die richtige Form für den Anhänger zu finden, übertrage ich das vereinfachte Guillochemuster auf Papier und entwickle eine Abwicklung, die auf das Muster zugeschnitten ist.

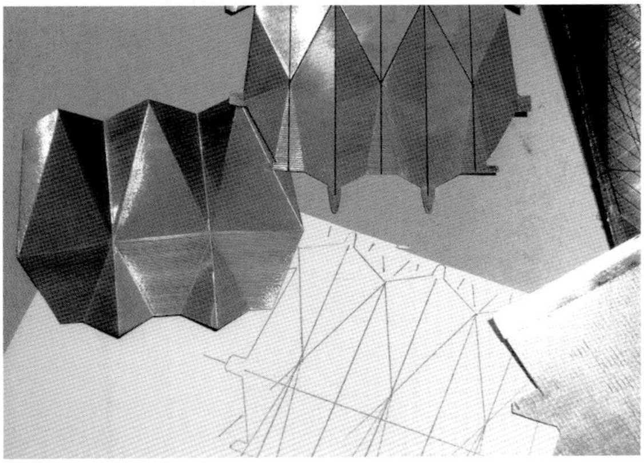

3. Mit einem Filzstift übertrage ich die Papierabwicklung auf das guillochierte Blech und säge es per Hand aus. Um die räumliche Wirkung des Guillochemusters zu verstärken, werden auf der Rückseite der beiden Bleche mit einer Tischkreissäge Linien eingefräst, sodass das Blech gezielt geknickt werden kann.

4. Damit die Milanaisebänder sich schön um den Hals legen, habe ich drei Verbindungselemente integriert, wobei sich unter einem der Kettenverschluss versteckt.

5. Zum Schluss wird alles verbunden, versäubert und mit der sehr feinen Messingbürste blank gebürstet, damit die Kette galvanisch Roségold plattiert werden kann. Und dann ist sie fertig.

Stanzen Guillochieren/ Stephanie Hensle

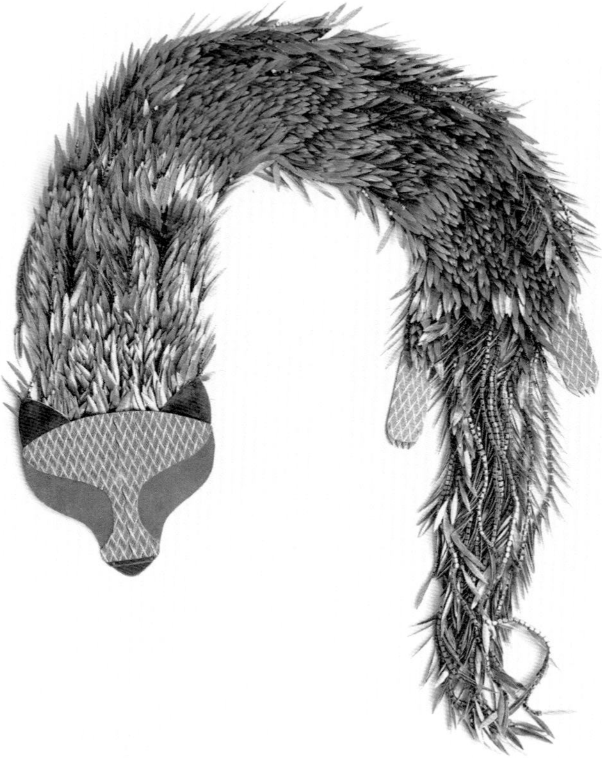

Stephanie Hensle, „Fuchs-Stola", 2012, Messing, 120×25×2 cm, S. 73

OBJEKT	Eine bewegliche Fuchs Stola aus Stanzteilen
MASCHINE	Guillochiermaschine (Geradzug), Stanze, Poliermaschine
WERKZEUG	Stanzwerkzeug für ein Ohrringteil
TECHNIKEN	Guillochieren, Stanzen, Löten, Nieten, Sägen, Fassen, Polieren
MATERIAL	Messing
ZEITAUFWAND	Ca. 100 Stunden

Meine Idee war, eine bewegliche Fuchs-Stola aus hunderten von einzelnen Stanzteilen anzufertigen. Fuchskopf und Pfoten sollten aus relativ dickem, guillochiertem Blech sein, sodass sie einen schönen Kontrast zu dem feingliedrigen Fell bilden.

1. Im ersten Schritt fixierte ich ein 0,3 mm dünnes Messingblech mit doppelseitigem Klebeband auf einem dickeren Blech, damit sich das Blech überhaupt guillochieren lässt. Eigentlich sollte man nicht unter eine Materialstärke von 0,7 mm gehen, da sich sonst durch den Druck des Stichels beim Schneiden der Linie das Blech durchbiegt und der Glanzschnitt unsauber wird.

2. Das Stanzwerkzeug wird in die Kniehebelpresse eingespannt. Stempel und Matrize müssen einwandfrei ineinanderlaufen ohne zu verkanten. Das Prinzip Stanzen funktioniert wie bei einem

Locher. Der Stempel wird über einen Hebelmechanismus mit dem Fuß betrieben, sodass er in seiner Führung vertikal in die Matritze saust und dabei das Blechstück ausstanzt.

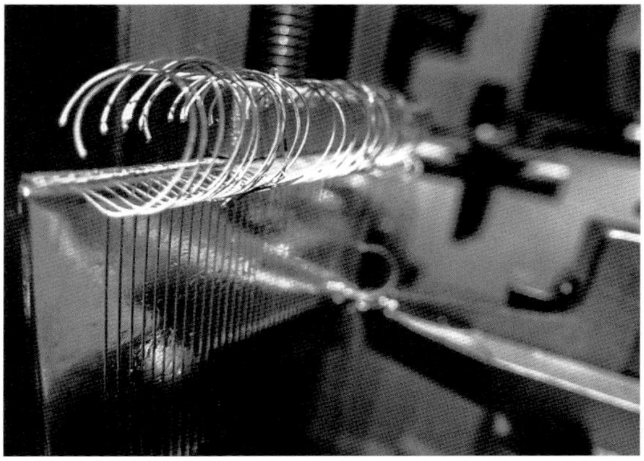

3. Die dünnen guillochierten Messingbleche richte ich auf Maß, sodass die 2 cm breiten Zuschnitte am laufenden Meter durch das Stanzwerkzeug geschoben werden können. Ursprünglich war die Stanzform nicht für eine Fuchsfellimitation gedacht, sondern für Ohrringe.

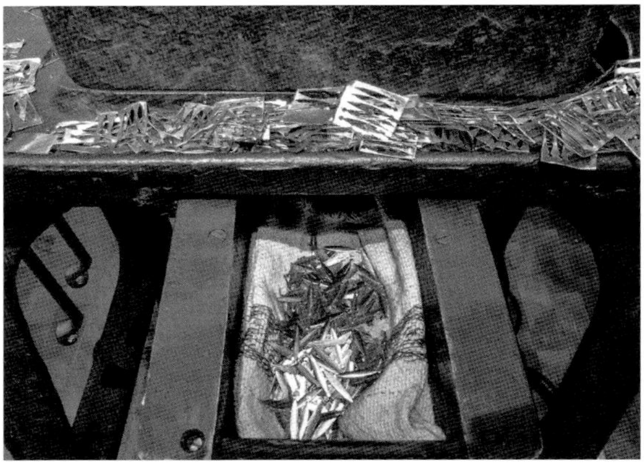

4. Die ausgestanzten Teile fallen in eine Auffangschublade unter dem Aushauer. Der Nachteil an der Stanztechnik ist der hohe Materialverschleiß, der Vorteil die enorme Arbeits- und Zeitersparnis. Für das Fuchsfell brauche ich 3000 Teile, damit es über die Schultern gelegt werden kann und die Form behält.

5. Nach langer Recherche fand ich die Lösung zur Befestigung der "Fuchshaare". In die Kesselkette (siehe Grafik c), die aus lauter Fassungen (für Steine) besteht, wollte ich die Ohrringstanzteile fassen.

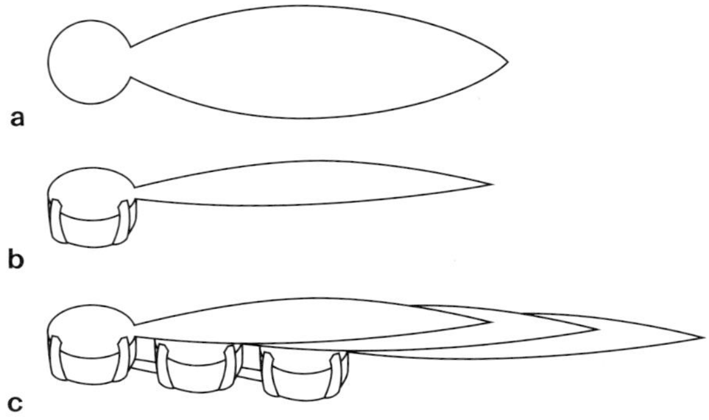

6. Die 33 Kesselketten wurden nebeneinandergelegt und an sechs Querstreben verlötet. Auf diese Weise bleiben die Ketten in Form und schmiegen sich wunderbar flexibel um Hals und Schultern. Schwierig war es, die Kettenenden in einer Art Klammer zu verlöten und diese dann mit dem Fuchskopf zu vernieten.

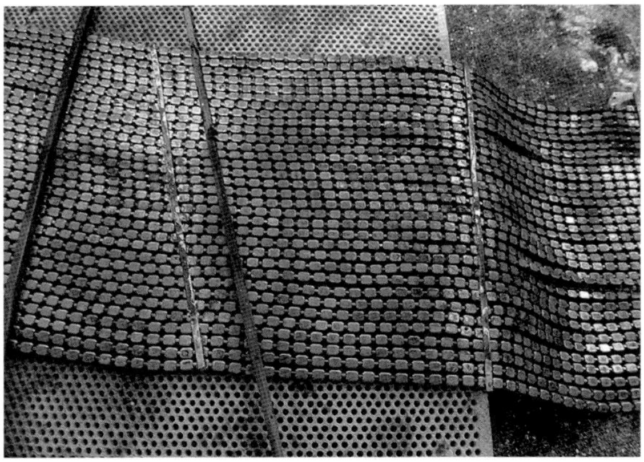

7. Der Fuchskopf und die Pfoten sind aus guillochiertem und poliertem Blech, welche mit Nieten miteinander und mit den Kesselketten verbunden sind.

8. Die Herausforderung war, dass die runden Köpfe der Fuchshaare (Stanzteile) minimal zu klein für die Fassungen der Kesselketten waren. Deshalb musste ich alle 3000 Fuchshaare vorsichtig einzeln per Hand etwas breiter schmieden.

Neue Techniken/ Prägen Andi Gut

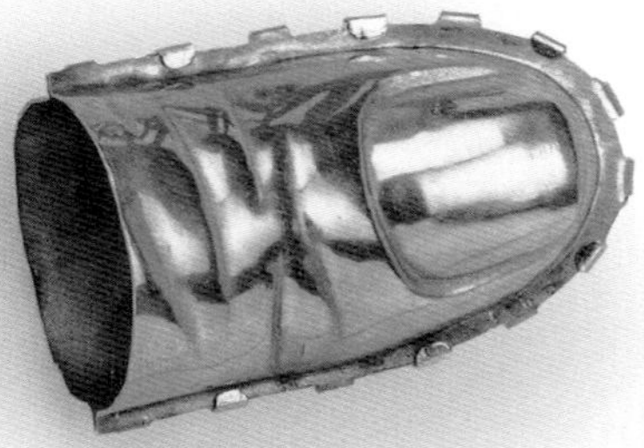

Andi Gut, „Elmars Daumen", 2016, Silber, Edelstahl, 70×20×20 mm, S. 68

OBJEKT	Brosche aus Messing oder Silber
MASCHINE	Handhebel, Fusshebel oder Spindelpresse
WERKZEUG	Goldschmiedesäge, Feilen, Zangen
TECHNIKEN	Prägeformen-Herstellung, Pressen, Goldschmiedetechniken
MATERIAL	Feilwachs, Plastilin, Rohrabschnitt aus Eisen, Gießharz, Rencast CW 2481 – 1 Härter: HY 5160, Messing (Silber AG925), Stahl für Broschierungsnadel
ZEITAUFWAND	Pressform und Prototyp: 12 Stunden Produktion: 2 Stunden pro Stück

Die Brosche ist ein symbolischer Ersatz für Elmars linken Daumen. Hergestellt mit derselben Technik, durch die er ihn während seiner Ausbildung verloren hatte.

Elmars verbliebenen Daumen habe ich abgeformt und als Anhaltspunkt genommen, um das fehlende Exemplar aus Feilwachs zu modellieren. Danach habe ich ihn möglichst sauber auseinandergesägt. Der Verlust durch den Sägeschnitt ist willkommen, da bei der Umsetzung im Metall die Blechstärke dazukommt.

Damit sich die beiden Hälften ohne Probleme abformen und sich danach die Form ohne Hinterschneidungen prägen lässt, verläuft die Trennung in einem Bogen. Wenn die Form sich nicht von einer planen Fläche erhebt, nennt man dies eine Prägeform mit „bewegtem Grund".

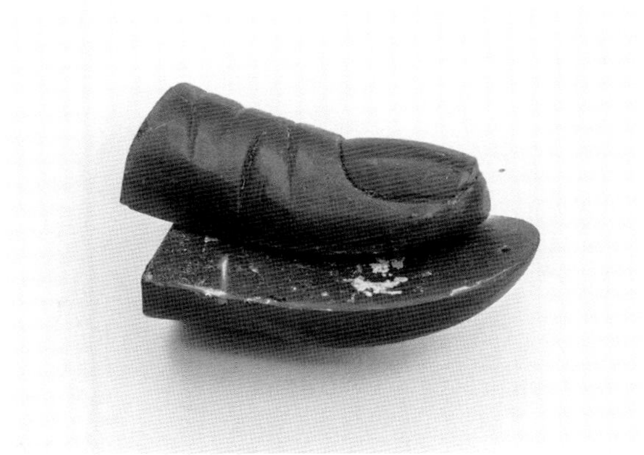

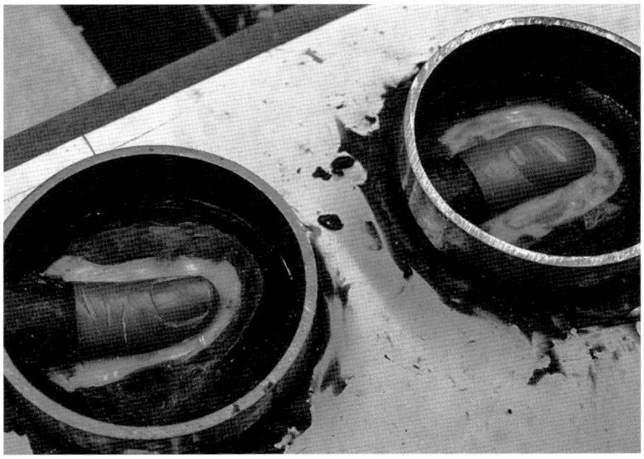

1. Die Ober- und Unterseite des Modells habe ich jeweils an der Trennlinie auf eine Wachsplatte aufgesetzt und mit Modellierwachs einen Verlauf geformt, der zum unteren Rand eines Eisenrohrabschnitts führt, der das Ganze umschließt. Der Eisenring muss mindestens 15 mm über das Modell hinausragen und außen auch mit Modellierwachs abgedichtet werden.

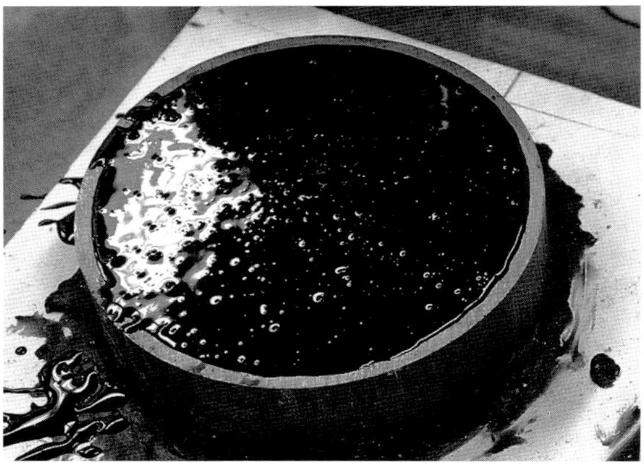

2. Die so vorbereitete und eingefettete Form (Vaseline oder Handcreme) habe ich auf eine ebene Fläche gestellt und mit dem Kunststoff bis kurz vor dem Überlaufen ausgegossen. (Das Gießharz muss sehr gut mit dem Härter vermischt werden.) Nach ca. 24 Stunden konnte ich das Wachs herauslösen.

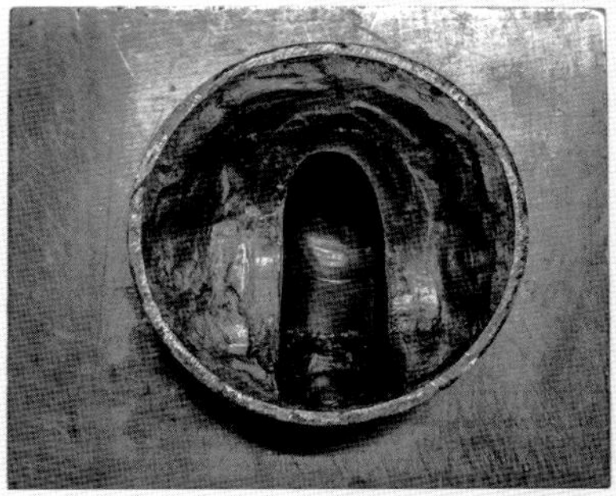

3. Auf das so entstandene Gesenk (das Unterteil der Prägeform) habe ich ein Eisenrohr gesetzt, die Fugen mit Wachs abgedichtet und mit Gießharz den „Pfaff" (der obere Teil, der später das Blech in die Form drücken soll) gegossen. (Vorher Einfetten nicht vergessen.) Um die Form nach dem Aushärten zu trennen, habe ich ein Messer in die Fuge gelegt und mit einem Hammer vorsichtig darauf geklopft. Der Kunststoff ist erst nach drei Tagen genug ausgehärtet, um zu pressen.

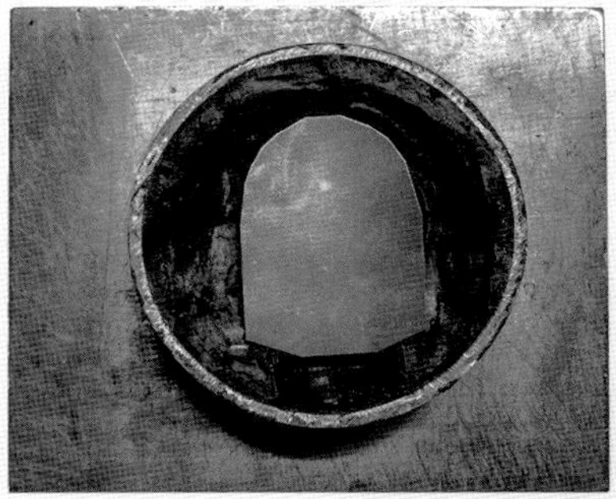

PRODUKTION DES DAUMENS

Pfaff und Gesenk mit doppelseitigem Klebeband in der Presse fixieren. Ein 0,4 mm Blech aus Messing oder Silber grob zuschneiden und erst mit wenig Druck leicht pressen. Die am Rand entstehenden

Falten mit einem Kunststoffhammer etwas flach klopfen. Den Rand eventuell noch etwas enger schneiden. Noch einmal glühen und dann so stark pressen, bis die beiden Eisenringe sich beinahe schließen.

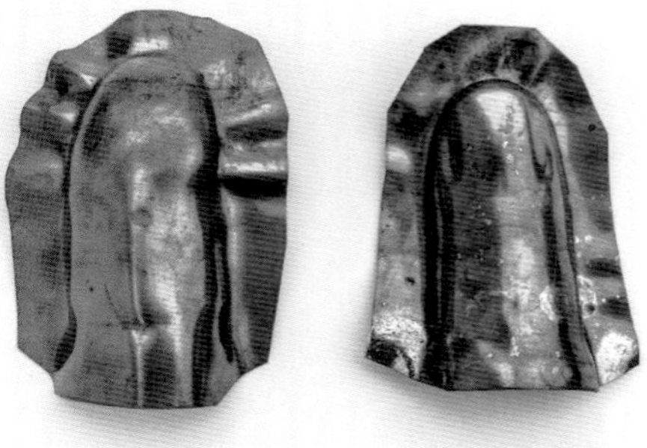

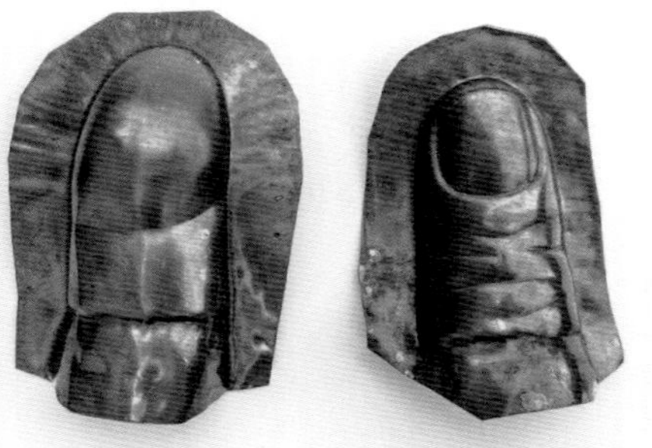

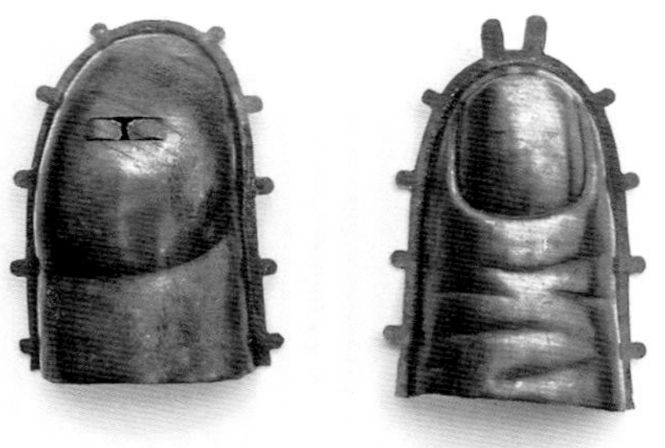

Die beiden Hälften mit Sekundenkleber zusammenkleben und die Krappen, welche Daumenober- und -unterseite später verbinden, mit wasserfestem Filzstift einzeichnen. Danach aussägen und feilen. Die Daumenoberseite braucht unterhalb des Daumennagels zwei längere Krappen, die später die Nadel halten sollen.

Die Daumenhälften mit den ausgesägten Krappen können als Schablone für die weitere Produktion verwendet werden.

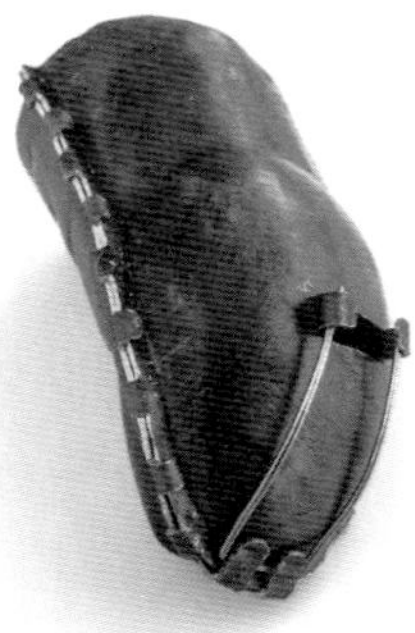

Auf der Daumenunterseite den Steg für die Broschierung einsägen, hochbiegen und mit der Feile abrunden. Die Krappen mit einer Flachzange 90° umbiegen. Die Zange am besten mit einem Textilband abkleben, damit es keine Kratzer gibt. Die Hälften übereinanderlegen und alle kurzen Krappen umklappen und mit der Zange festdrücken.

Eine Edelstahlnadel aus 0,8 mm Draht (Doppelnadel) vorbereiten und die Enden anspitzen.

Die zwei oberen langen Krappen um die Edelstahlnadel biegen und die Nadel noch der Wölbung der Daumenunterseite anpassen.

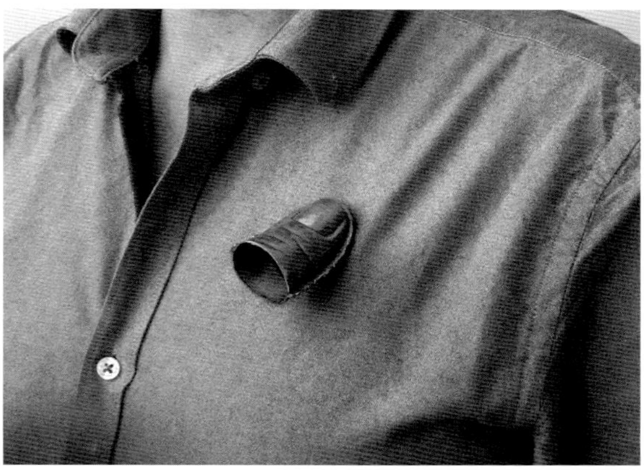

KUNSTSTOFFGESENK-VARIANTE VON MARC LIMPER

Dieses Werkzeug zum Hohlprägen wurde auf einem Hexagon V2 3D-Drucker aus PLA Filament hergestellt, nachdem es im CAD entworfen wurde. Indem Gesenk und Pfaff mit einer Wabenstruktur angelegt werden und jeweils nur die oberste Schicht des Motivbereichs flächig in der Stärke von 0,1 mm gedruckt wird, ergibt sich die Möglichkeit, den Hohlraum mit Gießharz auszufüllen.

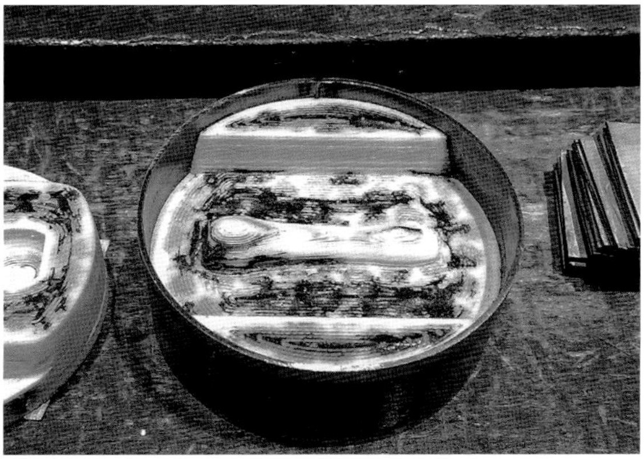

Hier sieht man deutlich, wie dünn die formgebende Schicht aus ABS-Kunststoff ist. Das schwarze Harz schimmert gut sichtbar durch die hauchdünne Oberfläche und gibt dem Werkzeug die nötige Widerstandsfähigkeit. Die positiven Eigenschaften beider Materialien ergänzen sich. Das Verfahren braucht wenig Zeit, ist aber nur für Formen ohne scharfe Kanten geeignet.

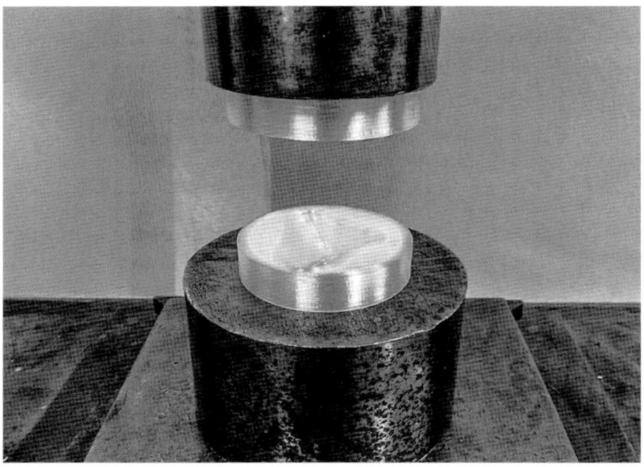

Für Prägeformen mit weichen Kanten und ohne große Tiefe ist es auch möglich, Gesenke massiv aus ABS-Kunsstoff zu drucken, ohne sie mit Gießharz zu füllen. Marc Limper hat seine Arbeit „Prometheus 0.01“ (siehe S. 70) auf diese Weise hergestellt. Schablonen für das Aussägen der gepressten Bleche lassen sich auch einfach auf dem 3D-Printer ausdrucken.

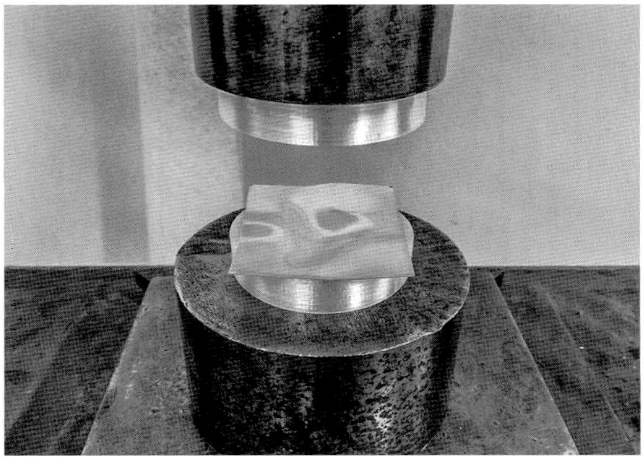

D

Bibliothek

D

Library

DIE GUILLOCHIERUNG

AUSZUG AUS „HANDBUCH DER GRAVIERKUNST"
VON CURT STREUBEL, FACHBUCHVERLAG LEIPZIG, 1957

Die Freude am Schönen, die sich naturgemäß auch auf alles Glänzende und Strahlende erstreckt, ist die Mutter dieser Technik. In dem Bestreben, die Schönheit der Metalle gebührend zur Geltung zu bringen, haben die Metallhandwerker auch der Flächenbehandlung größte Aufmerksamkeit gewidmet. Sehr bald fand man heraus, daß namentlich die gestochene oder geschnittene Linie, in verschiedener Richtung übereinander gelegt, infolge der eigenartigen Lichtbrechung recht reizvolle Möglichkeiten bietet. Diese im Metall weiter zu steigern, war natürlich erst mit der Erfindung geeigneter maschineller Einrichtungen möglich.

Das Wesen der Guillochierung beruht darauf, daß man Gegenstände aus Edelmetall oder Metall mit einem Netz aus geraden oder geschwungenen Linien überzieht, die mit großer Genauigkeit und Regelmäßigkeit in die Oberfläche des betreffenden Körpers eingeschnitten werden.

Zur Herstellung ganz feiner Arbeiten, beispielsweise der Druckplatten für Wertpapiere und Walzen für Zeugdruck, bedarf man aber der eigentlichen Guillochiermaschinen. Im Prinzip bestehen diese aus einem Teil zur Aufnahme des Werkstücks und einem solchen für das Werkzeug, das in einer Stahlspitze, zuweilen auch in einem Diamant, besteht. Die Bearbeitung des Werkstücks erfolgt entweder durch dessen Bewegung gegen das Werkzeug oder auch durch die gleichzeitige Bewegung beider gegeneinander, je nach der mehr oder weniger komplizierten Art der Zeichnung. In den Mechanismus zur Übertragung der Antriebsbewegung auf das Werkzeug sind sog. Patronen eingeschaltet, das sind stählerne oder bronzene Scheiben oder Schienen, deren Ränder in der Form den Figuren geometrisch ähneln, die erzeugt werden. Diese werden durch einen Stift, Anlauf oder Taster, der den Bewegungen der Patrone folgt, durch entsprechende Hebelübersetzungen und durch die Spitze des Werkzeugs auf das Werkstück übertragen.

Das Arbeitsgebiet der Guillochiermaschine ist mit der Herstellung von Druckplatten aber keineswegs erschöpft. Der Golddruck- und der Reliefgraveur brauchen ihre wertvolle Hilfe zur Verzierung ihrer Stempel bzw. Prägeplatten und Stanzen.

Namentlich der Stahlgraveur, der sich mit der Herstellung von Pfaffen und Gesenken für die Bijouteriefabrikation befaßt, muß vielfach darauf zurückgreifen, um den gleichen Effekt zu erzielen, den das von Hand gearbeitete und einzeln guillochierte Schmuckstück hat. Die eigentliche Domäne der Guillochierung ist aber die Dekorierung von Gold- und Silberwaren, d. h. von Knöpfen, Schalen, Dosen, Uhrgehäusen und dergleichen. Namentlich am Uhrgehäuse hat der Guillocheur von jeher seine Kunst geübt. Das guillochierte Ornament ist ja außer seiner Dekorationsfähigkeit überall da am Platze, wo das Metall eine Textur verlangt. Blankes Metall läßt nur zu leicht die Spuren jeder Berührung zurück, es wird ohne Pflege in kurzer Zeit unansehnlich, wie denn auch glatte und polierte Taschenuhrgehäuse sich sehr schnell abgreifen. Die Guillochierung dagegen schützt davor. Flecken, Schrammen usw. erscheinen nicht so unangenehm, weil die lebhafte Textur der Fläche sie gewissermaßen verdeckt. In erster Linie dient die Guillochierung aber als Schmuck.

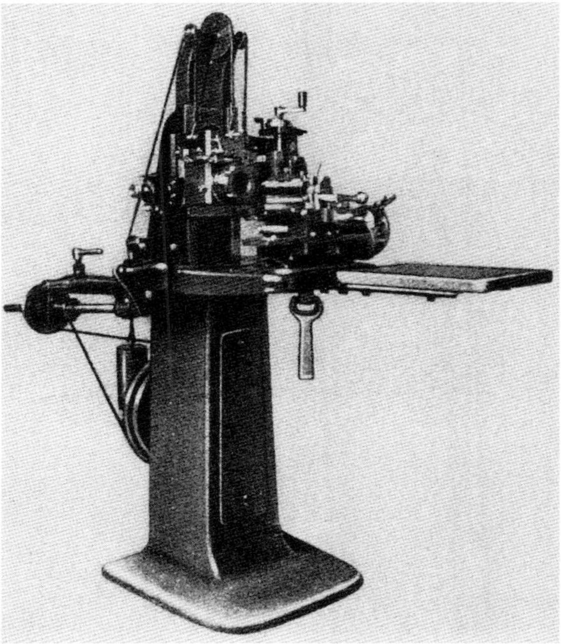

Bild 163 Geradezug-Guillochiermaschine

Um auch auf diesem Gebiete zu schönen und zeitgemäßen Vorbildern zu kommen, hat es die Staatliche Akademie für Kunstgewerbe in Dresden unternommen, neue Muster zu schaffen, die sich durch edle, klare Formen auszeichnen. In der richtigen Erkenntnis, daß der geschmackliche Reiz einer Guillochierung in der Zeichnung liegt, ist man dabei von grafischen Versuchen ausgegangen. Da es sich beim Guillochieren von Linien vorzugsweise um geometrische Raumfüllungen und Bogenverschlingungen, beim Guillochieren von Ornamenten in der Regel um fortlaufende Motive handelt, ist die ausgereifte Zeichnung und gute Flächenfüllung der wesentliche Teil einer Guillochierarbeit. Bei tüchtiger Schulung und entwickeltem Geschmack läßt die Guillochierung unzählige Variationen zu. Eine genauere Einführung in die Technik wird deshalb willkommen sein.

GUILLOCHIERUNGEN IM GERADZUG

Die gebräuchlichste aller Guillochiermaschinen ist die Geradzugmaschine. Sie gestattet nur das Guillochieren einer Fläche von unten nach oben, also in gerader Richtung; ihre Arbeitsweise ist aber auch grundlegend für die Rundzugmaschinen.

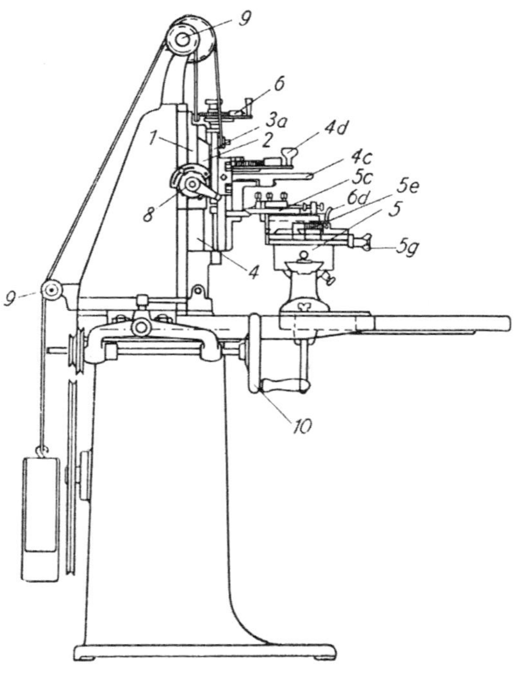

Bild 164 Konstruktionszeichnung der Geradezugmaschine

Nach der Bauweise unterscheiden wir zwei Arten:

1. Die ältere Spindelmaschine, bei der die Antriebsbewegung von der Handkurbel über eine Gewindespindel auf den Längs- oder Höhenschieber übertragen wird, während sich dieser auf- und abwärts bewegt;

2. Die moderne Zahnstangenmaschine mit Zahnstangengetriebe, deren besonderer Vorteil darin liegt, daß die Maschine spielend leicht läuft, keinerlei toten Gang hat und infolge des günstigen Übersetzungsverhältnisses schneller arbeitet (Bild 163). Die Konstruktionszeichnung (Bild 164) veranschaulicht deutlich die einzelnen Teile der Geradzugmaschine:

1. Längs- oder Höhenschieber
2. Querschieber
3. Teilkopf (Spannkopf) a) Flachfeder, b) Patronenführungsstift (touche)
4. Patronenstock (-halter für die Musterschienen) a) Musterschiene (Patrone), b) Gewindespindel mit Kurbel zum senkrechten Versetzen der Musterschiene, c) und d) Hebel zum Querverschieben der Musterschiene
5. Support a) Schaltvorrichtung, b) Handkurbel zur Schaltvorrichtung, c) Stichel, d) Stichelschieber, e) Halbmond, f) Halbmondspindel, g) Punktschraube
6. Strahlenapparat
7. Zahntrieb a) Zahnstange, b) Zahnrad
8. Anschlagschraube und Zusatzschaltung
9. Rollenhalter
10. Handantrieb

Die Wirksamkeit der Maschine ist folgende: Durch Drehen der Handkurbel wird durch Riemenübersetzung das große Triebrad bzw. der Zahntrieb und damit die Zahnstange sowie auch der Längsschieber in Bewegung gesetzt. Dabei gleitet der Längsschieber auf Laufschienen auf und ab. In diesen Längsschieber ist der Querschieber mit dem Spannkopf so eingebaut, daß auch dieser in Laufschienen nach beiden Seiten hin leicht verschiebbar ist. Er muß spielend leicht laufen, so daß schon ein leichter Druck der Spannfeder in der Lage ist, die Profilbewegung der Musterschiene mit dem Führungsstift (Patronentouche) auf den Querschieber bzw. auf das im Spannkopf Arbeitsstück zu übertragen. Dieser Spannkopf ist auf dem Querschieber drehbar eingebaut, so daß er zum Einrichten der Ware auf die gewünschte Fadenrichtung benutzt werden kann. Man kann ihn sowohl manuell als auch durch den Strahlenapparat mit Kurbel oder Zahnschaltung umdrehen. Auf der Grundplatte des Spannkopfes ist an ihrem Umfang eine Teilung mit 60, 96, 120 oder auch 144 Teilen angebracht. Deshalb nennt man ihn auch Teilkopf. Mit dieser Skala lassen sich Kreise in völlig genaue, gleiche Teile von 2 – 3600 einteilen und Strahlenmuster von verschiedenster Art guillochieren.

Rechts vom Längs- und Querschieber steht der Patronenstock. In diesen werden die Musterschienen eingespannt. Dabei ist besonders zu beachten, daß die Musterschienen oder Patronen (Wg) gut anliegen und genau parallel zum Längsschieber stehen. Bei ungenauem Einspannen entstehen schiefstehende oder verschobene Muster.
Oben am Patronenstock befindet sich eine kleine Handkurbel mit Zahnscheibe. Durch diese wird eine Gewindespindel in Bewegung gesetzt. Dadurch werden die im Patronenkasten eingespannten Musterschienen auf- und abwärts bewegt. Diese Spindel hat eine Gewindesteigung von 2 mm, d. h. wird die Spindel bzw. die ihr zugehörige Kurbel einmal umgedreht, so wird die Musterschiene um 2 mm nach oben oder je nach dem Drehsinn auch nach unten verschoben.

Bei den meisten Guillochiermustern verschiebt man die Musterschienen jeweils um die Hälfte ihrer Teilung. Man nennt dies das Versetzen auf Mitte. Hat man z. B. eine Musterschiene mit 3 mm Teilung, so versetzt man also in diesem Falle nur um 1,5 mm. Bei dem Muster Bild 167 a, S. 188 ist jeweils eine Fadengruppe mit je 5 Fäden auf die Mitte versetzt. Die Zahl der Spindelumdrehungen bzw. die Teilumdrehungen sind nun je nach der Musterteilung der Patronen verschieden und können errechnet werden. Bei neuen Gruppen werden dafür meist Tabellen mitgeliefert.

Unter Verziehen der Guillochiermuster versteht man das langsame Aufwärts- und Abwärtsziehen der Musterschienen mit der gleichen Gewindespindel. Es wird also nach jedem guillochierten Faden die Patrone z. B. um ½ mm nach oben verzogen. Man dreht dabei die Spindel um ¼ nach rechts um. Dies kann nun z. B. zehnmal nach oben, zehnmal nach unten usw. erfolgen. Dadurch entstehen dann reizvolle Zickzackmuster, die schwach und steil verzogen werden können (Bild 167b). Eine Abart dieser verzogenen Muster ergibt sich durch wellenförmiges Verziehen, man verzieht z. B.: nach dem 1. Faden um ⅛ Umdrehung nach rechts, dann in gleicher Richtung weiter nach jedem Faden ⅛ – ¼ – ¼ – ⅜ – ⅜ – ½ – ⅜ –⅜ – ¼ – ⅛ – ⅛ und dann zwei Fäden ohne Umdrehung. Die gleiche Reihenfolge wiederholt sich dann mit Linksdrehung der Spindel, später wieder mit Rechtsdrehung usw. Zweckmäßig läßt sich diese Arbeitsfolge in Tabellenform festhalten. In ähnlicher variierter Weise lassen sich weitere ornamentale Wirkungen aus den Profilen der Musterschienen herausholen, so z. B. mit Wellenpatronen die sog. Moirémuster. Außer dem vertikalen Versetzen auf Mitte oder Verziehen der Musterschienen ermöglicht eine zweite maschinelle Einrichtung auch seitlich horizontales Verschieben.

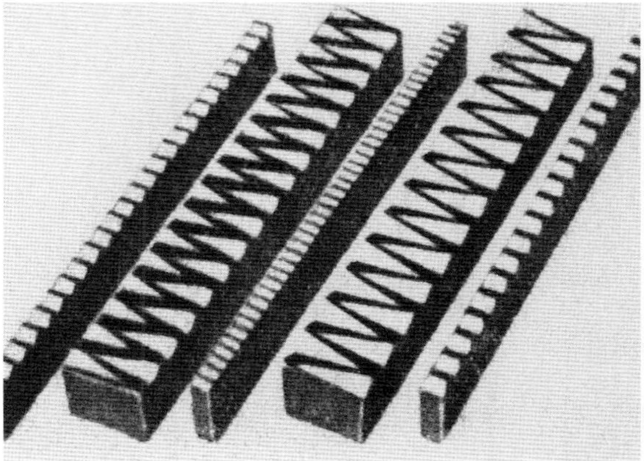

Bild 165 Guillochierpatronen

Dies geschieht bei sog. Blockschienen mit 2 : 6 zusammengehörigen Profilmustern mit dem Hebel 4c. Man kann dabei durch Grobeinstellung von Muster 1 auf 2 usw. oder auch in beliebiger Reihenfolge verschieben. Andere Musterschienen ergeben wiederum neue Auswertungsmöglichkeiten durch millimeterweises seitliches Verschieben der Patronen mit der Feinschaltung (4a). Durch links am Querschieber befindliche Zusatzschaltung können noch weitere Muster aus den Patronen erzielt werden. Das Arbeitsprinzip beruht darauf, daß die Anschlagschraube (8) durch die Zahnschaltung den Querschieber mit dem Führungsstift von der Patrone „abschraubt“, d. h. hierbei entfernt sich der Führungsstift (touche) jeweils um Bruchteile von Millimetern von der Patrone. Das Profil wird dabei nicht mehr ganz, sondern nur noch teilweise abgetastet. Bei dem Bogenprofil des Bildes 168 fällt also die Tiefe der Bogen weg. Das neue Profil zeigt dann nur die kräftig gezeichnete Linienführung. Wenn nun nach jedem einzelnen Faden dieses „Abschrauben“ von der Patrone solange vorgenommen wird, bis der Querschieber „leer“ läuft, also ohne Profilbewegung, und wenn dann der Querschieber im entgegengestzten Sinne wieder „zurückgeschraubt“ wird usw., so entstehen mit Anwendung der verschiedenen Patronen neue reichwirkende Musterguillochen, bei denen überhaupt keine Patronen verwendet werden, also nur gerade Fäden, sogenannte „Fadenmuster“. Mit den anderen Einrichtungen der Maschine arbeitet der Support stets zusammen. Dieser kann für sich

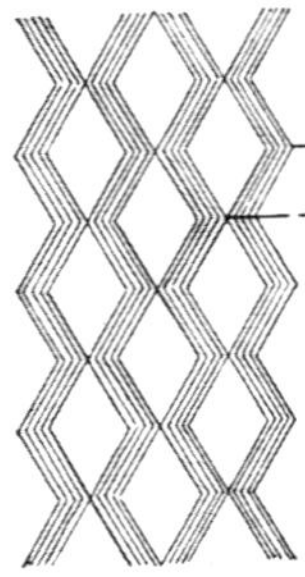

Bild 167 a. Versetzen auf Mitte

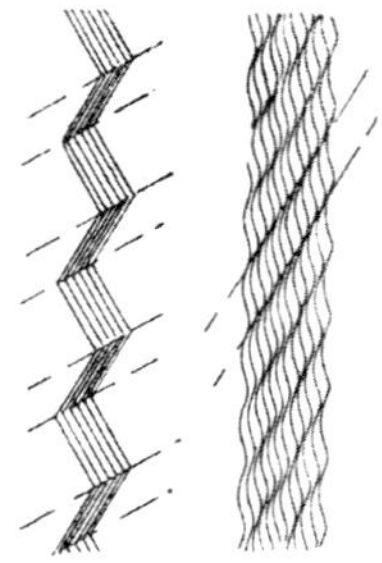

Bild 167 b. Verziehen der Muster

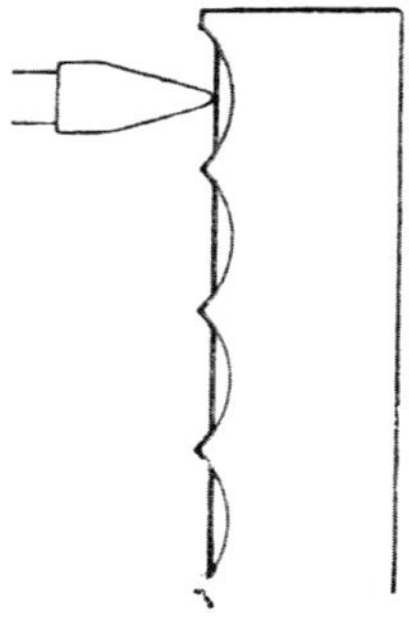

Bild 168. Bogenprofil

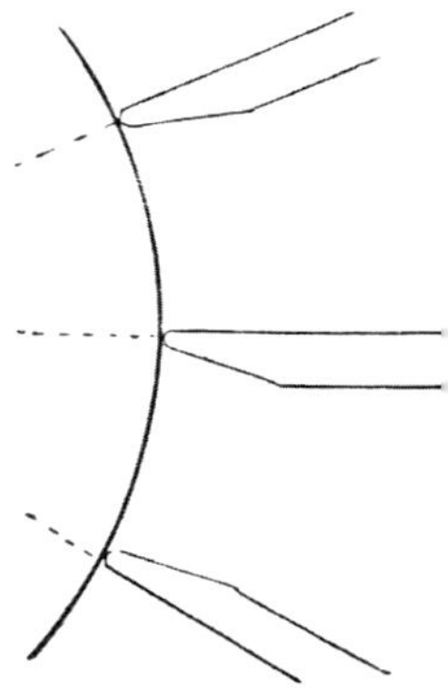

Bild 169. Guillochieren gewölbter Flächen

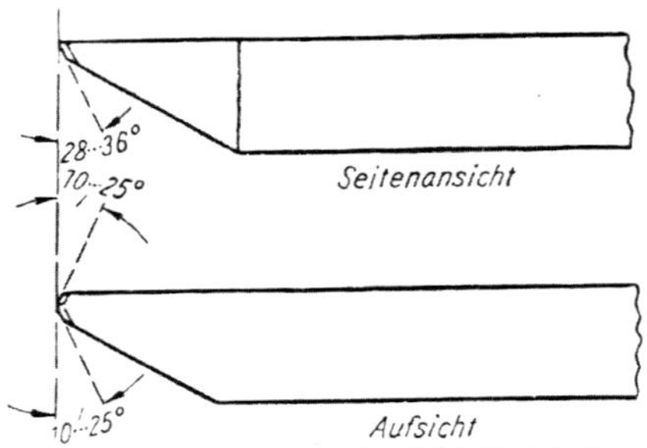

Bild 170. Bestimmung der Schleifwinkel

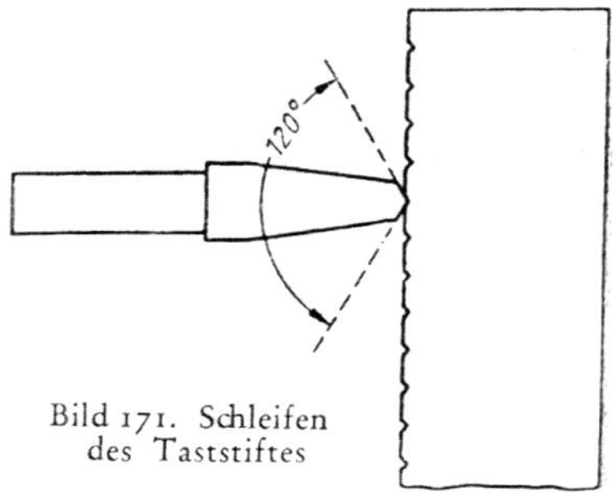

Bild 171. Schleifen des Taststiftes

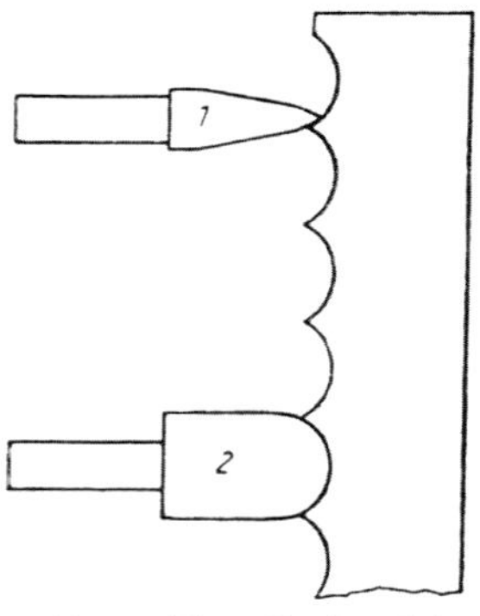

Bild 172. Taststift für tiefe Wellenpatrone

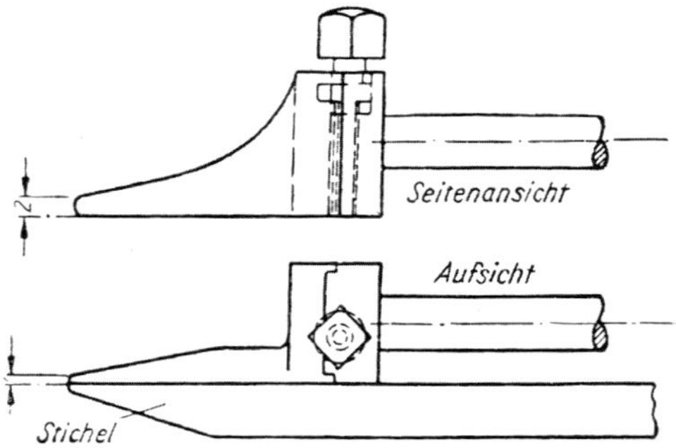

Bild 173. Einstellung von Stichel und Sticheltouche

über die Spitzen herumlaufen. Außerdem wird hierbei die Musterschiene mehr geschont und behält so unbegrenzte Lebensdauer.

Zurichten des Führungsstiftes für den Stichel. Bild 173 zeigt den Sticheltouche von der Seite und von oben. Bei der Aufsicht ist neben dem Sticheltouche der Stichel gezeichsowohl vor- und rückwärts als auch seitlich auf der Maschinenplatte verstellt werden. Dadurch können flache Waren (Etuis, Platten) und körperhafte Gegenstände (Dosen, Kasten) guillochiert werden. Auf einem Unterbau mit Laufschienen bewegt sich der Supportschlitten, der durch die Spindel bzw. Kurbel seitlich nach links und rechts verschoben werden kann. Eine besondere Schaltvorrichtung mit einem Zahnrad von 120 Zähnen ermöglicht ein Versetzen in ganz gleichmäßigen Abständen, und zwar entspricht eine Schaltung von 8 Zähnen einer seitlichen Bewegung von 0, 1 mm; von 16 Zähnen = 0,2 mm, von 20 Zähnen = 0,25 mm, von 24 Zähnen = 0,3 mm usw. Auf dem Supportschlitten ruht nun, um dessen Mittelpunkt drehbar, der Halbmond und auf diesem der Stichelschieber, der in zwei seitlichen Schienen läuft. Der Mittelpunkt des Halbmondes liegt etwa 30mm vor dem Support, also außerhalb. Beim Guillochieren kommt die Spitze des Stichels, der im Stichelschieber eingespannt ist, in den Mittelpunkt des Halbmondes zu stehen. Der Support bzw. der Halbmond muß also so eingestellt werden, daß dessen Mittelpunkt jeweils auf der Arbeitsfläche liegt. Dieses Einstellen – auf den „Punkt" richten – geschieht durch die Flügelschraube hinter dem Supportschlitten und durch Verstellen des Halbmondes mit der Querspindel.

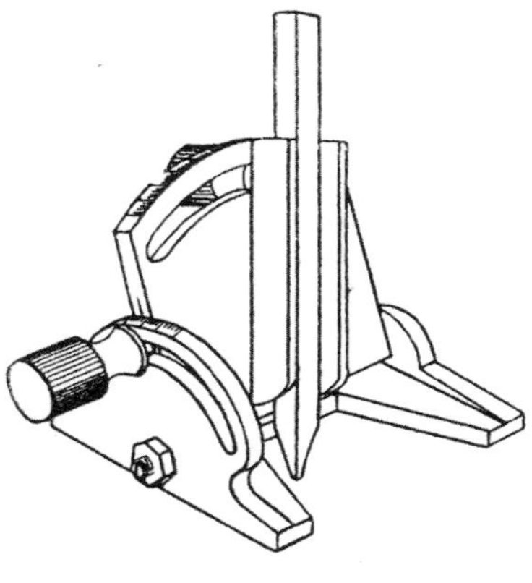

Bild 166 Schleifapparat für Guillochierstichel

So ist es möglich, beim Guillochieren seitlich gewölbter Gegenstände den Stichel durch die Spindel und den Halbmond stets rechtwinklig zum Arbeitsstück zu stellen, ohne die Spitze dabei seitlich zu verschieben (Bild 169). Dieser rechte Winkel ist notwendig, damit einerseits die Tiefe des Schnittes stets gleich bleibt und andererseits der Gegenstand sein gewölbtes Aussehen behält. Man kann z. B. eine ebene Fläche so guillochieren, daß sie die Wirkung einer Wölbung erhält. Man verstellt deshalb den Halbmond nach jedem Faden etwas. Man kann aber auch eine seitlich gewölbte Fläche so guillochieren, daß sie ebenflächig erscheint. Diese Wirkung wird dann erzielt, wenn man den Halbmond nicht bewegt. Das seitliche Bewegen des Halbmondes, wie auch das fortwährende „auf den Punkt richten" während der Arbeit, erfordert sehr viel praktische Übung. Damit der Stichel (5 c) nicht zu tief in das Metall einschneidet, befindet sich dicht neben ihm ein einstellbarer Führungsstift. Er ist ein klein wenig hinter die Spitze des Stichels zurückgezogen und verhindert so als Widerstand ein zu tiefes Eindringen des Stichels in das Metall. Die richtige, gefühlsmäßige Führung des Stichelschiebers erfordert gleichfalls sehr viel Übung.

Um bei jeder Arbeitsweise einen absolut gleichmäßigen Lauf des Längsschiebers zu erreichen, ist das Gewicht desselben einschließlich des Querschiebers durch Gewichte ausgeglichen. Diese hängen an Riemen, die über Rollen laufen. Beim Guillochieren schwerer Gegenstände (z. B. ausgekitteter Kästen) empfiehlt es sich, die dabei entstehende Gewichtsveränderung auszugleichen, indem man weitere Gewichte hinzuhängt. Stichelschleifapparat: Um eine sauber geschnittene Guilloche zu erhalten, ist es erforderlich, daß der Stichel sehr sorgfältig geschliffen ist. Die Schnittkanten müssen glatt und gerade sein und in Hochglanzpolitur erscheinen. Zum Schleifen der Stichel benötigt man einen Stichelschleifapparat und einen ebenen Ölstein in der Größe von mindestens 7 × 15 cm. Der in Bild 166 dargestellte Schleifapparat besitzt eine doppelte Gradeinteilung zum Schleifen des Stichels nach beiden Seiten von 0 ... 55°. Die Einstellung der Schleifwinkel richtet sich nach der Form des zu guillochierenden Gegenstandes, wie auch nach der Art der Guillochen. Für flache und wenig gewölbte Gegenstände genügt eine Einstellung nach hinten von 25 – 30°, für stärker gewölbte 32°, 34°, 36° usw. (Bild 170).

Für Fadenmuster schleift man den Stichel seitlich nach links und rechts mit 20 — 25°, je nach der Tiefe des Schnittes, die erreicht werden soll. Für Guillochen, die mit Musterschienen gearbeitet werden, z. B. mit Block-, Korn- oder Karree-Schienen, stellt man nur 15° bis herunter auf 12° oder 10° ein. Zuerst richtet man den Schleifapparat nach hinten ein (linke Skala), dann nach links und rechts (obere Skala). Danach legt man den Stichel so in den Apparat ein, daß die Schneide nach unten zeigt, hält den Stichel und Schleifapparat mit beiden Händen fest und schleift in dieser Stellung die eine Seite des Stichels. Man fährt dabei ruhig und sicher auf dem Ölstein hin und her und drückt dabei mit dem Zeigefinger den Stichel fest auf den Ölstein. Ist die eine Seite des Stichels scharf, so stellt man den Schleifapparat nach rechts und schleift die zweite Seite des Stichels. Es ist besonders darauf zu achten, daß die Schnittkante des Stichels, die an dem Sticheltouche anliegt, nicht unnötig breit ist und somit die Spitze des Stichels nicht zu weit von dem Sticheltouche entfernt ist. Die Schärfe des Stichels muß etwas gemildert werden, um den Schnitt noch besonders glatt zu machen. Dies wird erreicht, indem man am Schleifapparat die Einstellung nach hinten (also links) auf 0° stellt und dann die Schnittkanten des Stichels in der Links- und Rechtsstellung ganz leicht über den Ölstein zieht. Dadurch wird die Schnittkante poliert.

Mit dem Schleifapparat werden auch die Taststifte für die Musterschienen geschliffen. Es ist falsch, sie aus freier Hand zu schleifen, wie dies zumeist geschieht. Der Schleifwinkel wird hierbei ungenau, und schlecht geschliffene Führungsstifte beschädigen die Patronen. Der Patronentouche wird zu diesem Zweck in einen Halter gespannt. Eine Seitliche Einstellung ist für die meisten Führungsstifte nicht nötig, sondern nur die Einstellung nach hinten. Diese beträgt für Korn- und Wellenschienen 50°. Bei anderen Musterschienen, wie Blockschienen, Karreeschienen usw. soll der Führungsstift mit demselben Winkel geschliffen werden, den die Musterschiene aufweist. Ist also eine Musterschiene mit einem Winkel von 120° gefräst, so soll auch der Taststift im Winkel von 120° geschliffen sein (Bild 171). Hierzu berechnet man die Einstellung am Schleifapparat auf folgende Weise:

Nach dem geometrischen Lehrsatz betragen die drei Winkel im Dreieck zusammen 180°. Wir rechnen also von 180° den Winkel mit 120° ab. Dann bleiben 60° für die beiden anderen Dreieckswinkel übrig. Demnach muß man am Schleifapparat 30° nach hinten einstellen. Beträgt der Profilwinkel der Musterschiene nur 90°, so rechnet man: 180°– 90° = 90° : 2 = 45° Einstellung nach hinten.

Ferner ist zu beachten, daß bei besonders tiefen Wellenpatronen der Führungsstift ebenfalls nach dem Wellenprofil gearbeitet sein muß. Es ist hierbei unmöglich, mit dem Schleifapparat zu schleifen. Zum besseren Verständnis mag die umstehende Zeichnung (Bild 172) die Erläuterung geben: Der Führungsstift (1) würde über die Spitzen der Bogen hinüberspringen, eventuell sogar hängen bleiben. Infolgedessen würde die Guilloche unrein und zittrig. Der Führungsstift (2) dagegen wird durch die angepaßte Rundung ruhig und ohne Stocken über die Spitzen herumlaufen. Außerdem wird hierbei die Musterschiene mehr geschont und behält so unbegrenzte Lebensdauer.

Zurichten des Führungsstiftes für den Stichel. Bild 173 zeigt den Sticheltouche von der Seite und von oben. Bei der Aufsicht ist neben dem Sticheltouche der Stichel gezeichnet. Die Spitze des Sticheltouche ist von der Seite gesehen halbkreisförmig. Bei flachen und wenig gewölbten Gegenständen kann der Durchmesser „a“ ein großer sein. Er wird um so kleiner, je gewölbter der Gegenstand ist. Hier muß die Mitte des Sticheltouche in gleicher Höhe der Stichelspitze stehen. Er ist deshalb in der Höhe einstellbar. Würde z. B. der Sticheltouche höher stehen als die Stichelspitze, dann könnte der Stichel den Gegenstand unten nicht guillochieren. Dagegen würde er oben zu tief in den Gegenstand einschneiden. Die Breite richtet sich ebenfalls nach der Form des Gegenstandes. Sie soll einen Viertelkreis darstellen und so klein wie möglich sein, hauptsächlich bei Gegenständen, die seitlich gewölbt sind. Die Spitze des Touche muß hochglanzpoliert sein, damit er den Gegenstand nicht angreifen bzw. verkratzen kann.

AUSFÜHRUNG VON GERADZUGGUILLOCHIERUNG

Nachdem man den Stichel sorgfältig geschliffen und auch den Sticheltouche entsprechend der Form des zu guillochierenden Gegenstandes poliert, ebenso den Patronentouche (Taststift) entsprechend der zu benutzenden Patrone (Musterschiene) geschliffen hat, spannt man Sticheltouche und Stichel, Patrone und Patronentouche in die Maschine ein, desgleichen das Arbeitsstück und die Flachfeder. Dann setzt man den Support so weit an das Arbeitsstück heran, bis der Mittelpunkt des Halbmondes in der Ebene des Arbeitsstückes liegt. Das genaue Einstellen des Halbmondes bewirkt man durch die Querspindel, dann richtet man auf den „Punkt“. Dies geschieht durch die Flügelschraube. Bewegt man nun den Halbmond nach links und rechts, so muß jetzt die Spitze des Stichels auf einem Punkt stehenbleiben und darf keinerlei seitliche Bewegung zeigen. Danach wird die

Anschlagschraube soweit hineingeschraubt, daß der Patronentouche dicht an der Musterschiene vorbeiläuft. Dann wird die Schnittiefe des Stichels durch Vor- und Zurückschrauben seines Führungsstiftes eingestellt. Ebenso muß der Sticheltouche in die richtige Stellung zur Stichelspitze gebracht werden. Nun probiert man aus, ob der Stichel von unten bis oben gleichmäßig durchschneidet. Klappt dies, so kann das eigentliche Guillochieren beginnen.

Es ist bei jedem geschnittenen Faden darauf zu achten, daß der Sticheltouche auf dem Arbeitsstück führt. Der Schnitt muß leicht von unten bis oben „durchgedrückt" werden, so daß sich der Lauf des Führungsstiftes in leichter Drucklinie rechts neben dem eigentlichen Faden anzeigt.

Hat man aber einen gewölbten Gegenstand zu guillochieren, so muß man von unten bis zum höchsten Punkt der Rundung entsprechend den Stichelschieber gleichmäßig zurücknehmen, da dieser sonst durch den Gegenstand selbst zurückgeschoben wird. Gleitet der Stichel über die Höhe hinweg, so muß der Druck nach und nach leicht verstärkt werden und zwar soviel, daß der Sticheltouche immer auf dem Metall führt. Beachtet man dies nicht, so wird die Guilloche unrein, d. h. der Schnitt wird nicht glatt und die einzelnen Fäden haben verschiedene Schnittiefe. Dadurch erhalten die Muster Streifen und sind oft auch rauh, wenn sie zu tief geschnitten sind. Will man nun mit Musterschienen guillochieren, so schraubt man die Anschlagschraube zurück, so daß der Führungsstift durch den Federdruck auf der Musterschiene völlig aufliegt. Bevor man aber guillochiert, muß man durch den Schalthebel am Support den Stichel So weit nach rechts rücken, daß der erste Profilfaden den linken äußeren Randfaden (glatter Faden) nicht mehr überschneidet. Dann kann man mit dem Guillochieren beginnen. Dabei muß man nach jedem Faden am Support „schalten". Wichtig ist, daß eine Arbeitsfläche fortlaufend – ohne abzusetzen – durchguillochiert wird. Hört man mitten in einer Fläche auf, so entstehen Streifen im Muster.

Die Beachtung dieser theoretischen Erläuterungen und Hinweise ist für die praktische Arbeit sehr wichtig. Die „Kunst der Guillochierung", also die Ausführung der hunderterlei Muster, kann man aber nur an der Maschine selbst unter Anleitung eines tüchtigen Meisters erlernen.

Berechnung von Geradzugmustern: Für die Berechnung von Guillochiermuster ist in erster Linie die Gewindeart der Spindeln maßgebend. Die älteren Maschinen haben meist noch englische Zollgewinde. Bei der Umrechnung im mm-Steigung muß man daher das Zollmaß von 25,4 mm durch die Gangzahl des Gewindes teilen. Üblich sind 18 Gang je Zoll. Man rechnet also 25, 4 : 18 = 1,4112. Eine Kurbel- oder Spindelumdrehung entspricht demnach 1,4112 mm Fortbewegung des Werkzeugs. Da die Rechnung aber nicht glatt aufgeht, entsteht natürlich immer eine Differenz, die beim Arbeiten als Fehler erscheint. Das gleiche Mißverhältnis ergibt sich bei der Berechnung der Schaltungen am Teilungsrad. Deshalb wählt man bei Neuanschaffung einer Maschine zweckmäßig eine solche mit metrischer Transportspindel. Doch ist auch bei dieser eine Fehlerquelle zu beachten, die besonders auftritt, wenn man die Maschine länger benutzt, der sog. „tote Gang". Um den durch diesen bewirkten Leerlauf auszuschalten, werden zuerst ein bis zwei Umdrehungen in der Transportrichtung gemacht, ehe man zu zählen und schneiden beginnt. Beim Korn-Versetzen ist dagegen der tote Gang zuzugeben, während bei Zickzack- und Moirémustern jedesmal, wenn die Drehrichtung der Kurbel bzw. der Rosettenstockspindel gewechselt wird, ein bis zwei Umdrehungen vor- bzw. zurück zu machen sind. Sehr wichtig ist es, bei der Arbeit genau zu zählen. Wechseln im Muster Fäden und Glanzfelder regelmäßig ab, z. B. 10 Fäden, 4 Glanz, so zählt man 1, 2, 3, 4, 5, 6, 7, 8, 9, 10 Fäden, 1, 2, 3, 4 Glanz (bzw. leere Fäden) und wieder 1 — 10 Fäden usw., beginnt aber immer mit 1; zählt man nämlich den letzten Faden eines Feldes als ersten des nächsten, so geht die zuvor errechnete Einteilung nicht auf. Am besten werden Zählfehler vermieden, wenn man beim Schalten die einzelnen Schläge nach dem Gehör mitzählt.

Beim Messen der Arbeitsfläche bzw. einzelner Felder auf derselben muss man im rechten Winkel, also genau senkrecht zum Faden abmessen, da sonst Abmessungsfehler nicht zu vermeiden sind. Werden diese Voraussetzungen beachtet, so ist es nicht schwierig, die zu guillochierenden Flächen rechnerisch genau einzuteilen.

RUNDZUG- UND AUTOMATISCHE GUILLOCHIERUNG

Als Ergänzung der Bau- und Arbeitsweise der Geradzugguillochiermaschine sei auch das Prinzip der Rundzugmaschine kurz erläutert (Bild 175). Der Rundzug arbeitet, wie ja der Name schon sagt, nach dem Rotationsprinzip. Während beim

Geradzug mit der Auf- und Abwärtsbewegung der Ware in einer Geraden „Musterschienen" (Patronen) Verwendung finden, sind auf dem Rundzug über einer Trommel „Musterrosetten" aufgespannt. Diese Rosetten haben verschiedene Profilierungen, z. B. enge und weite Wellen. Durch ein Riemengetriebe wird die Trommel in rotierende Bewegung versetzt. Dabei läuft die betreffende Rosette an einem feststehenden und zum Rosettenprofil passenden Führungsstift vorbei. Da notwendigerweise die ganze Rosettentrommel die Profilbewegung der gerade bearbeiteten Rosette mitmachen muß, ist durch eine sinnreiche Bauart mit Federdruck dafür gesorgt, daß auch die Einspannvorrichtung und gleichzeitig die zu guillochierende Ware diese Profilbewegung spielend leicht übernimmt. Der Touchehalter läßt sich auf Gleitschienen seitlich verschieben und festschrauben, so daß der „Touche" oder Führungsstift auf die jeweils gewünschte Rosette eingestellt werden kann. Das Arbeitsprinzip ist fast das gleiche wie beim Geradzug.

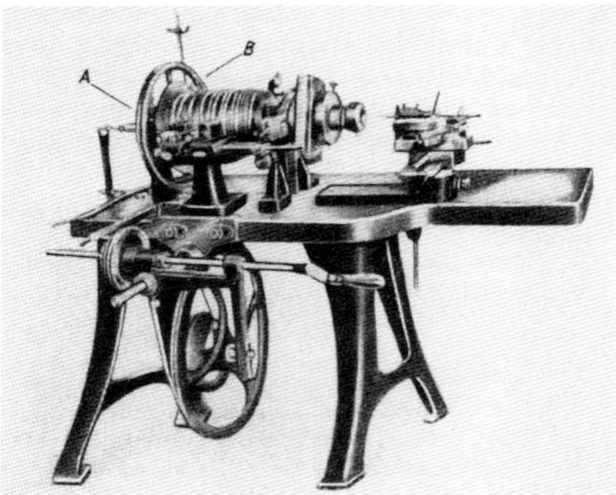

Bild 175 Rundzug-Guillochiermaschine

Das „Versetzen auf Mitte" (zum Beispiel Korn) geschieht hier aber durch die Teilscheibe, nicht durch die Kurbelspindel. Von Einschnitt zu Einschnitt wird versetzt und das „Verziehen" der Muster geschieht durch das Verschrauben des Schneckenrades mit der Flügelschraube. Auch der Support arbeitet nach dem gleichen Prinzip wie beim Geradzug. Dieser läßt sich nur höher und tiefer verstellen, damit es möglich ist, bei jeder Art von Ware den absolut genauen Mittelpunkt des Guillochiermusters zu finden. Im übrigen ist die Schnittechnik fast die gleiche wie beim Geradzug. Einige Besonderheiten, namentlich bei Rund- und Hohlkörpern (z. B. gebauchten Vasen, Schalen usw.), kommen zwar hinzu, doch sind diese durch schriftliche Erläuterungen nicht genügend verständlich zu machen. Sie können nur in praktischer, ausgiebiger Übung erlernt werden. Zu erwähnen bleibt noch, daß die Rundzugmaschinen auch die seitliche Bearbeitung von Gegenständen (z. B. Serviettenringen) gestatten. Ein entsprechender Führungsstift greift lediglich dabei die an den Rosetten seitlich eingeschnittenen Profile ab und der ganze Support wird in rechtwinklige, seitliche Stellung zum Arbeitsstück gebracht.

Von diesem Grundprinzip der Arbeitsweise des Rundzugs ist die automatische Guillochierung abgeleitet. Schon der Handbetrieb des Rundzugs gestattet, eine maschinelle Einrichtung anzubringen, die den Supportschlitten zwangsläufig versetzen kann. Die erste automatische Maschine war dann auch ein Rundzugautomat, der es zuließ, den Stichel selbsttätig seitlich zu versetzen und nach beendigter Arbeit automatisch abstellte, während er sonst noch nach dem Prinzip der Handguillochiermaschine aus geführt war.

Die nächste Verbesserung brachte eine Rundzug-Guillochiermaschine für Korn. Während bis dahin das Korn durch in sich geschlossene, gewellte zentrische Kreislinien unter jeweiligem „Versetzen auf Mitte" aneinandergereiht wurde, ermöglichte die Neuerung eine Kornguillochierung in fortlaufender Spirallinie mit zwangsläufiger Stichelversetzung. Durch eine weitere Vervollkommnung der mechanischen Einrichtung dieser Maschine wurde es möglich, auch sog. „verzogene" Muster (Flinqués) auszuführen. Hierbei lohnt sich die automatische Arbeitsweise sehr, da die sonst schwierigen Guillochierungen rasch und ohne Fehler erzeugt werden. Die Verwendung verschiedenster Schablonen ergeben eine reiche Fülle solcher verzogener Muster auch in der automatischen Herstellung.

Bei Verwendung eines besonderen Ovalwerkes, bei dem sich die Profilbewegungen automatisch allmählich verringern, lassen sich ovale Guillochen so herstellen, daß die guillochierte Linie genau im Mittelpunkt endet. Dadurch wird die unschöne Linie völlig vermieden, die bei gewöhnlicher Ovalguilloche in der Mitte zurückbleibt.

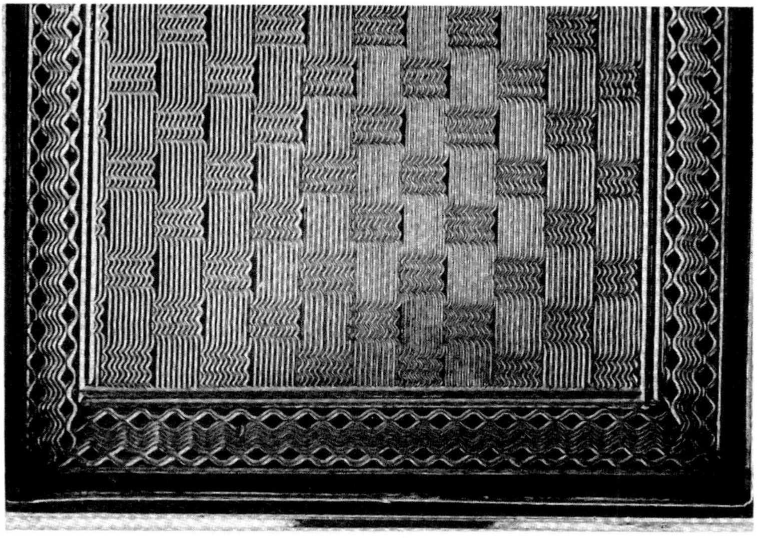

271 Detail einer Schnupftabaksdose, Kat. Nr. 28 (1840-1842). – Detail of a snuffbox, cat. no. 28 (1840-1842)

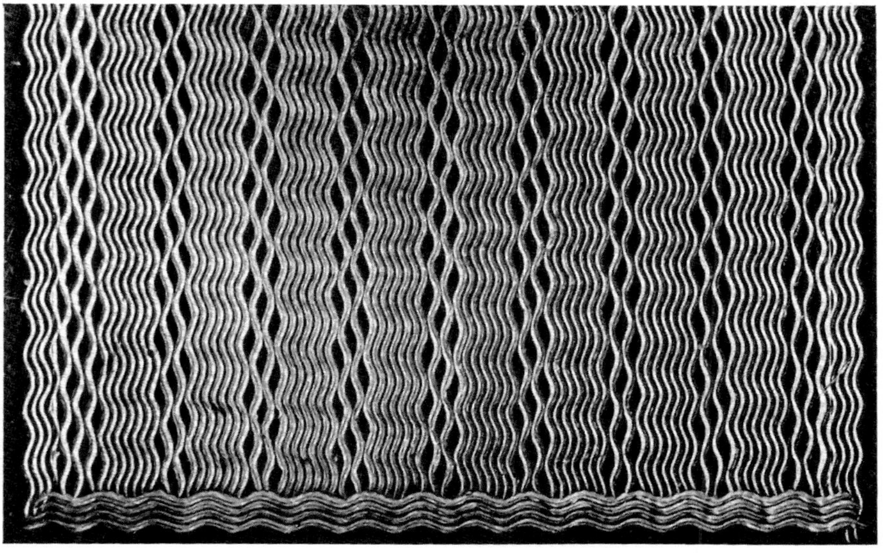

272 Detail einer Schnupftabaksdose, Kat. Nr. 21 (wohl M. Sitte, 1832). – Detail of a snuffbox, cat. no. 21 (probably M. Sitte, 1832)

HERSTELLUNG VON PRÄGEGESENKEN UND PFAFFEN

AUSZUG AUS „HANDBUCH DER GRAVIERKUNST"
CURT STREUBEL, FACHBUCHVERLAG LEIPZIG, 1957

Der weitaus größte Teil der Stahlgravierung dient der Herstellung von Prägewerkzeugen für die Metall- und Edelmetallwarenindustrie. Ihr Bedarf an Gesenken und Pfaffen ist so groß und vielgestaltig, daß es unmöglich ist, alle Variationen dieser Werkzeuge zu behandeln. Es kann sich hier nur darum handeln, in einem großen Abriß die wichtigsten Ausführungsformen im Prinzip zu besprechen. Eine allgemeine Formel gibt es nicht, weil jede neue Arbeit dem Graveur wieder andere Bedingungen stellt.

Zunächst ist es wichtig, sich mit dem großen und wirtschaftlich bedeutenden Gebiet der Metallprägung und möglichst auch mit den verschiedenen Prägevorgängen vertraut zu machen. Ohne ihre Kenntnis wird es dem Stahlgraveur schwer möglich sein, den jeweiligen Anforderungen gerecht zu werden. In vielen Fällen ist er auch darauf angewiesen, gemeinsam mit dem Mechaniker zu arbeiten. Wir unterscheiden dabei drei verschiedene Arbeitsgebiete: das Prägen dünner Bleche – in der Fachsprache „Pressen" genannt –, die halbmassive und die massive Prägung. In allen Fällen handelt es sich um die plastische Gestaltung bzw. Formung von metallenen Gegenständen oder Metallteilen zur Vervielfältigung eines Originalwerkes in beliebiger Menge. Es sind dazu Hohlformen (Matrizen) und erhabene, also plastische Gegenformen (Patrizen) erforderlich, die je nach der Art und dem Grad der Ausformung verschieden gestaltet sein können.

Die erste Stufe der plastischen Vervielfältigung ist zweifellos das Siegelverfahren gewesen, das sich in seinen Grundzügen bis heute erhalten hat. Die alten Ägypter, deren meisterhafte Siegelgravierungen in Stein ja bekannt sind, benutzten in Anlehnung daran auch bereits Hohlformen aus Stein zur Prägung von Metallblechen. Auch in der mykenischen Kunst wurden mit diesen Steinformen Schmuckstücke aus dünnem Goldblech hergestellt. Die alten griechischen Goldschmiede schufen gegossene Hohlformen aus Metall und verwendeten Bleiplatten als Patrize und preßten damit dünne Bronze- und Goldbleche. Diese primitive Preßart benutzte man bis ins Mittelalter hinein. Noch zur Zeit der italienischen Renaissance verwendete man das alte mykenische Verfahren. Man stellte Flachreliefs in Blech durch Andrücken an erhabene „Modeln" her. Erst in Deutschland ging man dazu über, vertiefte Modeln als Matrize zu verwenden und das Relief mit erhabenen Stempeln aus Blei oder Kupfer in Blech auszuschlagen. Für den handwerklichen Bedarf genügte diese einfache Art der plastischen Vervielfältigung. Die Zeit drängte aber schließlich, die Arbeitsmethoden zu verbessern. Man versuchte es nun mit erhaben gravierten Stahlstempeln, sog. Handstampfen, mit denen Blech auf einer Zinkunterlage durch Hammerschlag ausgepreßt wurde. Kleinere Teile ließen sich ja damit verhältnismäßig gut herstellen. Bei größeren Stücken war eine scharfe Ausprägung aber nicht möglich. Erst das gravierte und gehärtete Stahlgesenk und die Verwendung einer stabilen Gegenform ermöglichte ein Prägeverfahren im heutigen Sinne. Die Massivprägung kennt man ja schon von der Münz- und Medaillenprägung her (siehe diese). Hier genügt aber zur Ausprägung des Reliefs in dem geschmeidigen Münzmetall, das auch entsprechende Dicke hat, ein einfacher, glatter Preßkopf oder der Druck des GegenStempels (Revers). Hohlformen in Blech preßt man mit einem plastischen, positiven Preßkopf, der der Gesenkform genau entspricht. Dieser als „Pfaff" bezeichnete erhabene Preßkopf zwingt das Blech, die gewünschte, im Gesenk ausgearbeitete plastische Form anzunehmen. Das vollständige Prägewerkzeug besteht also aus Gesenk oder „Matrize" einerseits und Pfaff oder „Patrize" andererseits.

Mit der Entwicklung dieser Prägeeinrichtungen und der Einführung geeigneter Fallwerke und Prägemaschinen in der deutschen Silberwarenfabrikation zu Beginn des 19. Jahrhunderts setzte der ungeheure Aufschwung der plastischen Vervielfältigung in der Feinmetallindustrie ein. Der Stahlgraveur, als Schöpfer der erforderlichen Originalgesenke und -pfaffen, hat einen erheblichen Anteil daran. Auf seiner künstlerischen Arbeit beruht die hohe Qualität der industriellen Erzeugnisse, die dem handwerklichen Einzelprodukt kaum nachstehen.

Das Arbeitsfeld hat sich im Laufe der Jahrzehnte immer mehr erweitert. Es umfaßt heute nicht nur den großen Bedarf an Preß- und Prägeformen der Schmuckwarenindustrie für Broschen, Anhänger, Ringe, Knöpfe, Kettenglieder und sonstige

Einzelteile, sondern auch den der Kleinsilberwarenfabrikation für Dosen, Etuis, Toilettengarnituren, Schreibtischgerät, Serviettenringe usw. Sehr bedeutend ist aber auch der Bedarf an Korpusstanzen für Hohlwaren der Großsilber- und Metallwarenindustrie, die zugleich auch der größte Auftraggeber für Stanzen und Gesenke zur Herstellung von Bestecken im Massivprägeverfahren ist. Schließlich sei noch die Abzeichenfabrikation, die Fabrikation von Möbelbeschlägen, von Gürtlerbedarf usw. genannt. Das Arbeitsgebiet des Stahlgraveurs ist also sehr vielseitig. Es ist klar, daß hier die Arbeitsweise nur in großen Zügen behandelt werden kann. Die zweckmäßigste Ausführung der einzelnen Arbeiten ergibt sich aus dem Entwurf, den Erfahrungen der Praxis sowie aus dem Gefühl für die Formung und Prägefähigkeit der hierzu benutzten Metalle und für gute Materialwirkung. Vor allem muß der Stahlgraveur in hohem Grade Plastiker sein. Seine Arbeit gleicht der des Bildhauers, Er muß nur ein ungleich härteres Material bearbeiten und, sofern er ins Gesenk arbeitet, auch in plastischer Umkehrung aller Formen denken. Er muß auch ein tüchtiger Modelleur sein. Dann kann er jederzeit, wenn der zeichnerische Entwurf keine genügende Vorstellung der geforderten Form gibt, selbst eine plastische Vorlage in Ton oder Modellierwachs schaffen. Das erleichtert namentlich schwierige Arbeiten ungemein, zugleich aber auch die Entscheidung, ob die vertiefte Ausführung als Gesenk oder die erhabene als Pfaff am zweckmäßigsten ist.

GRAVIERUNG VON STAHLPFAFFEN

AUSZUG AUS „HANDBUCH DER GRAVIERKUNST"
CURT STREUBEL, FACHBUCHVERLAG LEIPZIG, 1957

Das ist eigentlich schon der Beginn der praktischen Arbeit. Es gibt wirklich keine allgemeine Formel dafür, welche Arbeitsweise vorzuziehen ist. Man muß von Fall zu Fall entscheiden. Was ohne allzu große Mühe im Gesenk ausgeführt werden kann, sollte vertieft graviert werden. Was dort nicht zu erreichen ist, wird besser erhaben, also als Pfaff geschnitten. Dabei braucht nicht jede Einzelheit ausgearbeitet zu werden. Es gibt genug Details, wie Perlreihen, Kordelreihen, leichte Ornamente, die sich im Gesenk, das ja doch angefertigt werden muß, leichter und exakter nachholen lassen. Um ganz klar zu sehen, wollen wir uns Aufgabe und Funktion von Gesenk und Pfaff noch einmal vor Augen halten. Der eigentlichen Formung des zu pressenden oder zu prägenden Gegenstandes dient das Gesenk. Es gibt ihm das Gesicht, die Schauseite. Deshalb muß es in allen Einzelheiten sorgfältig ausgearbeitet sein. Soll poliertes Material damit geprägt werden, wie bei der Doubléwarenfabrikation, dann müssen alle glatten Partien auch im Gesenk sauber geschliffen und poliert werden. Das geschieht jedoch zweckmäßig erst, nachdem es gehärtet ist. Bei Gesenken für dünne Pressungen wird auch die ebene Oberseite vor dem Härten sauber abgezogen und geschliffen. Der Preß- oder Prägepfaff wird aus dem Gesenk ausgezogen. Als Material wird entweder Blei, Kupfer, Messing, Bronze, Eisen oder Stahl verwendet. Maßgebend ist dabei die Tiefe der Prägung, das zu prägende Metall und die zu prägende Auflage (Menge). Der Preßpfaff darf jedoch das Gesenk nicht vollkommen ausfüllen, da sonst das zu prägende Blech reißen würde. Er wird deshalb in der Weise hergestellt, daß ein Stück Messingblech in Dicke des zu prägenden Materials auf das Gesenk gelegt und ein Stück Blei, Kupfer oder Bronze in erhitztem oder glühendem Zustand mit dem Pfaff unter dem Fallhammer in das Gesenk hineingeschlagen wird. Auf diese Weise wird der Pfaff automatisch um eine Blechdicke kleiner. Mit dem Bleipfaff wird vorgepreßt, mit dem Kupfer- oder Bronzepfaff fertig ausgeschlagen. Dieses Verfahren ist jedoch nur bei kleineren Auflagen üblich. Für Massenerzeugnisse und besonders exakte Arbeiten, wie Ringe, Kettenglieder, Armbandglieder, Knöpfe, Medaillons usw., sind stählerne Kontrepfaffen erforderlich. Diese werden warm aus dem Gesenk herausgezogen und müssen um die Blechdicke kleiner sein. Silberwaren werden mit Pfaffen aus schmiedbarem Messing oder besser noch aus einer schmiedbaren Spezialbronze geprägt, die sich dunkelrotwarm aus dem Gesenk ausziehen läßt. Für größere Objekte werden Pfaffen aus Flußstahl angefertigt, die an der Oberfläche gehärtet werden, eventuell wird auch Stahlguß verwendet.

Wird das Original nicht als Gesenk, sondern als Pfaff graviert, dann geht man umgekehrt vor. Die positiv gravierte Form wird in einen anderen Stahlklotz eingedrückt, so daß ihr vertieftes Gegenbild entsteht, also ein Gesenk. Dieses muß eventuell noch nachgearbeitet werden. Dabei können einzelne Verzierungen, Ornamente usw., wie bereits erwähnt, noch nachgeholt werden.

Bei besonders hohen Formen wird der Pfaff nicht ohne weiteres eingedrückt. Das Gesenk wird vielmehr in großen Partien mit dem Meißel manuell so weit vorgearbeitet, daß leicht und glatt eingedrückt werden kann. Manchmal wird nach dem ersten Andrücken partieweise vorgearbeitet und immer wieder nachgedrückt, bis alle Einzelheiten scharf ausgeprägt sind. Der Originalpfaff muß aber aus gutem Stahl gearbeitet und besonders sorgfältig gehärtet sein. Er darf auch nicht als Preß- oder Prägepfaff verwendet werden, da er das Gesenk ja genau ausfüllt und das Blech somit reißen würde. Für die Prägearbeit ist also in jedem Falle noch ein Kontrepfaff aus entsprechendem Material erforderlich, der, wie oben beschrieben, um eine Blechdicke geringer sein muß. Man prägt auch nicht in jedem Falle aus dem Originalgesenk. Wenn dieses etwa zerspringt oder, was auch vorkommt, sich „setzt" oder zu stark beansprucht wird und sich dadurch zu sehr abnutzt, dann muß unter Umständen die ganze Arbeit neu gemacht werden. Das ist bei schwierigen und komplizierten Gravierungen natürlich eine kostspielige Sache. Ist ein Pfaff vorhanden, dann läßt sich ohne große Mühe ein zweites Gesenk herstellen. Das braucht aber nicht ein Originalpfaff zu sein, sondern ein gezogener. Auf die gleiche Weise, wie durch Eindrücken eines gravierten Pfaffen in einen Stahlklotz ein Gesenk entsteht, kann ein solcher auch durch Ein drücken eines entsprechend zugerichteten Stahlstückes aus dem Originalgesenk herausgezogen werden. – Eigentlich ist es der gleiche Vorgang wie beim Ausziehen eines Prägepfaffen. Der zur Herstellung weiterer Gesenke bestimmte Pfaff verkleinert sich jedoch nicht, sondern wird etwas geschärft und dann Sorgfältig gehärtet. Er wird ebenfalls eingesenkt.

Der Pfaff muß vor allem dann vorsorglich angefertigt werden, wenn aus dem Gesenk massiv geprägt werden soll. Bei der Massivprägung zerspringt dieses fast mit Sicherheit über kurz oder lang. Deshalb muß schon von vornherein mit einer Erneuerung gerechnet werden. Somit empfiehlt es sich, einen Pfaffen als Original oder im Gesenkauszug überall dort anzufertigen, wo dies ohne allzu großen Zeit- und Materialaufwand möglich ist. Bei Korpuswaren und Sonstigen größeren Stücken wird man aber meist genötigt sein, die Form direkt ins Gesenk zu arbeiten. Sonst erweist sich hier das Eindrücken als viel zu schwierig, wenn nicht überhaupt als unmöglich. Bestimmte, namentlich streng symmetrische Formen lassen sich im Gesenk auch viel leichter und exakter ausführen.

Exakte Arbeit ist überhaupt das wesentlichste Merkmal der Stahlgravierung. Das liegt schon im Material begründet. Weiche und verschwommene Arbeiten sind hier nicht am Platze. Die Metallprägung bedingt klare und bestimmte Formen und der Stahl als Werkstoff sicheres Arbeiten.

Wir sagten bereits, daß der Stahlgraveur ein guter Modelleur sein muß, aber nicht nur in Ton und Wachs, sondern auch in Metall. Er muß deshalb die Werkzeuge vollkommen beherrschen. Der Stahl gehorcht dem Meißel und Punzen nicht so willig wie Modellierton dem Druck des Griffels. Auch eine Bewegung der Massen ist nicht möglich. Jeder Schlag muß sitzen. Was etwa zu viel herausgemeißelt ist, läßt sich nicht mehr ersetzen. Die notwendige Sicherheit erlangt man aber nur durch Üben. Es ist jedoch nicht zweckmäßig, damit gleich in Stahl zu beginnen. Eine ausgezeichnete Vorstufe dazu ist das schon einmal erwähnte Gipsschneiden. Es erzieht zu genauer und sauberer Arbeit und stärkt zugleich das Gefühl für plastische Wirkungen. Deshalb gehört es heute auch zum festen Lehrprogramm aller Fachschulen dieses Zweiges. Der nächste Schritt ist die Übersetzung dieser Übungen in Metall, zunächst auch durch Schneiden. Als Übungsmaterial eignet sich am besten Messing, das sich mit dem Stichel auch gut behandeln läßt. Es empfiehlt sich aber auch für Meißelübungen. So soll es sein, Zügiges Meißeln gibt der Stahlarbeit nicht nur Eleganz und Fluß, sondern es ist auch rationeller. Wenn man sich zu viel auf den Stichel oder gar den Punzen verläßt, bekommt das Ganze leicht einen gequälten Ausdruck.

Die Meißelarbeit in Messing verrät schon den künftigen Stahlgraveur, der mit dem Meißel zu modellieren versteht und mit Stichel und Punzen nur die Meißelspuren glättet bzw. einzelne Partien damit ausziert. Wenn man so weit fortgeschritten ist, wird die Stahlarbeit nicht schwer fallen; sie muß natürlich sowohl erhaben als auch vertieft geübt werden.

Gravierung von Stahlpfaffen. Die erhabene Ausführung von Pfaffen (Patrizen) für die Metallprägung ist dem Stahlschnitt nahe verwandt, sie hat aber ihre eigenen Gesetze. In der Plastik sind ihr eigentlich nur durch die Stärke und Dehnbarkeit des zu prägenden Metalles Grenzen gesetzt. Dagegen sind Unterschneidungen und allzugroße unmittelbare Höhenunterschiede nahezu ausgeschlossen. Erstere würden sich beim Einsenken verhängnisvoll auswirken, letztere zu einem Reißen des Materials führen, das unter allen Umständen

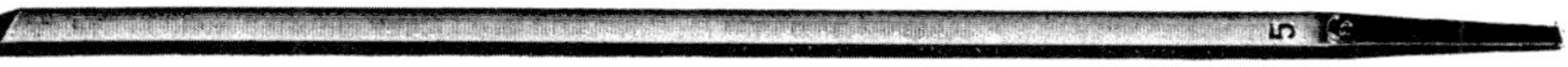

Bild 5. Grabstichel

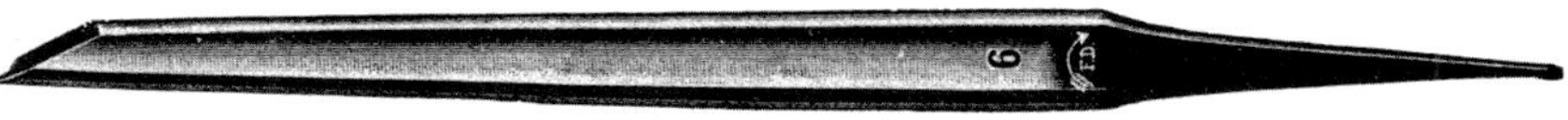

Bild 6. Facettenstichel

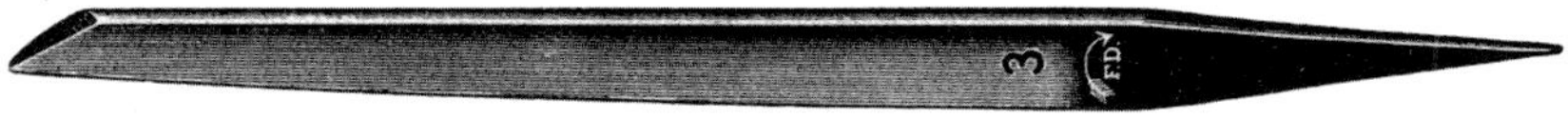

Bild 7. Spitzstichel

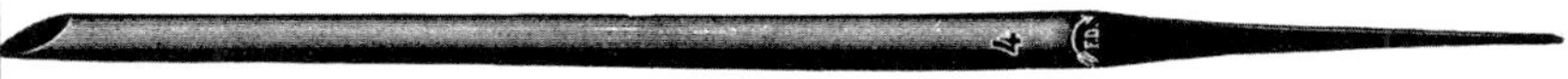

Bild 8. Linsenstichel

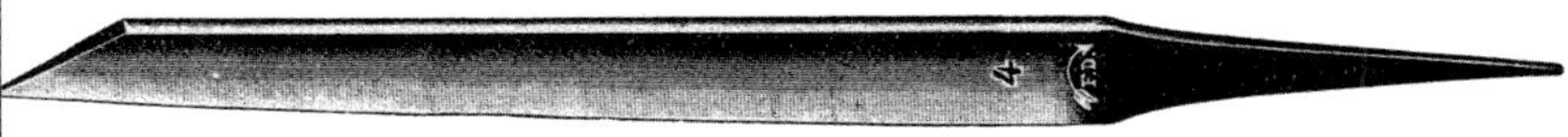

Bild 9. Messerstichel

Bild 10. Rundstichel

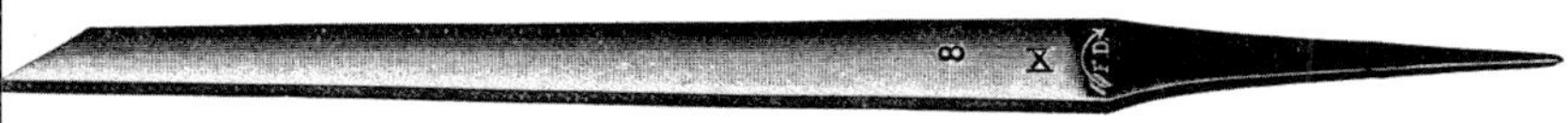

Bild 11. Flachstichel

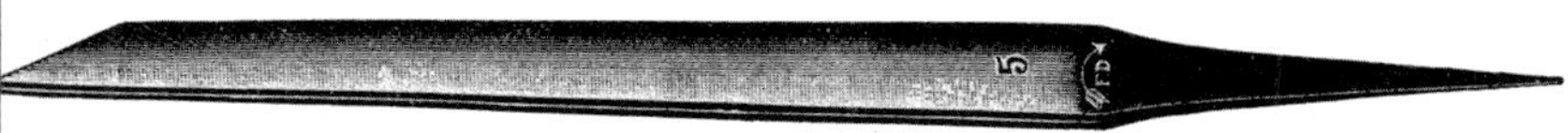

Bild 12. Zweireiher

vermieden werden muß. Der Stahlgraveur muß also genau wissen, was prägetechnisch möglich ist und trotzdem an plastischer Wirkung herausgeholt werden kann. Das lernt sich am besten bei schrittweisem Vorgehen.

Selbst eine so einfache Arbeit, gibt die Möglichkeit, in geschickter Höhenabstufung und eleganter, straffer Linienführung ein interessantes Motiv herauszubilden. Das läßt besonders die Seitenansicht erkennen. Hier zeigt sich so recht der Wert der Übungen im Gipsschneiden. Gerade die so simpel scheinenden Arbeiten erfordern Gewandtheit in der Anlage. Wo diese fehlt, würde mancher Stahlgraveur scheitern. Diese Arbeit hat ihre Tücken. Nur die meisterliche Ausführung läßt sie so selbstverständlich erscheinen. Natürlich müssen die Durchbrüche sauber herausgearbeitet werden, damit ohne Panne eingesenkt werden kann und auch die spätere Prägung keine Schwierigkeiten macht. Die Konturen müssen zwar straff heruntergestochen werden, dabei aber doch leicht konisch gehalten sein. Mit dem Meißel wird der Grund flach abgesetzt. In geeigneten Fällen geschieht dies mit der Hobelmaschine (Shapping) oder der Fräsmaschine.

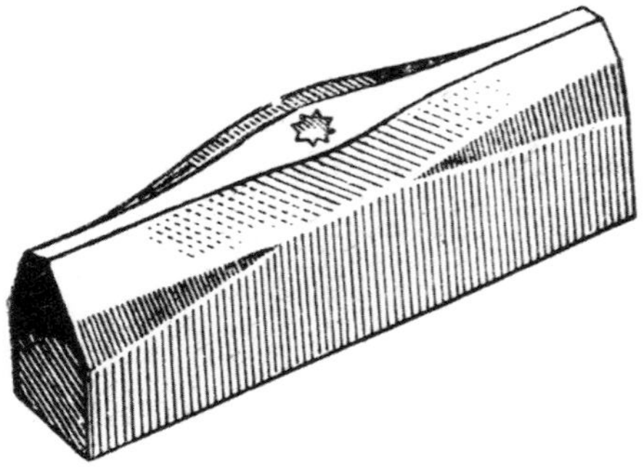

Bild 148 Gerader Ringpfaff

Vor dem Härten werden die Seitenwände der Pfaffen übrigens bis auf einen schmalen Rand rings um die Gravierung schräg abgefeilt oder abgedreht, damit das Eindrücken besser beobachtet werden kann. Bei flachen Formen, wie Sportabzeichen und dergleichen, kann der Stahlklotz für den Pfaffen leicht zugerichtet werden. Bei Stücken mit großen Höhenunterschieden muß aber vieles bedacht werden. Der höchste Punkt soll möglichst nahe dem Kern liegen. Dadurch kann man beim Einsenken sicher aufsetzen; eventuell wird man die Modellierung so anlegen, daß mehrere Teile gleichzeitig aufsetzen. Die starken Bewegungen der Oberfläche werden mit der Schrotfeile und Handfeile vorgearbeitet, ehe die Aufzeichnung erfolgt. Man spart damit viel Meißelarbeit. Überhaupt spielt die Feile, wenn man Pfaffen und Gesenke zurichtet, eine große Rolle. Namentlich die Grundform soll soviel wie möglich damit freigelegt werden. Eine besondere Bedeutung gewinnt diese Behandlung der Grundform bei den Ringpfaffen. Man unterscheidet dabei drei Grundformen: flachgestreckte Pfaffen, solche mit erhöhtem Aufsatz und halbkreisförmig gewölbte Ringpfaffen.

Mit der flachgestreckten Form stellt man Gesenke für massive Ringe her, die mit einem glatten Preßkopf geprägt werden. Das Muster wird also in gleicher Höhe ausgearbeitet. Die Seiten werden freigelegt, indem man sie nur schräg ab- und ausfeilt, wie es das Schema Bild 148 zeigt.

Bei Ringen mit erhöhtem Aufsatz, wie sie z. B. Siegelringe erfordern, fallen die Seitenteile, also die Ringschienen, kurvenförmig ab. Sie verlaufen schließlich flach. Hierbei ist es nötig, den Pfaff in seiner ganzen Länge entsprechend zuzufeilen und dann die eigentliche Ringform in der erforderlichen Höhe durch Meißeln seitlich freizulegen (Bild 149). Dann braucht beim Einsenken nur diese eingeprägt zu werden. Selbstverständlich muß auch das Gesenk als Gegenform der Bewegung des Pfaffen angepaßt werden. Es wird deshalb mit einer Zinkschablone, die der Grundform des Pfaffen entspricht, die Oberfläche ausgefeilt, so daß nur die eigentliche Gravierung eingedrückt zu werden braucht.

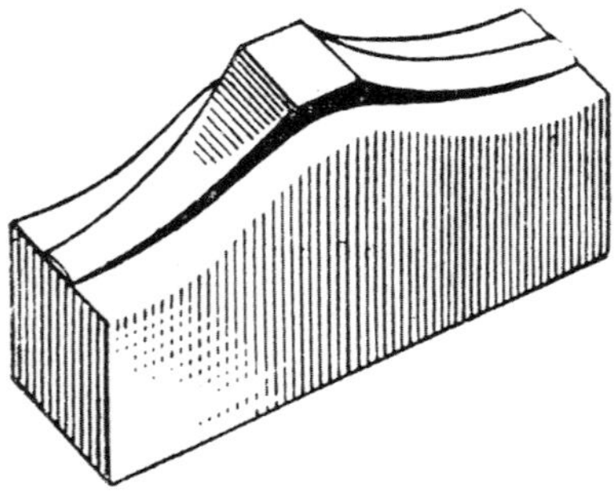

Bild 149 Gerader Ringpfaff

Ganz ähnlich werden Pfaff und Gesenk bei den hochgewölbten, halbkreisförmigen Ringformen für hohle oder halbmassive Prägungen zugerichtet (Bild 150). Das Ringmittelstück sitzt genau auf dem Scheitelpunkt des Pfaffen, die Seitenteile fallen der Wölbung entsprechend stark abwärts. Für das Gesenk, das natürlich wieder gut vorbereitet werden muß, ist ein ziemlich reichlich bemessener Stahlblock erforderlich, da die hohe Form des Pfaffen eine entsprechende Widerstandsfähigkeit bedingt. Das gilt auch für die vorher besprochene Form. In beiden Fällen werden aus den gehärteten Gesenken die zum Prägen erforderlichen Kontrep-faffen ausgezogen, die vom Stahlgraveur um die verlangte Blechdicke zurückgearbeitet werden müssen. Soll hohl geprägt werden, muß dies peinlich genau geschehen. Bei halbmassiven Ringen mit voller Ringschiene braucht nur der Aufsatz exakt nachgearbeitet zu werden.

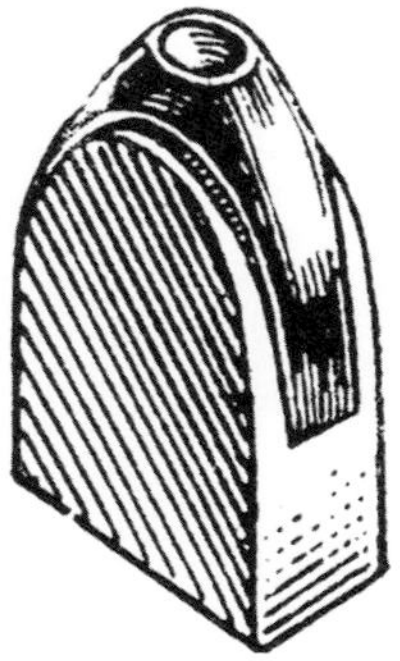

Bild 150 Hochgewölbter Ringpfaff

Zuweilen werden die Ringschienen und das Mittelstück auch einzeln geprägt und dann zusammengesetzt bzw. gelötet. In diesem Falle sind Einzelpfaffen und -gesenke erforderlich. Die Ringschiene, die rechts und links ja fast immer das gleiche Muster erhält, braucht dann nur zur Hälfte ausgearbeitet zu werden. Man prägt sie auch so, lötet die zwei Schienenhälften, nachdem sie gebogen sind, an den Enden zusammen und fügt dann das besonders geprägte Mittelstück ein. Natürlich kann auch mit Doppelgesenken gearbeitet werden.

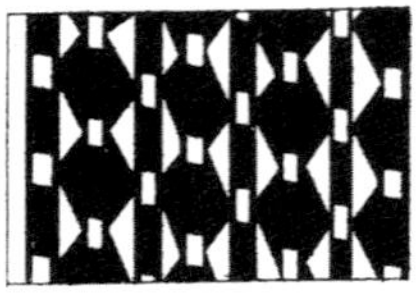
283

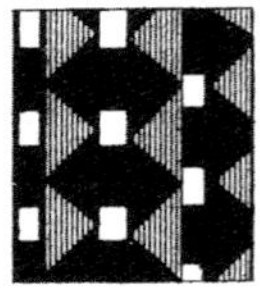
284

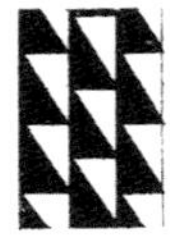
285

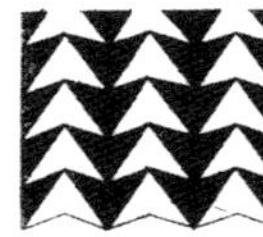
286

283-286 Guillochierungen, Reproduktion aus: Prechtl II, Taf. 138, Fig. 12, 13, 9. – Guilloche work, reproduced from Prechtl II, pl. 138, fig. 12, 13, 9

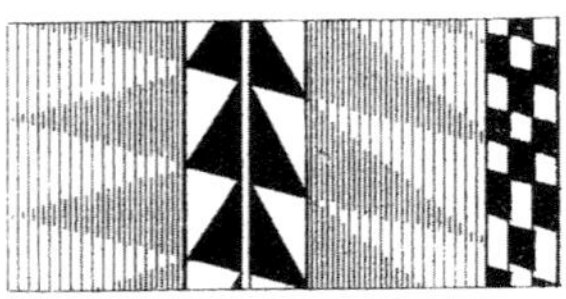
287

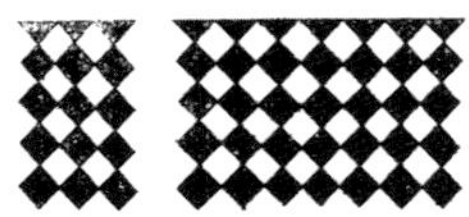
288

287, 288 Guillochierungen, Reproduktion aus: Prechtl II, Taf. 138, Fig. 10, 11. – Guilloche work, reproduced from Prechtl II, pl. 138, fig. 10, 11

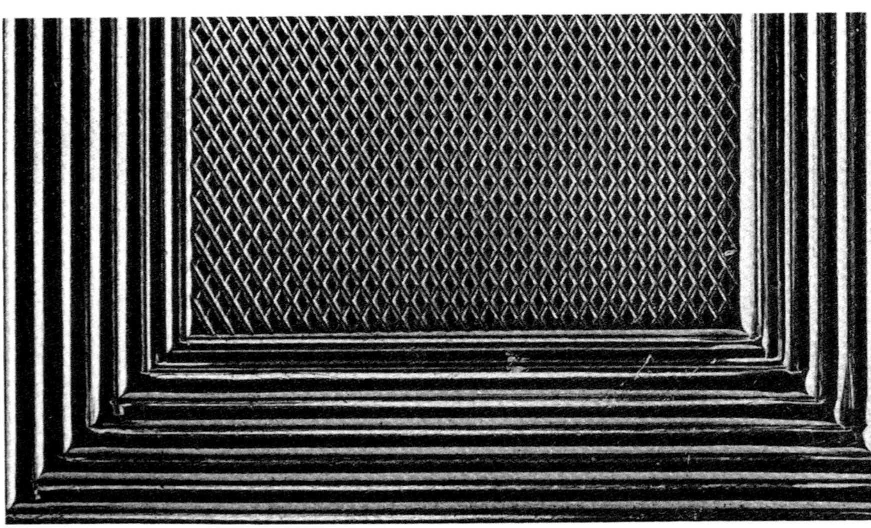

289 Detail einer Schnupftabaksdose, Kat. Nr. 9 (wohl A. Surland, 1819). – Detail of a snuffbox, cat. no. 9 (probably A. Surland, 1819)

PRESSEN

AUSZÜGE AUS „DIE WERKSTOFFE DES GOLDSCHMIEDS"
VON FRITZ RAPP, SELBSTVERLAG PFORZHEIM 1928

PRESSEN

Die teure Handarbeit beim montierten Schmuck sucht man dadurch auszuschalten, dass man die Ware presst. Gepresste Waren sind billiger herzustellen als montierte, genießen dafür aber auch nicht die hohe Wertschätzung der handgearbeiteten Waren. Das Pressen findet vor allen Dingen Anwendung beim Doublé, das wegen der dünnen Goldauflage nicht von Hand verarbeitet werden kann, aber auch bei Silberund billigeren Goldwaren. Bedingung ist, dass die gepresste Ware gangbar ist, damit sich die hohen Kosten für die Form (das Gesenk) auf eine möglichst große Stückzahl verteilen.

An der Herstellung der Pressungen beteiligen sich der Stahlgraveur, der Mechaniker und der Presser. Der Stahlgraveur zeichnet oder paust die zu pressende Form auf ein zurecht gefeiltes Stück weichen Stahl, graviert sie mit Stichel, Punzen und Feilen erhaben und schleift die Flächen glatt. Diese erhabene Form heißt Pfaff.

Der Mechaniker härtet den Pfaff und drückt ihn mit einer starken Presse in ein anderes Stück weichen Stahls. In ihm erscheint die Form vertieft. Diese vertiefte Form heißt Gesenk. Nachdem der Stahlgraveur es nachgearbeitet hat, wird es vom Mechaniker ebenfalls gehärtet.

Das Gesenk wird oft auch, besonders bei größeren Formen, vom Stahlgraveur direkt angefertigt. Beim Härten werden Pfaff und Gesenk, da sie aus weichem, kohlenstoffarmen Stahl bestehen, in einer Glühschale in Lederkohle (Lederasche) eingebettet und in einem Glühofen mehrere Stunden auf Kirschrotglut 800°C erhitzt. In diesem Zustand nimmt der Stahl von der Lederasche Kohlenstoff auf und verbindet sich mit ihm zu Eisenkarbid. Es genügt, wenn Pfaff und Gesenk von außen her einige Millimeter tief gekohlt sind. Um aber dem Stahl seine Härte zu erhalten, muß er rasch abgelöscht werden, ehe er sich unter 680°C abgekühlt hat. Das Ablöschen erfolgt in Wasser. Der Pfaff wird gleichmäßig abgelöscht, da er überall gleich hart sein darf. Das Gesenk aber, das die Stöße des Fallhammers auszuhalten hat, soll nur auf der Formseite hart, im übrigen aber elastisch sein; man löscht daher beim Gesenk nur die Oberseite rasch ab (unter dem Hahnen oder der Brause) und läßt den untern Teil unter 680°C abkühlen; erst dann löscht man das ganze Gesenk ab. Der Presser schlägt nun aus dem Gesenk mittels des Fallwerks Pressungen in der jeweils benötigten Anzahl heraus.

Das Fallwerk ist eine Säulenpresse und besteht aus dem eisernen Tisch (Amboß) mit vier Schrauben zum Festhalten des Gesenkes, einem eisernen Rahmengestell, in dem sich der Fallhammer auf und ab bewegt, und dem Fallhammer, ebenfalls aus Eisen. Er hat an seiner Unterseite einen Ansatz, den sogen. Presskopf (auch Bär genannt) und wird durch ein Seil, das über eine Rolle am oberen Rahmenende läuft, emporgehoben. Beim Pressen wird nun am Presskopf ein Stück Blei befestigt, das Gesenk auf dem Tisch eingeschraubt, ein Messingblech als Futter darüber gelegt und das Blei durch Fallenlassen des Hammers in das Gesenk hineingetrieben. Es nimmt dadurch die Form des vom Stahlgraveur hergestellten Pfaffs an, ist aber um Blechstärke kleiner als dieser. Mit diesem Bleipfaff wird nun vorgepresst. Er gibt noch keine scharfen Pressungen, schont aber das Metall besser als ein harter Pfaff. Um scharfe Pressungen zu erhalten, wird auf gleiche Weise, aber im glühenden Zustand, ein Bronzepfaff hergestellt; damit werden die Pressungen ein zweites und wenn nötig, ein drittes Mal nachgepresst.

Vor und zwischen dem Pressen muß das Metall wiederholt geglüht werden, um es wieder geschmeidig zu machen. Das Blech wird beim Pressen stets etwas größer geschnitten. Der überstehende Rand wird nach dem Pressen durch Absägen oder Aushauen entfernt.

PRÄGEN

Geprägt wird nicht mit dem Fallwerk, sondern mit starken Pressen. Die Gesenke werden vom Stahlgraveur oder mittels der elektrisch betriebenen Reduziermaschine nach einem gegossenen Modell hergestellt. Als Pfaff dient beim Prägen ein vom Mechaniker angefertigter Stahlstempel. Die Gesenkform prägt sich im Gegensatz zur gewöhnlichen Pressung nur auf einer Seite ein (Massivpressen); die Rückseite erscheint entweder glatt, oder erhält eine andere Prägung, die dann auf der Unterseite des Stahlstempels (Kontrepfaffs) eingraviert wird. Zum Prägen wird viel stärkeres Blech genommen als zum Pressen. Anwendung findet es besonders bei Münzen und Medaillen.

AUSHAUEN/STANZEN

Formen aus Blech, die in großer Zahl hergestellt werden müssen, wie Kettenglieder, Pressungen, Chatons und vieles andere, werden nicht von Hand, sondern maschinell ausgehauen. Man braucht dazu Aushauermaschinen und Aushauerwerkzeuge. Die ersteren sind Pressen verschiedener Größe und Bauart (Fußtritt-, Kugel-, Friktionspressen), die zum Teil automatisch arbeiten. Einfache Formen werden oft mittels sogen. Aushauerpressen in zwei unmittelbar aufeinander folgenden Arbeitsgängen gepresst und ausgehauen.

Die Aushauerwerkzeuge werden vom Mechaniker hergestellt. Sie bestehen aus zwei Hauptteilen: Der Matrize, welche dem Gesenk entspricht, und dem Stempel oder Dorn, der ganz genau in die Matrize passen muß. Man unterscheidet deutsche und französische Aushauer: letztere haben über der Matrize eine Führungsplatte für den Dorn und werden besonders bei feineren Formen angewandt, die ein sehr genaues Ineinandergreifen von Dorn und Matrize verlangen.

ART, HISTORY, AND PROCESSES OF GUILLOCHÉ ENGRAVING

EXCERPTS FROM THE PROPOSAL FOR SANTA FEE SYMPOSIUM 2016

G. PHIL POIRIER

Many modern day designers benefit by understanding historical processes which have long been forgotten. The Guilloché style of pattern engraving is one such process. There has been a recent re-discovery of the Guilloché process by a few jewellery designers and watch makers. This presentation will connect the historical knowledge with the present desire to learn and understand this process. It will show how these rare machines work and how they are used to create the optical effects seen on the surfaces of masterful works of art such as those made by Faberge, Breguette and others.

PART I: DEFINITION

[...] The term Guilloché within the jewellery and watchmaking industries is used to identify the engraving made by the trade Rose Engine, Straight Line Engine, and Brocading Machines. "Guilloché" is synonymous with the term "Engine Turning", and often abbreviated as "ET". For the sake of this paper we will use ET and Guilloché synonomously and interchangeably. "OT" is the abbreviation of the Ornamental Lathe, the precursor to the Rose Engine or ET lathe. The OT lathe is used primarily for wood and other soft materials including the historic use on ivory in the previous centuries.

The first great Treatise on Turning was written during the last half of the 17th century by Plumier "Art Du Tourneur",[1] published in 1701, although the work was produced between 1653 and 1675. It contains numerous illustrations of ornamental lathes and their accessories such as the rosettes for rocking radially and/or pumping axially which produce ornamental objets d'art [...].

The Encyclopedia of Diderot & D'Alembert,[2] included a volume titled "Art du Tourneur", 1772. In it are many early examples of rose engines and their accessories, including details showing both axial and radial rosettes used to pump the spindle axially (along the long axis of the spindle) and rock the spindle radially (perpendicular to the long axis of the spindle). There was a great proliferation of these machines during The Age of Enlightenment due to rapid spread of knowledge brought about by the new philosophy of shared information and a growing publishing industry. This was the first time a book was published in great numbers which allowed for anyone to create the machines shown and described. Up to this time all of this information was held and kept secret by the guild system.

Ornamental turning became a popular pastime in the homes of European royalty. All of the European courts had a room dedicated for turning mainly for educational and entertainment purposes. At this time the art of turning had its foundation based in philosophy. The philosophy being that all things mechanical and all natural things were the same. Descartes wrote in 1644 "I know no difference between machines that the craftsman make and the various bodies that nature make on its own". Therefore, the wisdom of the day was, to understand a machine, such as an ornamental lathe, was to understand Natures' inner workings. This philosophy spread rapidly through the aristocracy and the courts and saw the rapid adoption of the ornamental lathe as an educational device and a mechanical marvel. [...]

[...] The first published examples of Straight-line and Rose engine for Guilloché on metal are included in Bergeron's "Manual du Turneur" in 1816[3]. It was in the printing of these illustrations that the printing plates themselves had guilloché applied to them, then they were inked and pressed. Guilloché's use in watches and watch cases began around 1780. The Swiss based Abraham-Louis Breguet began to apply guilloché to his watches around 1785. It soon became known as their signature style and today is utilized in the majority of their watches. As recent as 1902 there was an official guilloché class under the school of engraving within the "university" of industrial and applied arts in La Chaux-de-Fonds Switzerland, the same place that produced many of the engine turning machines such as Lienhard, Güdel, and Lang.

No discussion of guilloché and ornamental turning would be complete without the mention of the work done by the Holtzapffel Company. The London firm Holtzapffel is most famous for its ornamental lathes made between 1794 and 1914. Founded by John Jacob Holtzapffel I (1768-1835), and later run by his son, Charles Holtzapffel (1806–1847), and then grandson, John Jacob Holtzapffel II

(1836-1897). Producing over 2000 lathes, of which it is believed that 16 were Rose Engines. [...]

FROM ORNAMENTAL TURNING TO GUILLOCHÉ

No evidence is found which clearly shows the evolution from the OT lathe to the guilloché rose engine or ET lathe. Although very similar to the ornamental lathe, the guilloché rose engine evolved with several distinctions that differentiate it from the OT lathe. The guilloché rose engine needed to be much more rigid to be able to engrave metal and leave a bright cut without marks made by vibration. The amplitude of the rosettes (difference between the peaks and valleys of the rosette) are also much lower on the guilloché rose engine due to the smaller size of the work pieces and the effects of amplitude on designs. Rose engines produced for the watch trade were made with numerous lobes on each rosette, sometimes upward of 360 lobes with very low amplitudes. The sliderests on guilloché lathes are considerably different. They include the ability to move the slide in repeatable increments and also include a radial movement which is utilized to keep the cutter always tangent to the surface of domed workpieces like watch cases and Fabergé Eggs.

Guilloché on gold and silver became very popular during the mid to late 19th century and reached its peak during the years 1880 through 1930. Fabergé (1846-1920) used Guilloché extensively as the background of his transparent enamels. This gave the workpieces a gem-like glow, or optical play-of-light. [...]

One interesting item to note is that during this time guilloché had become very popular which created high demand for product. A few new methods were employed to shorten the time needed to produce each piece. One method was to use a diamond point to burnish the lines rather than using a cutter to cut the lines. This saved time by not requiring the use of the Guide. The depth was controlled by the force required to scratch the surface which was minimal. This also allowed workers with less training to produce items for market. Another method to speed the process was to guilloché directly into tool steel to create a die which would be used to then stamp the lines into the metal.

Both of these methods did work to reduce the time needed for each part but the quality of pattern was severely compromised. Present day attempts using CNC mills to create the same bright cut have been less than successful. This is due to the way a single point engraving tool is capable of leaving a very bright cut, rotational tools are not capable of the same.

PART II THE MACHINES ROSE ENGINE

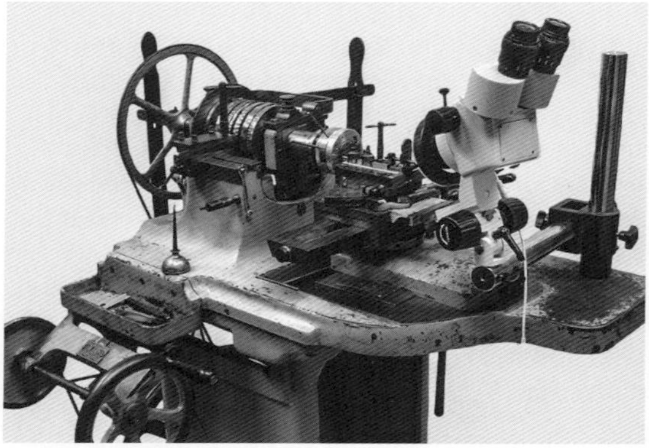

Figure 19, Rose engine built by the Swiss company Lang, 1880, Geneva, for the watch industry.

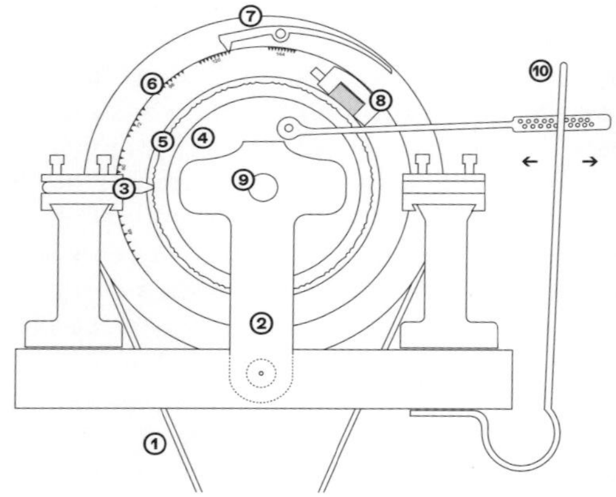

① Drive Belt
② Pivot
③ Touch
④ Barrel
⑤ Rosette
⑥ Crossing Plate
⑦ Index Lever
⑧ Crossing Worm
⑨ Spindle Nose
⑩ Rocking Spring

Figure 27 is a graphic illustration of a Rose Engine in rocking mode, front view. In this illustration the headstock is spring loaded towards the left using the Rocking Spring, forcing the Rosette against the Touch, which is fixed, causing the entire Spindle assembly, which includes the Rosettes, Crossing Plate, Worm and Index lever, to rock gently left to right. As the spindle is rotated the rosette will Pivot to the right when the touch reaches a Rosette peak and conversely the Spindle will pivot back to the left when the Touch reaches a valley in the Rosette. The workpiece is held in a chuck which attaches to the Spindle Nose. [...]

THE CUTTING TOOL

The cutting forces acting upon the cutter are quite high when cutting gold or silver. Cutters must be hardened and tempered to avoid chipping of the tool edge. If the tool becomes chipped, worn, or damaged during cutting the workpiece is usually discarded due to the difficulties involved with re-indexing the tool to the cut. Some guillochers prefer high speed steel for deep cuts because of its toughness, others prefer using carbide cutters because of its ability to keep a sharp edge and when making shallow cuts.

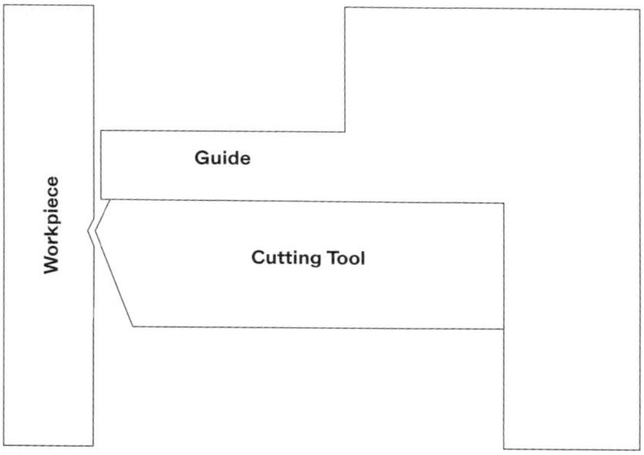

Figure 30

The geometry of the cutter varies according to the work and the desired outcome. A Cutting Tool for general use will typically have a 150 to 160 degree included angle with a 20 degree front rake. The top edge of the cutter is given a slight deburring polish at its tip to prevent chipping.

The Guide is used to control depth, and to impart a burnished area ahead of the next cut. It is adjusted in relation to the cutter to achieve the correct depth of cut which also effects the width of the cut. Figure 29 and 30. Cutting starts on the outside of the design and works towards the center of the design. While cutting the operator is using hand-eye coordination while pushing on the tool carriage and observing the curl of removed metal and the quality of the cut to achieve the best optical reflection and the best quality of pattern.

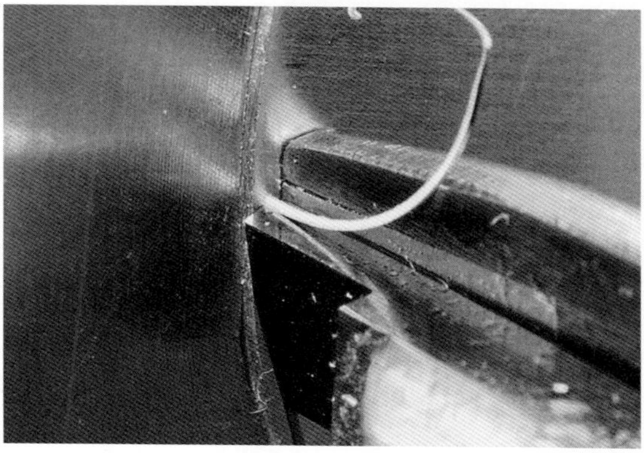

Figure 31

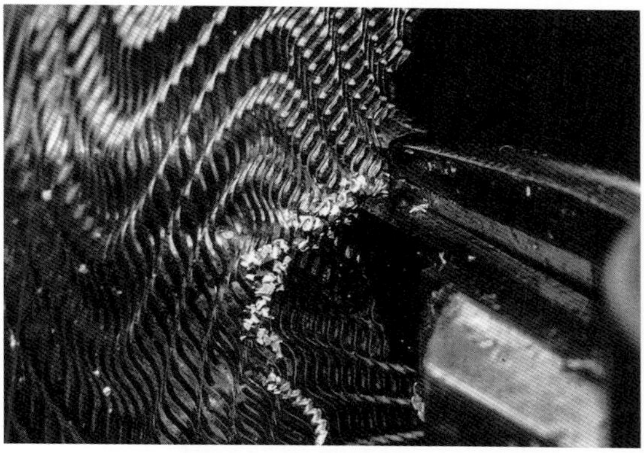

Figure 32

Figure 31 shows the curl coming out of a cut while cutting a circular border without the use of a rosette.

Figure 32 shows the start of a cut during the first revolution of the part where the swarf (material produced by the cutting action) is primarily welded material, rather thick, with signs of orange peel on its surface. Note the burnished area under the guide. Figure 33 shows the swarf after the first revolution and well into the second revolution of the part. It has a foil-like quality and the cut itself is now showing a bright, highly reflective surface.

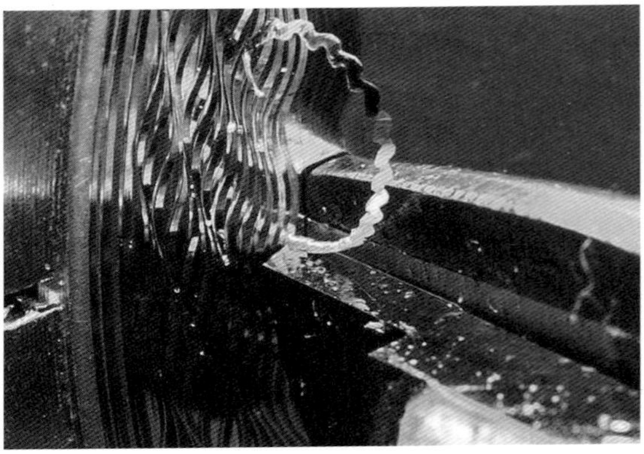

Figure 32

The finished part is fully engraved with guilloché from the outside perimeter to the center. Note that the center is cut with a circular cut without the rocking of the rosettes. Near the very center of rose machine work the side to side motion of the part creates a very muddy pattern due to the amplitude of the pattern at center. Most guillochers will turn simple circular cuts at the center for this reason. It is less of a concern with watches as they have a hole for the hands of the watch at center.

PART III PATTERN DEVELOPMENT ROSE ENGINE

Using only one rosette or one pattern bar hundreds, or even thousands of patterns can be developed by using one or more adjustments on the machines.

The simplest of the Rose Engine patterns is the concentric pattern. A rosette is selected, and the cutting proceeds from the outside diameter to the center of the work. The first cut engraves a circular border, the cutter slide is then moved over one increment, the rosette is engaged, and the second cut is made, this continues to the center of the work. This creates the pattern shown in Figure 35. One form of pattern development is with each cut the relationship between the spindle and the rosette is adjusted radially. This can be achieved by either using the Worm or the Crossing Plate (Figure 25). The Figures above all use the same 24 lobe Rosette. Figure 36 shows the effect of adjusting the Spindle/Rosette relationship by 1/2 of the pitch of Rosette. In this case the 24 lobe Rosette is rotated 1/48th of a circle or 7.5 degrees. This is a common pattern referred to as "Barleycorn".

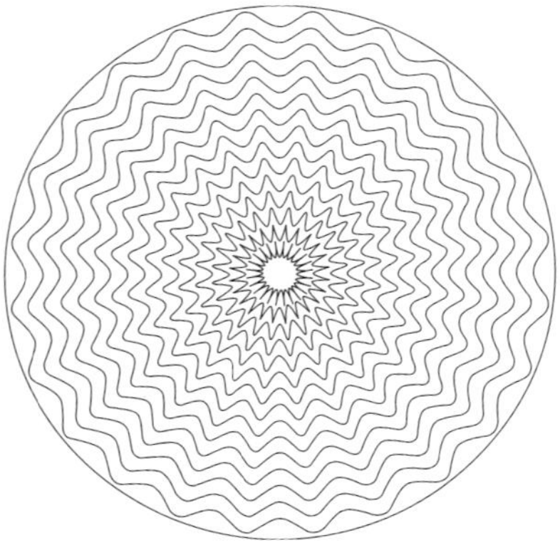

Figure 35

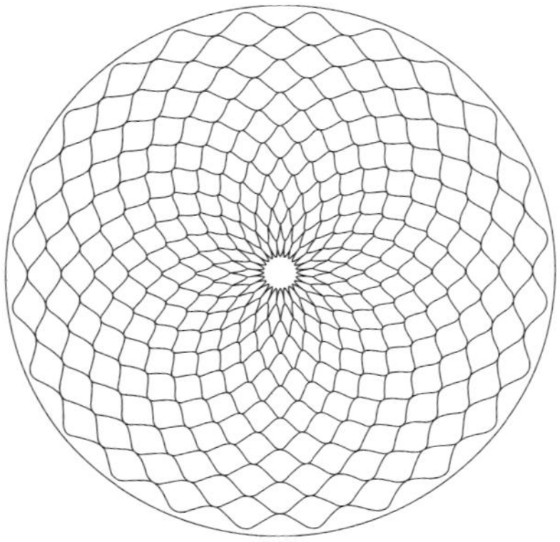

Figure 36

Similarly if a 96 lobed rosette is being used it would be rotated 1/192 of a circle, or 1.875 degrees, to create a Barleycorn pattern Figure 40. Figure 42 shows a typical ZigZag pattern also known as "Escargot" or "Lightning". The worm is adjusted by a set increment for each of 10 cuts, it is then reversed and the worm is adjusted in the opposite direction for each of the next 10 cuts, and so on continuing towards the center of the piece.

Figure 43 is a Moire pattern which exhibits the classic sinewave effect which radiates from the center outward. The worm adjustments that are made between each cut resemble the Fibonacci sequence, 1, 2, 3, 5, 8, 13, 8, 5, 3, 2, 1, and then they are repeated in the opposite direction.

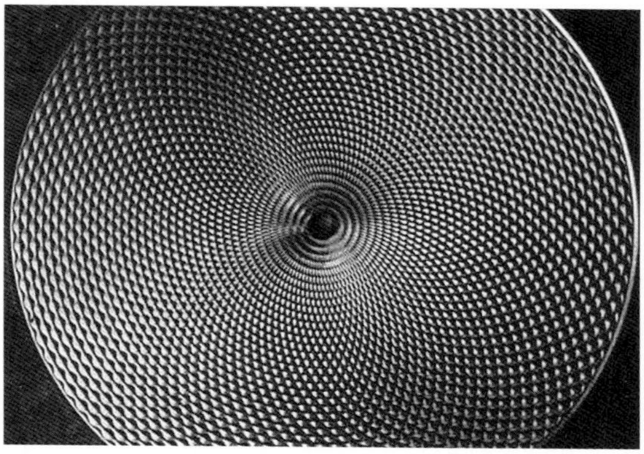

Figure 40

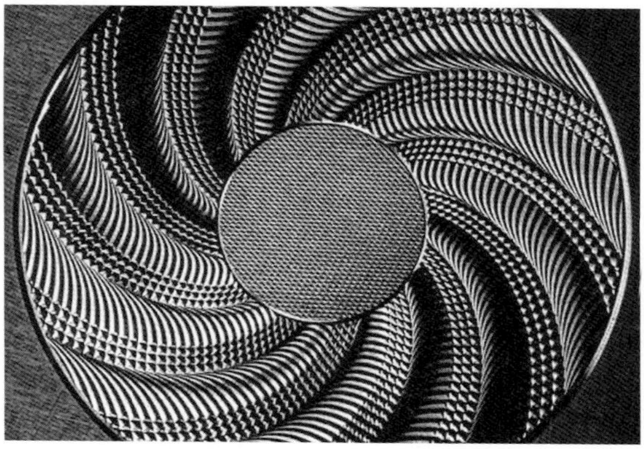

Figure 41

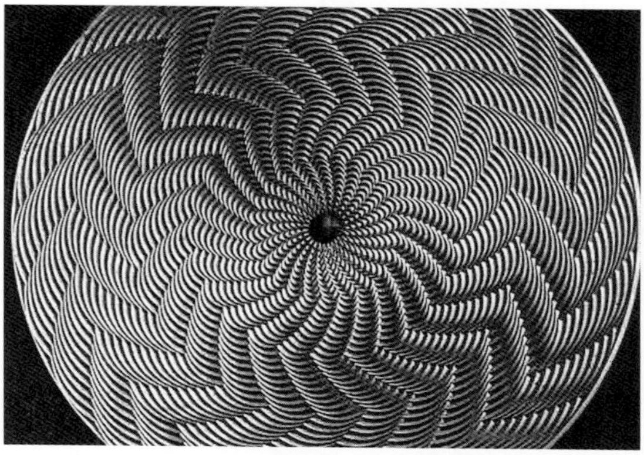

Figure 42

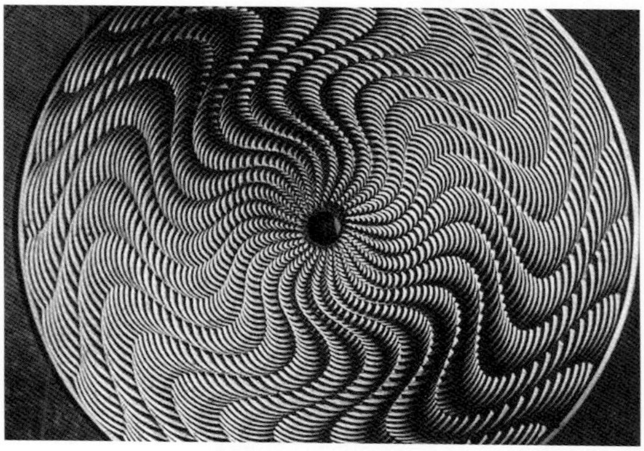

Figure 43

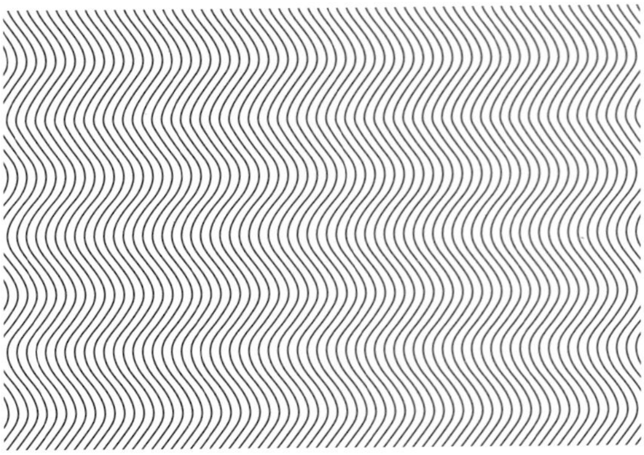

Figure 44

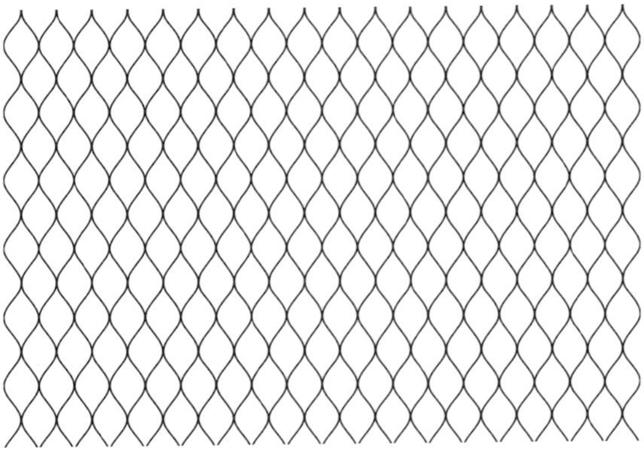

Figure 45

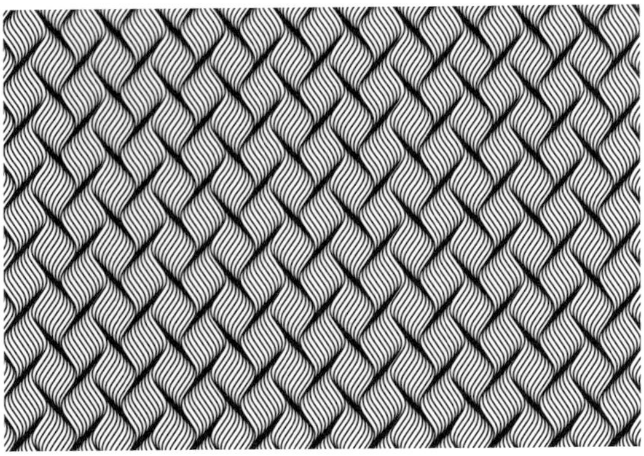

Figure 46

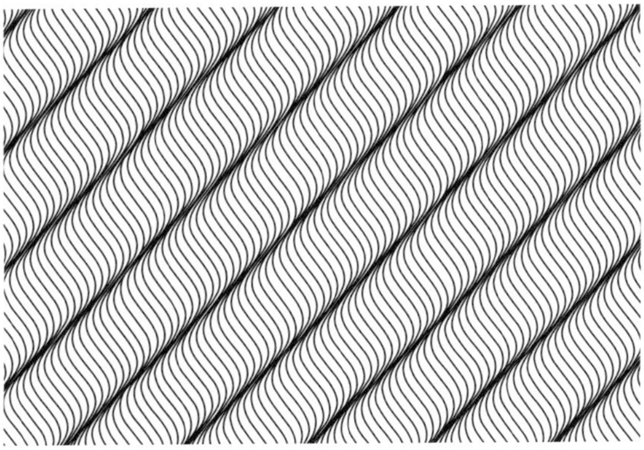

Figure 47

PATTERN DEVELOPMENT, STRAIGHTLINE ENGINE

Straightline patterns are developed in a similar way as Rose patterns. The simplest being consecutive cuts at a given distance with no change to the adjustments of the machine, Figure 44. By moving the Crossing Slide by 1/2 of the pitch* of the Pattern Bar the Barleycorn pattern is produced, Figure 45.

By adjusting the Crossing Slide by a small increment before each cut Figure 46 is produced. Figure 47 shows the effect of moving the Crossing Slide a small increment and repeating 9 times then moving the Crossing Slide by the same increment but in the opposite direction and repeating 9 times.

Figure 44 – 47

Pattern Development, Straightline Engine Straightline patterns are developed in a similar way as Rose patterns. The simplest being consecutive cuts at a given distance with no change to the adjustments of the machine, Figure 44.

*Pitch is the distance between the peaks of the rosette.

Graphic illustration and short discription of strightline engine see Pages 89, 95, 113 – 117, 127 – 133

CONCLUSION

The possibilities are endless when it comes to patterning metal for jewellery purposes. There is a growing renewed interest in Guilloché, Engine Turning, and Ornamental Turning which is finding ready buyers for produced works. Big name fashion designers are utilizing the art of guilloché in their new designs as can be seen in a recent promotion featuring a new watch line. In it is showcased a rose engine from the mid-19th century. Unfortunately, in an effort to create a sense of rarity, their claim of only 4 guillochers practicing the art of guilloché in Switzerland is far from true. It is well known that many watchmakers in Switzerland have complete guilloché workshops with many employees practicing the art. Cartier, Tag Heuer, Patek Phillippe, Oris, and Vacheron Constantin are just a few of the watch companies currently reintroducing guilloché. Of these, Vacheron Constantin has lead the way by innovating many new ways to use guilloché coupled with enameling. Apart from the watchmakers many up and coming young designers are rediscovering the art and utilizing it in new innovative ways for their jewellery.

1. L'Abbe Plumier, L'Art de Tourner en Perfection, 1701
2. Diderot & D'Alembert, Art du Tourneur, 1772
3. H. Bergeron, Manuel du Tourneur, 1816

D

Appendix

D

Appendix

INDEX

70 Marc Limper: „Prometheus 0.01“, 2016
Sich bewegende Brosche: Kunststoff (PLA), Messing, Silikon, Pumpe, Elektronik, Batterien/
moving brooch: plastic (PLA), brass, silicon, pump,electronics, batteries
45×50×45 mm, 80×50×25mm
Foto/Photography: Petra Jaschke

71 Franziska Vogt: „Technogem“ Brosche, 2016
Marmor, Plexiglas, Elektrochip, LED, Messing, Batterien, Edelstahl/
marble, acryllic-glass, elektrochip, LED, messing, batteries, stainless-steel
110 × 70 × 15 mm
Foto/Photography: Petra Jaschke

72 Rosa Hirn: „Guillochierte Gesichter“, 2015
Halsschmuck: Silber/
neckpiece: silver
150×150×80 mm
Foto/Photography: Petra Jaschke

73 Stephanie Hensle: „Fuchs Stola“, 2014
Halsschmuck: Messing, Leder/
Neckpiece: brass, leather
400×300×15 mm
Foto/Photography: Janusch Tschech

74 Iris Hütter: „Plissé“, 2009
Ringe: Silber
rings: Silver
20×20×15 mm
Foto/Photography: Petra Jaschke

75 Christiane Grinat: „Stoffprägung“, 2009
Permanente Brosche: Messing, Textil, Siebdruck/
permanent brooch: brass, textile, silk-sceen printing
120×80×5 mm
Foto/Photography: Petra Jaschke

76 Marian Schmidt: „Skateboard Broschen“, 2015
Broschen: Schichtholz (Skateboard), Kupfer, Stahldraht/
brooches: laminated wood, copper, steel-wire
40×70×20 mm
80×50×20 mm
89×90×20 mm
Foto/Photography: Petra Jaschke

77 Marc Limper: „Statussymbol der Niedlichkeit“, 2015
Ringe: Messing/
rings: brass
20×20×25 mm
Foto/Photography: Petra Jaschke

78 Katharina Gisch: „Ohne Titel“, 2016
Ringe: Silber, Email/
rings: silver, enamel
20×20×25 mm
Foto/Photography: Petra Jaschke

79 Fabian Jäger: „Fremdkörper“, 2010
Ringe: Silber, Stahl/
rings: silver, steel
20×20×25 mm
Foto/Photography: Petra Jaschke

80 Janika Slowik: „21 Gramm“, 2017
Armband: Plexiglas, Magnete/
Bracelet: acrylic-glass, magnets
70×70×4 mm
Foto/Photography: Petra Jaschke

81 Katharina Gisch: „Patchwork“, 2016
Anhänger: Messing, vergoldet/
Pendant: brass, gold-plated
50×60×10 mm
Foto/Photography: Petra Jaschke

82 Johanna Galefske: „Pleat–Twins“, 2016
Anhänger: Silber vergoldet/
pendant: silver, gold-plated
50×30×15 mm
Foto/Photography: Petra Jaschke

C 85 – 124
TECHNIK UND DOKUMENTATION/
TECHNIQUES AND DOCUMENTATION

87 Guillochiermaschine, Geradzug/
Straight-line engine
150×50×70 cm
Foto/Photography: Janusch Tschech

88 Gravierkugel 15×13×7 cm/
Engraving ball 15×13×7 cm
Foto/Photography: Janusch Tschech

88 Spitzstichel 8×2×3 cm/
Burin 8×2×3 cm
Foto/Photography: Janusch Tschech

88 Meißel 15×5×5 cm/
Graver 15×5×5 cm/
Foto/Photography: Janusch Tschech

88 Gravierhammer 18×5×2,5 cm/
Engraving hammer 18×5×2,5 cm
Foto/Photography: Janusch Tschech

91 Fallhammer/
Drop hammer
300cm×100×100 cm
Foto/Photography: Janusch Tschech

92 Kniehebelpresse/
Foot lever press
160×70×100 cm
Foto/Photography: Janusch Tschech

94 3D-Plotter/3D printer
100×40×40 cm
Foto/Photography: Janusch Tschech

97 Spindelpresse/
Screw press
160×120×120 cm
Foto/Photography: Janusch Tschech

100 Gruppenfoto: „Schmuck verbindet“
group photo: “jewellery untites“
Foto/Photography: Petra Jaschke

107 „Fremdkörper“
Foto/Photography: Petra Jaschke

108 – 109 Foto/Photography: Fabian Jäger

110 „1:42“
Foto/Photography: Petra Jaschke

111 – 112 Foto/Photography: Eva Knoch

113 Foto/Photography: Rosa Hirn

114 Foto/Photography: Rosa Hirn

115 Foto/Photography: Johanna Kautze

116 Copyright: Phil Poirier

117 Foto/Photography: Frieda Dörfer

118 Foto/Photography: Janusch Tschech

119 Foto/Photography: Stephanie Hensle

120 – 122 „Elmars Daumen“
Foto/Photography: Andi Gut

123 Foto/Photography: Fabian Jäger

D 125 – 152
BIBLIOTHEK/LIBRARY

127–134 Auszug aus „Handbuch der Gravierkunst” von Curt Streubel/
Excerpt from „Handbuch der Gravierkunst” by Curt Streubel Fachbuchverlag Leipzig, 1957, S. 181-192

135 Ausschnitt aus „Wiener Silber” Vol.1, 1790-1866, Selbstverlag/
Excerpt from „Wiener Silber” Vol.1, 1790-1866, by Dr. Waltraut Neuwirth, published by the autor herself Dr. Waltraut Neuwirth 1988, S. 127

136 – 141 Auszug aus „Handbuch der Gravierkunst” von Curt Streubel, Fachbuchverlag/
Excerpt from „Handbuch der Gravierkunst” by Curt Streubel Fachbuchverlag Leipzig, 1957, Leipzig, 1957, S. 145-151

139 Ausschnitt aus „Handbuch der Gravierkunst” von Curt Streubel/
Excerpt from „Handbuch der Gravierkunst” by Curt Streubel, Fachbuchverlag Leipzig, 1957, S. 17

142 Ausschnitt aus „Wiener Silber” Vol.1, 1790-1866, Selbstverlag/
Excerpt from „Wiener Silber” Vol.1, 1790-1866, by Dr. Waltraut Neuwirth, published by the autor herself Dr. Waltraut Neuwirth 1988, S. 132

143 – 144 Auszüge aus „Die Werkstoffe des Goldschmieds” von Fritz Rapp, Selbstverlag/
Excerpt from „Die Werkstoffe des Goldschmieds” by Fritz Rapp, published by the autor himself. Pforzheim 1928, S. 61-63

145 – 151 Auszüge des Vortrags “Art, History and Processes of Guilloché Engraving”/
Excerpts from the Proposal “Art, History and Processes of Guilloché Engraving” by G. Phil Poirier for the Santa Fee Symposium 2016

157 Skizze eines Guillochemusters von Walter Zaiß/
Sketch for a straight-line engine pattern by Walter Zaiß
Copyright: Stiftung Deutsches Technikmuseum,
Foto/Photography: Historisches Archiv

IMPRESSUM / IMPRINT

HERAUSGEBER / EDITORS
Eine Publikation der Hochschule Pforzheim, Herausgeber: Prof. Andreas Gut und Frieda Dörfer

AUTOREN / AUTHORS
Almut Benkert, Frieda Dörfer, Andreas Gut, Andrea Grimm, Gert Hager, Prof. Dr. Ulrich Jautz, Dr. Nicole Hoffmeister-Kraut, Cornelie Holzach, Dr. Waltraut Neuwirth, G. Phil Poirier, Fritz Rapp, Dr. Ruth Reisert-Hafner & Birgitta Hafner, Curt Streubel, Sandra Pfäfflin, Dr. Christianne Weber-Stöber

ÜBERSETZUNG / TRANSLATION
Sabine Goodman

KORREKTUR / PROOFREADERS
Barbara Dofek, Birgit Meyer, Jael Poppe

GRAFISCHE GESTALTUNG / GRAPHIC DESIGN
Simon Mager (Omnigroup)

SCHRIFT / TYPEFACE
Alpha Semibold (Omnitype)

LITHOGRAPH / LITHOGRAPHER
Christian Ertel

DRUCK / PRINTED BY
Pöge Druck, Leipzig

AUFLAGE / PRINTRUN
1. Auflage 1.500 Stk.

PAPIER / PAPER
ProfiMatt 135 g/m²
Brossulin Tela 360 g/m²

BILDNACHWEIS / PHOTO CREDITS
David Gabriel Fischer, Janusch Tschech, Nicolas Polli, Petra Jaschke, Johanna Kauze

UMSCHLAGABBILDUNG / COVER ILLUSTRATION
Petra Jaschke

Die vorliegende Publikation erscheint anlässlich der Ausstellung PF Revisited – Die zeitgenössische Schmuckmanufaktur im EMMA-Kreativzentrum Pforzheim. / The present publication is published on the occasion of the exhibition PF Revisited – Die zeitgenössische Schmuckmanufaktur at EMMA-Kreativzentrum Pforzheim.

ISBN 978-3-89790-510-8
Made in Germany, 2017

HOCHSCHULE PFORZHEIM
FAKULTÄT FÜR GESTALTUNG

arnoldsche ART PUBLISHERS

EMMA Kreativzentrum Pforzheim

ARBEITSGRUPPE SCHMUCK VERBINDET

Manufakturelle Schmuckgestaltung

250 Jahre Goldstadt Pforzheim
Jubiläumsfestival 2017

Stiftung Deutsches Technikmuseum Berlin

DANKSAGUNG/ACKNOWLEDGEMENTS

Wir danken vor Allem Dr. Gabriele Wohlauf, für ihren unermüdlichen visionären Elan, der Arbeitsgruppe „Schmuck verbindet", namentlich Herbert Mutschelknauß, Klaus Deuchler, Elmar Schuster, Peter Stantscheff, Christel & Werner Stierle, Werner Wochele, für alles was sie an uns weiter geben; insbesondere Walter Gräßle für seine schnelle Hilfe bei allen Fragen; Manfred Schweiß, Fabian Jäger und Gabriele Maier für ihre Unterstützung des „Pforzheim Revisited" Projekts in Berlin und Pforzheim; besonders auch Andrea Grimm, die u.a. das Projekt „Manufakturelle Schmuckgestaltung" bei der Deutschen UNESCO-Kommission mit Erfolg eingereicht hat, zusammen mit Ernst Mayer von „Smidak Films" die Website eingerichtet und mit Werner Wochele den Verein „Manufakturelle Schmuckgestaltung e.V." gegründet hat. Ein Dank für die ideelle und finanzielle Unterstützung der Firma C.Hafner, namentlich Dr. Ruth Reisert-Hafner; an Petra Jaschke für fast alle Fotos in diesem Buch; Annett Post-Hafner vom Stadarchiv Pforzheim für ihre Geduld, Sandra Pfäfflin für die anschaulichen Interviews, Wolfgang Lötterle für die Fachliteratur; Birgit Meyer, Sabine Laarz, Almut Benkert, Barbara Dofek, Rosa Hirn, Robert Eikmeyer, Renate Förster, Thomas Laag, Katrin Feulner und Stefanie Hensle für die Unterstützung. Unser herzlicher Dank gilt dem Grafiker Simon Mager, der das Unmögliche möglich gemacht hat, Dolly Dhingra, Ralf Lehnert, Emil Gut und Jael Poppe für den Feinschliff der Texte und die Unterstützung über das Buch hinaus. Danke an die Verlage und Autoren, deren Buchauszüge wir verwenden durften und den Sponsoren Karl Fischer, C.Hafner, Martin Guthmann, DieKette, Pforzheimer Zeitung, Rauschmayer, sowie Robert Schürt Witwe und Barbara Kittelberger-Berthold.

MIT GUTEN ERINNERUNGEN AN
Egon Schuster, der uns mit Humor ins Stahlgravieren eingeführt hat.
Walter Zaiß, für seine inspirierenden Aufzeichnungen.

Dieses Buch entstand mit großzügiger Unterstützung von
This book has been produced with the generous support of

FISCHER seit 1895 GOLDSCHMIEDEBEDARF.DE · C.HAFNER Edelmetall · Technologie · MARTIN GUTHMANN SCHMUCKMANUFAKTUR seit 1906 · DIEKETTE MORE THAN JEWELRY · PZ medien · Rauschmayer TRAURINGE – SEIT 1963